2025 国家统一法律职业资格考试

百日通关攻略

BAIRI TONGGUAN GONGLÜE

刑 法

嗨学法考 组编　　张宇琛 编著

中国农业出版社
北 京

图书在版编目（CIP）数据

国家统一法律职业资格考试·百日通关攻略．刑法 / 嗨学法考组编；张宇琛编著． -- 北京 ：中国农业出版社， 2024. 9. -- ISBN 978-7-109-32497-8

Ⅰ．D92

中国国家版本馆CIP数据核字第2024HB2342号

国家统一法律职业资格考试·百日通关攻略·刑法
GUOJIA TONGYI FALÜ ZHIYE ZIGE KAOSHI · BAIRI TONGGUAN GONGLÜE · XINGFA

中国农业出版社出版
地址：北京市朝阳区麦子店街18号楼
邮编：100125
责任编辑：杨　艺
责任校对：张雯婷
印刷：正德印务（天津）有限公司
版次：2024年9月第1版
印次：2024年9月第1次印刷
发行：新华书店北京发行所
开本：787mm×1092mm　1/16
总印张：89.5
总字数：2233千字
总定价：298.00元（全8册）

使用指南

　　第一次使用本书的同学们，请花几分钟阅读本页，了解如何最大限度地使用这本书。另外，本书的权益是配套课程及题库，扫码即可获取8位作者的240小时配套精讲课程及章节精练3500题。同学们可以对着本书，听课、练习！

知识点 »
这里是高频考察的知识点，须仔细阅读，如未完全理解可立即听课加深理解。

图表 »
简洁明了的表格，提炼考点的关键信息，方便你对比记忆。

例 »
举例子，方便你更易读懂重要知识点。

题 »
精选与章节知识点相结合的题，助你及时检验学习成果，查漏补缺。

注意 »
关键信息提示，加深理解，避免忽视重点信息。

💡 知识点

一、自然人的民事权利能力

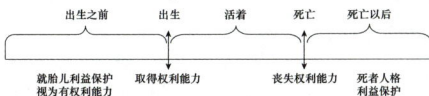

1. 信用证欺诈的种类		（1）开立假信用证；（2）"软条款"信用证，即以信用证附加条件等方式加重受益人（卖方）风险；（3）伪造单据；（4）以保函换取与信用证相符的提单；（5）受益人（卖方）恶意不交货或交付的货物无价值等。
2. 信用证欺诈例外（止付信用证项下款项）	（1）止付条件	①必须由有管辖权的**法院**审理判决终止支付信用证项下款项。②申请人须提供**证据材料证明**有信用证欺诈情形。③不中止支付将会使申请人合法权益遭到**难以弥补的损失**。④申请人提供了可行、充分的**担保**。
	（2）禁止止付情形	若存在如下情形，则不能再通过司法手段干预信用证下的付款：①开证行的指定人、授权人已按照开证行的指令善意地进行了**付款**或**承兑**；②保兑行善意地履行了**付款**义务；③议付行善意地进行了**议付**。

考点 掌握主要知识点，让学习目标更明确。

文字 双色突出重点，助你快速识别知识要点。

例 甲死亡时，父亲早已去世，留有母亲和怀孕的妻子，B 超检查为官内单胎。甲留有遗产30万元，在分割遗产时，视为胎儿有权利能力，参与继承。若胎儿出生为死体，则其民事权利能力自始不存在，甲的遗产由甲的继承人（甲妻和甲母）继承（每人各得二分之一）。若胎儿出生时为活体随即死亡（先活后死），则甲的遗产先被出生的婴儿、甲妻、甲母继承（该婴儿、甲妻、甲母各得三分之一），该婴儿死后其所得遗产再被其继承人（甲的妻子）继承，此时甲的妻子得三分之二（甲母得三分之一）。

[考点练习]

根据《民事诉讼法》和有关司法解释的规定，以下哪种证据，当事人无权申请法院责令对方当事人提交？

A. 书证　　　　B. 物证

C. 视听资料　　D. 电子数据

答案：B

解析：根据《民事证据规定》，目前三类证据都可以申请文书提出命令：书证、视听资料、电子数据。在德日等大陆法系国家，有关书证的规则也适用于视听资料和电子数据，《民事证据规定》第99条作了同样的规定；关于书证的规定适用于视听资料、电子数据。

解析 深化解题思路，掌握解题技巧。

🔍 **注意** 法是统治阶级意志的体现，并不意味着统治阶级的意志就是法。统治阶级的意志只有经过国家机关被上升为国家意志、被客观现化正式化为具体规定才能成为法。统治阶级意志也可能表现为政策等。

未完待续……

课 程 使 用 指 导

仅需一键扫码，就可领取与图书完全配套的精讲课程。段波、张宇琛等8位作者在等你哦！

扫码获取
配套课程及题库

step 1

点击**学习**——在这里找到2025考季百日通关课程，点击进入。

我的课程 ——— 法律职业资格考试 >

2025百日通关图书配课
2025.12.31过期   去学习>

step 2

点击**课程**——在这里可以看到8大科目并可随意切换，选定相应科目后，点击学习即可听课。

课程 资料
刑法 刑诉 民法 民诉 行政法
2025考季
知识精讲
继续学习

step 3

点击**题库**——在这里切换做题模式。

点击**客观题**——在这里可以切换"客观题"和"主观题"两种考试形式，选定科目后即可看到相应的章节精练。

数字化题库记录你的做题数据、错题集、收藏夹、练习历史，方便查漏补缺。

客观题 ▼
刑法 刑诉 民法 民诉 行政法 商经法
做题数据 错题集 收藏夹 练习历史
章节精练 191/531题 57%
每日一题
连对挑战 智能做题
易错题库 已做0道题
高频考点 已做0道题
历年真题 已做1套/共52套
模拟测试 已做0套/共112套

目 录

第三编　刑罚论

第四编　刑法分论

第一编　刑法基础论

第一章　罪刑法定原则

扫描右侧二维码"听课 + 做题"，直达最佳学习效果

1. 在线听课：学习本章节核心考点讲解课程。

2. 在线刷题：点击🔲进入题库做章节练习。

《刑法》第 3 条：法律没有明文规定为犯罪行为的，不得定罪处刑。

"法无明文规定不为罪，法无明文规定不处罚。"（冯·费尔巴哈:《刑法教科书》）

一、罪刑法定原则的思想基础

（一）民主主义

民主意味着在一个国家内重大的公共事项要由人民来决定，而什么是犯罪以及如何处罚犯罪，在任何一个国家无疑都是重大事项，因此应当交由人民来决定。人民决定犯罪与刑罚的路径是：由民选的代表组成立法机关（在我国就是全国人民代表大会及其常务委员会），再根据法定的程序制定刑法，这样的刑法一经制定就是民意的凝结。遵守刑法就等于尊重民意。

（二）人权主义

人权主义也称为自由主义。所谓自由，就是做法律所许可的事情的权利。罪刑法定原则要求，什么行为是犯罪以及对犯罪将处以怎样的刑罚，必须以明确的方式写在成文的刑法典中，这不仅是对法官自由裁量权的限制，更是公民行动的指南。公民可以根据法律的规定，选择自己的行为，安排自己的生活，并且可以确信，只要自己没有实施法律所禁止的行为，就是安全的，就不会受到国家刑罚权的肆意侵犯。

二、罪刑法定原则的基本内容

（一）事前的罪刑法定【禁止溯及既往】

犯罪及其惩罚必须在行为前予以规定，刑法不得对其实施前的行为进行追诉，即禁止刑法具有溯及既往的效力。这是保障国民自由的要求，因为公民只能根据现有的法律规定来选择和安排自己的行为，公民不可能预见立法机关在将来会制定什么法律、禁止什么行为，也不可能知道明天的法律将会如何评价今天的行为，因此公民只对行为当时的法律负责即可。

例外　**不禁止有利于被告人的溯及既往**，如果新生效的法律对行为的评价更有利于被告人（新法不认为是犯罪或者新法的法定刑更轻），则可以适用新法，即新法具有溯及既往的效力。

（二）成文的罪刑法定【排斥习惯法】

规定犯罪及其后果的法律必须是成文的法律，犯罪与刑罚必须以文字形式记载下来，法官只能根据成文的法律定罪量刑。

1. **习惯法**不能作为刑法的渊源。"习惯法"是指独立于国家的制定法之外，依据某种社会权威确立的，具有强制性和习惯性的行为规范的总和。习惯法的内容、发生效力的范围不确定，难以被国民普遍知晓，难以防止法官的擅断。

2. 刑法必须用**本国通用的文字**表述。

3. **行政规章**不能规定犯罪与刑罚。

4. **判例**不得作为刑法的渊源。

（三）严格的罪刑法定【禁止类推解释】

类推解释就是指对于法律没有明文规定的行为，适用有类似规定的其他条文予以处罚。允许类推适用，刑法就有被滥用的危险：若只因两种行为具有相类似性，就将法律没有明文规定的行为作为犯罪处理，会导致国民难以预测自己的行为的法律后果，使自由受限。

例外 不禁止**有利于**被告人的类推解释。

行贿罪	对非国家工作人员行贿罪
第389条【行贿罪】为谋取不正当利益，给予国家工作人员以财物的，是行贿罪 在经济往来中，违反国家规定，给予国家工作人员以财物，数额较大的，或者违反国家规定，给予国家工作人员以各种名义的回扣、手续费的，以行贿论处 因被勒索给予国家工作人员以财物，没有获得不正当利益的，不是行贿	第164条【对非国家工作人员行贿罪】为谋取不正当利益，给予公司、企业或者其他单位的工作人员以财物，数额较大的，处3年以下有期徒刑或者拘役，并处罚金；数额巨大的，处3年以上10年以下有期徒刑，并处罚金

第389条（行贿罪）"因被勒索给予国家工作人员以财物，没有获得不正当利益的，不是行贿"这一规定可以类推适用于第164条（对非国家工作人员行贿罪）。

（四）确定的罪刑法定【刑法法规的适当】

1. **明确性：刑法的规定必须清楚、明了，不得含糊其词，更不得引起歧义。**

（1）不明确的刑法无法排除法官作出主观擅断的判决；

（2）不明确的刑法不具有预测可能性；

（3）不明确的刑法为国家肆意侵犯国民自由找到了形式上的法律依据；

（4）明确性的实现与分则条文中的罪状模式（简单罪状、叙明罪状、空白罪状、引证罪状）和条文字数的多少无关。

例如，《刑法》第232条（故意杀人罪）规定，故意杀人的，处死刑、无期徒刑或者10年以上有期徒刑；情节较轻的，处3年以上10年以下有期徒刑。这里"故意杀人的"就属于简单罪状，立法者之所以没有对杀人行为做具体描述，是因为凭一般人的理性和生活经验就应当知道什么是杀人行为。

2. **禁止处罚不当罚的行为【犯罪圈】。**

犯罪与刑罚由立法机关规定，但这不意味着立法机关可以随心所欲地确定犯罪范围，而只能将具有处罚依据或者值得科处刑罚的行为规定为犯罪，此为对立法权的制约。

（1）刑法的触角不应当深入到伦理和道德层面；

（2）刑法不应当用来规制轻微的或者极为罕见的法益侵害行为。

法治并不意味着一切琐细之事均由法律处理，更不意味着琐细之事要由刑法处理，法律排斥过剩的、矛盾的和不适当的规定。

3. 禁止绝对不定期刑【刑罚量】。

罪刑法定，不但是罪的法定，还是刑的法定。绝对不定期刑是指"……罪，处以刑罚"，国民无法根据这样的法律规定预测自己行为的准确法律后果，法官也被赋予了过大的自由裁量权力，是违反罪刑法定原则的。

4. 禁止不均衡的、残虐的刑罚。

（1）禁止不均衡的刑罚，即罪刑应当均衡，旨在防止轻罪重判；

（2）禁止残虐的刑罚，即禁止以不必要的精神、肉体的痛苦为内容，在人道上被认为是残酷的刑罚。

【命题角度1】 判断关于罪刑法定原则的表述是否正确。

【真题训练（2012）】 关于罪刑法定原则有以下观点：

①罪刑法定只约束立法者，不约束司法者

②罪刑法定只约束法官，不约束侦查人员

③罪刑法定只禁止类推适用刑法，不禁止适用习惯法

④罪刑法定只禁止不利于被告人的事后法，不禁止有利于被告人的事后法

下列哪一选项是正确的？①

A. 第①句正确，第②③④句错误

B. 第①②句正确，第③④句错误

C. 第④句正确，第①②③句错误

D. 第①③句正确，第②④句错误

【命题角度2】 罪刑法定原则与社会主义法治理念结合考查。

【真题训练（2013）】 关于社会主义法治理念与罪刑法定原则的关系有以下观点：

①罪刑法定的思想基础是民主主义与尊重人权主义，具备社会主义法治理念的本质属性

②罪刑法定既约束司法者，也约束立法者，符合依法治国理念的基本要求

③罪刑法定的核心是限制国家机关权力，保障国民自由，与执法为民的理念相一致

④罪刑法定是依法治国理念在刑法领域的具体表现

关于上述观点的正误，下列哪一选项是正确的？②

A. 第①句正确，第②③④句错误

B. 第①③句正确，第②④句错误

C. 第①②③句正确，第④句错误

D. 第①②③④句均正确

---

① 【答案】C

② 【答案】D

第二编　犯罪论

第二章　犯罪构成要件概说

扫描右侧二维码"听课＋做题"，直达最佳学习效果

1. 在线听课：学习本章节核心考点讲解课程。
2. 在线刷题：点击⌂进入题库做章节练习。

第一节　犯罪构成要件要素

一、犯罪构成

我国刑法理论认为，犯罪构成是刑法规定的，决定某一行为的社会危害性及其程度，而为该行为成立犯罪所必须具备的一切客观要件与主观要件的有机整体。犯罪构成理论是对犯罪的一般成立要件进行分析、予以体系化的理论。

二、犯罪构成的要素

犯罪构成由具体要素组成，组成要件的要素，就是犯罪构成要件要素。行为主体、特殊身份、行为、结果等都属于构成要件要素。例如，故意杀人罪要求具备"年满14周岁的自然人""剥夺他人生命的行为""死亡结果""故意"等要素；具体到贩卖毒品罪需要具备"贩卖""毒品""故意"等要素。这些构成要件要素可以分成下列类型。

（一）记述的构成要件要素、规范的构成要件要素

1. 记述的构成要件要素：只要通过感觉的、事实的判断就可以确定的要素，如人、妇女、毒品。

2. 规范的构成要件要素：只有通过精神的理解、价值的判断才能够确定的要素。规范的构成要件要素又可以分成下列几种类型：

（1）法律评价的要素：必须根据相关的法律、法规作出评价的要素，如依法、未成年人、货币、国家工作人员、公共财产、滥伐、辩护人等。

（2）经验法则评价的要素：必须根据经验法则作出评价的要素，如危险、危险方法、危害公共安全等。

（3）社会评价的要素：依据一般人的价值观念、感觉作出评价的要素，如住宅、公文、特别残忍、特别恶劣、淫秽物品、猥亵等。

🔍 注意　为了保护国民的预测可能性，刑法规范需要力求明确、具体，所以应当尽量采取记述的构成要件要素。但是，规范的构成要件要素是不可避免的，因为对于某些事实的判断与认定，永远与不同时代人们的价值观念相联系。

（二）积极的构成要件要素、消极的构成要件要素

1. 积极的构成要件要素：积极、正面地表明成立犯罪所需要具备的要素。

2. 消极的构成要件要素：对于原本已经满足犯罪构成要件的行为，否定犯罪成立的构成要件要素。

例 行贿罪中的积极构成要件要素和消极构成要件要素：

《刑法》第389条第1款：为谋取不正当利益，给予国家工作人员以财物的，是行贿罪。这是积极的构成要件要素。

《刑法》第389条第3款：因被勒索给予国家工作人员以财物，没有获得不正当利益的，不是行贿。这是消极的构成要件要素。

注意 消极的构成要件要素的作用：原本已经满足犯罪构成要件的行为由于具有消极构成要件要素而得以出罪。如果某种行为根本就不满足犯罪构成，则不存在消极构成要件要素的问题。

例如，甲为谋取不正当利益给予国家工作人员乙财物，原本已经构成行贿罪，但事后查明甲在行贿之时是由于被勒索，最终也没有取得不正当利益，则可以排除犯罪的成立。

（1）注意规定不是消极构成要件要素。

例如，第243条（诬告陷害罪）第3款规定，不是有意诬陷，而是错告，或者检举失实的，不构成诬告陷害罪。其中，"不是有意诬告，而是错告，或者检举失实"说明行为人本来就没有诬告陷害的故意，原本就不构成诬告陷害罪，因此"不构成诬告陷害罪"只是注意规定，而不是消极构成要件要素。

（2）处罚阻却事由不是消极的构成要件要素。处罚阻却事由是指，在行为人构成犯罪的情形下，由于具备某种情节而不再处罚。

例如，第201条（逃税罪）第4款规定，经税务机关依法下达追缴通知后，补缴应纳税款，缴纳滞纳金，已受行政处罚的，不予追究刑事责任。这只是一种处罚阻却事由，即构成犯罪但不再追究刑事责任（不再处罚），并不是可以导致犯罪不成立的消极构成要件要素。

（三）成文的构成要件要素、不成文的构成要件要素

1. 成文的构成要件要素：刑法明文规定的构成要件要素。绝大多数构成要件要素都是成文的构成要件要素。

2. 不成文的构成要件要素：刑法条文表面上没有明文规定，但根据刑法条文之间的相互关系、刑法条文对相关要素的描述所确定的，成立犯罪所必须具备的要素。就一些具体犯罪而言，由于众所周知的理由或者其他原因，刑法并没有将所有的构成要件要素完整地规定下来，而是需要法官在适用过程中进行补充。

例 《刑法》第266条规定，诈骗公私财物，数额较大的，处3年以下有期徒刑、拘役或者管制，并处或者单处罚金；数额巨大或者有其他严重情节的，处3年以上10年以下有期徒刑，并处罚金；数额特别巨大或者有其他特别严重情节的，处10年以上有期徒刑或者无期徒刑，并处罚金或者没收财产。本法另有规定的，依照规定。"被害人基于错

误认识处分财物"就是不成文的构成要件要素。

🔍 **注意**　无论是成文的还是不成文的构成要件要素，都是构成犯罪必不可少的要素。

（四）共同的构成要件要素、非共同的构成要件要素

1. 共同的构成要件要素：任何犯罪的成立所必须具备的要素，如行为主体、行为是所有犯罪都必须具备的要素。

2. 非共同的构成要件要素：部分犯罪成立所必须具备的要素，如身份、时间、方法只是特定犯罪成立所必须具备的要素。

（五）客观的构成要件要素、主观的构成要件要素

1. 客观的构成要件要素：表明行为外在的、客观方面的构成要件要素，如行为、对象、结果。

2. 主观的构成要件要素：表明行为人内心的、主观方面的构成要件要素，如故意、过失、目的。

【命题角度】判断构成要件要素的种类。

例 1　贩卖毒品罪的"毒品"是规范的构成要件要素。（2022 年网络回忆版）

解析：错误。"毒品"有科学的检测标准，是记述的构成要件要素。

例 2　"侮辱""诽谤"属于规范的构成要件要素。（2012–2–51）

解析：正确。"侮辱""诽谤"需要经过价值判断，需要结合每个人的经验和感受，不是单纯依据事实就可以作出判断的，所以是规范的构成要件要素。

【真题训练（2014）】关于构成要件要素，下列哪一选项是错误的？[①]

A. 传播淫秽物品罪中的"淫秽物品"是规范的构成要件要素、客观的构成要件要素

B. 签订、履行合同失职被骗罪中的"签订、履行"是记述的构成要件要素、积极的构成要件要素

C. "被害人基于认识错误处分财产"是诈骗罪中的客观的构成要件要素、不成文的构成要件要素

D. "国家工作人员"是受贿罪的主体要素、规范的构成要件要素、主观的构成要件要素

第二节　犯罪构成体系

犯罪成立的条件，也即犯罪的构成体系，是由若干元素（犯罪构成要素）组成的有机系统。刑法理论界对于犯罪构成体系有着不同的观点，而不论采取哪种犯罪构成体系，其中的犯罪构成要素基本是一样的，区别只在于各个要素之间不同的排列组合，从而形成不同的犯罪构成体系。其实，不同的体系对于大部分问题的认定不会得出不同的结论，但是不同的犯罪构成体系体现着犯罪认定思路与次序的差别，也体现了刑法学方法论和基本立场的选择，当然在部分问题（如共同犯罪）上确实也会得出迥然不同的结论。

[①] 【答案】D

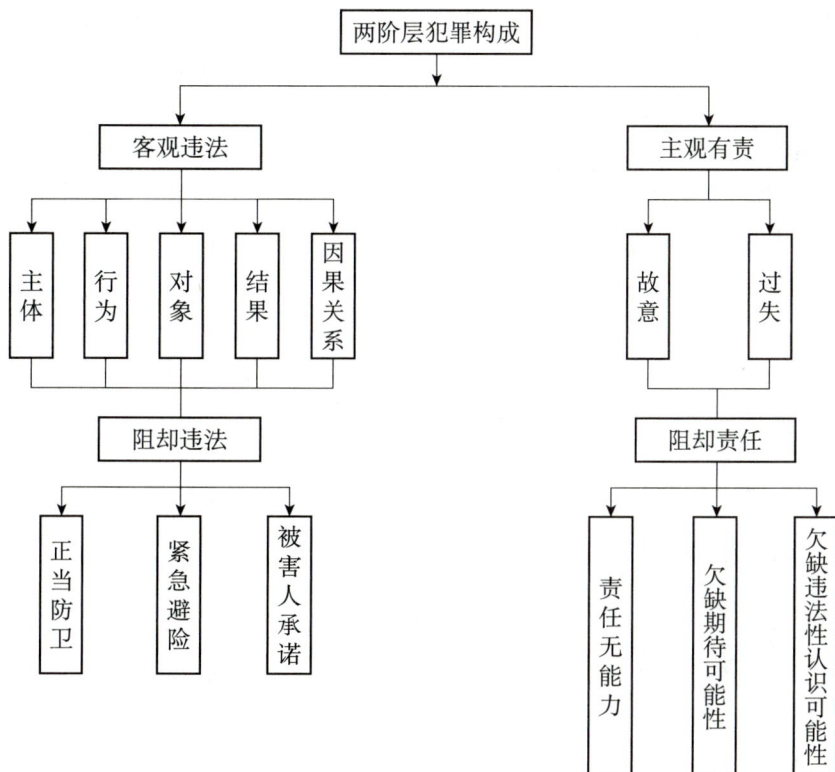

例1 甲在古董市场，为阻止乙的追杀，抓起丙价值10万元的花瓶砸向乙，对甲不处罚。

例2 13周岁的甲为图一时之快，故意将乙10万元的花瓶砸毁，对甲不处罚。

【思考】 两个不处罚有什么区别？

【小结】 根据两阶层的犯罪构成体系，首先判断行为是否充足客观要件的各个元素：①主体；②行为；③对象；④结果；⑤因果关系。在全体满足的基础上，再判断是否具备违法阻却事由：①正当防卫；②紧急避险；③被害人承诺。如果一项都不具备，则说明犯罪具备了客观违法性要件。其次，判断行为人是否具备成立犯罪所需要具备的主观要件：①故意；②过失。在全体满足的基础上，再判断是否具备责任阻却事由：①责任无能力；②欠缺违法性认识可能性；③欠缺期待可能性。如果一项都不具备，则说明犯罪具备了主观有责性要件。客观违法性要件与主观有责性要件同时满足，则说明行为人的行为最终成立犯罪并且应当承担刑事责任。

【命题角度】 考查考生是否具备建立在两阶层犯罪构成体系上的客观主义刑法学立场。

例1 生气的妻子在寒冷的晚上不让丈夫进屋，丈夫原本可以找到安全场所，但为了表示悔意一直站在门外而被冻死。妻子的行为是否构成犯罪？

解析： 妻子在客观上并无杀人的实行行为，不可能构成犯罪。[参见张明楷：《刑法学》，第6版，第244页]

例2 李某欲杀郑某，得知嗜酒的郑某具有肝病，遂隔三差五送郑某白酒。郑某因

不注意控制饮酒，导致肝硬化死亡。李某的行为与郑某死亡是否具有因果关系？（2022）

　　解析： 李某送郑某白酒的行为并非实行行为，与郑某死亡不具有刑法上的因果关系。无实行行为，则无因果关系。

　　【重点复盘】

　　1.犯罪的成立，先看客观，再看主观。

　　2.客观违法＋主观有责＝犯罪成立且应当负刑事责任。

第三章　犯罪的客观要件【违法】

第一节　犯罪主体

行为主体，是刑法规定的实施犯罪行为的主体，首先是自然人，其次是单位。

一、自然人

（一）自然人主体概述

法是人类共同体的规范，只有人的行为存在违法与否的问题。自然人主体当然包含在客观违法性构成要件中。既然是在客观的违法性构成要件的体系内讨论自然人主体，只要自然人的行为符合构成要件的要求，即使没有达到法定年龄、不具有责任能力，也不影响对其行为的违法性评价。因此，年龄、责任能力不是客观的违法性构成要件要素，而能够归属于自然人主体的、客观存在的、决定犯罪能否成立的要素，是主体的特殊身份。

（二）特殊身份的意义

"身份"，是指行为人在身份上的特殊资格，以及其他与一定的犯罪行为相关联的，行为主体在社会关系上的特殊地位或者状态，如男女性别、亲属关系、国籍、国家工作人员、司法工作人员、证人等。

🔍 注意　特殊身份必须是在行为主体实施犯罪的正犯行为时就已经具有的特殊资格，或者已经形成的特殊地位或状态，因此，行为主体因实施犯罪行为而形成的特殊地位不属于特殊身份。例如，在犯罪集团中起组织、策划、指挥作用的首要分子，不属于特殊身份。

"身份犯"，即对身份有要求的犯罪，包括真正身份犯和不真正身份犯。

	身份的意义	注意
真正的身份犯	犯罪的成立，对身份有要求的犯罪，即行为人只有具有某种特定身份才能构成的犯罪。（例如受贿罪、刑讯逼供罪、放纵走私罪）	对身份的要求只针对正犯：不具有身份的人可以成为该罪的共犯，即帮助犯、教唆犯不要求有身份

不真正的身份犯	刑罚的轻重，对身份有要求的犯罪，即行为人具有某种特定身份，不是犯罪成立的要素，但是影响刑罚的轻重	如诬告陷害罪，非法拘禁罪，非法侵入住宅罪，妨害作证罪，帮助毁灭、伪造证据罪

二、单位

《刑法》第30条 【单位负刑事责任的范围】公司、企业、事业单位、机关、团体实施的危害社会的行为，法律规定为单位犯罪的，应当负刑事责任。

《刑法》第31条 【单位犯罪的处罚原则】单位犯罪的，对单位判处罚金，并对其直接负责的主管人员和其他直接责任人员判处刑罚。本法分则和其他法律另有规定的，依照规定。

（一）单位犯罪的概念

单位犯罪，是指公司、企业、事业单位、机关、团体为本单位谋取非法利益或者以单位名义为本单位全体成员或者多数成员谋取非法利益，由单位决策机构按照单位的决策程序决定，由直接责任人员具体实施，且刑法明文规定单位应受刑罚处罚的犯罪。

（二）单位犯罪的特征

1. 主体特征，即依法成立的公司、企业、事业单位、机关、团体。

（1）原则上不要求单位具有法人资格，但是私营企业要构成单位犯罪，必须要具备法人资格。所以，合伙企业不能成立单位犯罪，只能按照自然人犯罪论处。

（2）单位的分支机构（如分公司）、内设机构也可以成立单位犯罪，但要同时满足两个条件：①以自己的名义犯罪，②违法所得归该机构所有。

🔍 **注意** 不能因为单位的分支机构或者内设机构没有可供执行罚金的财产，就不将其认定为单位犯罪而按照自然人犯罪处理。

（3）外国的公司、企业在我国领域内犯罪的，适用我国单位犯罪的规定。

（4）个人为进行违法犯罪活动而设立的公司、企业、事业单位实施犯罪的，或者公司、企业、事业单位设立后，以实施犯罪为主要活动的，不以单位犯罪论处，只能按照自然人犯罪论处。

2. 主观特征。

（1）单位犯罪体现的是单位的意志。单位意志的产生方式：①由单位决策机构形成（如董事会决议）；②单位负责人为了单位利益做出决定。

（2）为本单位或者本单位的全体成员、绝大多数成员谋取非法利益。如果盗用单位名义实施犯罪，违法所得由实施犯罪的个人私分的，以自然人犯罪论处。

（3）单位犯罪的罪过形式既可以是故意，也可以是过失。

例如，《刑法》第137条的工程重大安全事故罪、《刑法》第229条的出具证明文件重大失实罪，都属于单位过失犯罪。

3. 法定性特征。

单位犯罪以刑法明文规定单位应受刑罚处罚为前提。只有当刑法明确规定单位可以成为某种犯罪的主体时，才能将单位认定为犯罪主体，刑法没有明文规定单位可做犯罪主体时，只能由自然人作为犯罪主体。

🔍**注意** 当单位实施了只能由自然人构成，不能由单位构成的犯罪时，该如何处理？①

对组织、策划、实施该危害社会行为的人依法追究刑事责任。

（三）单位犯罪的分类

1. 纯正的单位犯罪。

是指只能由单位构成而不能由自然人构成的犯罪。如单位行贿罪、单位受贿罪、工程重大安全事故罪。

2. 不纯正的单位犯罪。

是指既可以由单位构成，也可以由自然人构成的犯罪。如逃税罪，拒不执行判决、裁定罪。

第313条【拒不执行判决、裁定罪】对人民法院的判决、裁定有能力执行而拒不执行，情节严重的，处三年以下有期徒刑、拘役或者罚金。

单位犯前款罪的，对单位判处罚金，并对其直接负责的主管人员和其他直接责任人员，依照前款的规定处罚。

（四）单位犯罪的处罚

1. 原则上双罚制：对单位判处罚金，对直接负责的主管人员和其他直接责任人员判处相应的刑罚。

🔍**注意** 对单位本身只能判处罚金，不能判处没收财产。

2. 例外单罚制：只处罚直接负责的主管人员和其他直接责任人员，对单位不处罚。

第137条【工程重大安全事故罪】建设单位、设计单位、施工单位、工程监理单位违反国家规定，降低工程质量标准，造成重大安全事故的，对直接责任人员，处五年以下有期徒刑或者拘役，并处罚金；后果特别严重的，处五年以上十年以下有期徒刑，并处罚金。

3. 单位主体变更的处理。

（1）涉嫌犯罪的单位被撤销、注销、吊销营业执照或者宣告破产的，只追究相关自然人的刑事责任，对该单位不再追究。

（2）涉嫌犯罪的单位已经被合并到一个新单位的，不影响责任追究。法院审判时，被告仍列原单位名称，但注明已被并入新的单位，对被告单位所判处的罚金数额以其并入新单位的财产及收益为限。

【命题角度1】针对单位犯罪的特征，判断各种表述的正误。

例1 单位分支机构或内设机构不是独立法人单位，不能成为单位犯罪的主体。（2015-2-54）

解析：错误。单位的分支机构、内设机构具备两个条件即可成为单位犯罪的主体：①以自己名义实施犯罪；②违法所得归该机构。

---

① 2014年《全国人民代表大会常务委员会关于〈中华人民共和国刑法〉第30条的解释》。

例 2 单位只能成为故意犯罪的主体，不能成为过失犯罪的主体。（2010-2-53）

解析：错误。从刑法分则关于单位犯罪的具体规定来看，虽然大多数单位犯罪是故意犯罪，但也不可否认存在少数过失的单位犯罪，例如出具证明文件重大失实罪。

【**命题角度 2**】单位犯罪的背后必然有自然人犯罪。

例 某电器公司与某物流公司是母公司与子公司的关系。两个公司共同实施吸收公众存款行为，涉嫌非法吸收公众存款罪，共吸收存款 5 亿元。关于此案，下列说法正确的是（ ）。① （2019 年网络回忆版）

A. 如果电器公司和物流公司均构成单位犯罪，则两个单位犯罪可构成共同犯罪

B. 如果电器公司构成单位犯罪，但无法认定物流公司构成单位犯罪，那么可以追究物流公司中直接责任人员的自然人犯罪，并且该直接责任人员与电器公司可以构成共同犯罪

C. 如果物流公司构成单位犯罪，但无法认定电器公司构成单位犯罪，那么可以追究电器公司中直接责任人员的自然人犯罪，并且该直接责任人员与物流公司可以构成共同犯罪

D. 如果无法认定电器公司、物流公司构成单位犯罪，那么可以追究电器公司、物流公司中直接责任人员的自然人犯罪，并且两个公司中的直接责任人员可以构成共同犯罪

解析：四个选项说法都正确。当无法认定单位构成犯罪时，可以认定为自然人犯罪，从而形成"自然人＋自然人"或者"自然人＋单位"的组合。

【**重点复盘**】

1. 对于真正身份犯而言，自然人的特定身份，既是行为违法性的表达，也是犯罪成立的要件。

2. 单位犯罪是指，依法成立的公司、企业、事业单位、机关、团体，以单位名义，体现单位意志，为了单位利益所实施的，且刑法规定单位应受刑罚处罚的犯罪。

3. 对绝大部分单位犯罪采双罚制，少部分单位犯罪采单罚制。

第二节 危害行为（实行行为）

一、实行行为概述

实行行为，即刑法分则所规定的构成要件行为。实行行为是犯罪构成要件中的核心概念。

（一）实行行为是被刑法分则条文具体罪名所类型化的、具有法益侵害紧迫危险的行为

例 甲意欲使乙在跑步时被车撞死，便劝乙清晨在马路上跑步，乙果真在马路上跑步时被车撞死。

---

① 【答案】ABCD

甲的劝说并不是具有通常的法益侵害紧迫危险，不是刑法中的实行行为。

（二）实行行为对法益所创设的危险，是刑法所不容许的

例 甲想要乙死，建议乙到某地旅行。因为甲通过媒体得知，最近很多旅客在该地被谋杀。甲希望乙在那里也遭遇到被谋杀的厄运。乙根本没有听说当地的谋杀事件而开始他的度假旅程，也真的成了杀人行为的被害者。

甲的建议为乙创设了一定的危险，但是并没有制造法律上有意义的死亡危险，即没有为乙创设不被刑法允许的风险。

（三）注意下列几种行为并不属于实行行为

1.减少或者避免了法益侵害的行为，不是实行行为。

例 甲看见儿童马上要从 6 楼阳台摔下，遂伸手去接，因未能接牢，儿童摔成重伤。甲用手去接本身降低了法益侵害的危险，不能被评价为实行行为，尽管未能接牢，同样对儿童而言是有缓冲和保护作用的，整体不存在需要刑法评价的实行行为。

2.对结果的发生没有做出贡献的行为，不是实行行为。

例 甲向丙的水杯投入 100% 致死量的毒药，丙喝下后，乙又向丙的水杯投入 100% 致死量的毒药，丙又喝了。如果能够证明乙投放的毒药还未起作用时丙就中毒身亡，则乙的行为不是实行行为。

3.法益本身存在危险时，不具有防止结果发生义务的人，只要没有增加危险，就不存在实行行为。

例 路人嘲笑、打击、挖苦落水者的行为，不是实行行为。

二、作为

作为，即行为人以积极的身体活动实施某种被刑法禁止的行为。从表现形式看，作为是积极的身体动作；从违反法律规范的性质上看，作为直接违反了禁止性的罪刑规范。由于刑法绝大多数是禁止性规范，如不许杀人、强奸、抢劫、盗窃等，所以最常见的犯罪行为形式是作为。

三、不作为

不作为，即行为人消极地不履行法律义务而危害社会的行为。从表现形式看，不作为是消极的身体动作；从违反法律规范的性质看，不作为直接违反某种命令性规范。如遗弃罪的行为，表现为不扶养无独立生活能力的人，没有按法律的要求尽扶养义务。

（一）作为与不作为的区分

1.如果法益没有面临危险，而行为人以积极动作制造危险，或者法益面临较小危险而行为人以积极动作制造更大的危险，就是作为。因为法律禁止行为人制造（更大）危险。

例 元宝因八岁的儿子严重残疾、生活完全不能自理而非常痛苦。一天，元宝往儿子喝的牛奶里放入"毒鼠强"，导致儿子中毒身亡。元宝以投毒的方式为儿子创设了刑法所禁止的危险，属于作为的故意杀人罪。

2. 如果法益已经面临危险，具有保证人地位的行为人不消除危险的，就是不作为。因为，法律要求行为人消除危险。

例　元宝夫妇因八岁的儿子严重残疾、生活完全不能自理而非常痛苦。一天，元宝往儿子要喝的牛奶里放入"毒鼠强"时被妻子看到，妻子说："这是毒药吧，你给他喝呀？"见元宝不说话，妻子叹了口气就走开了。毒死儿子后，夫妻二人一起掩埋尸体并对外人说儿子因病而死。元宝的妻子在儿子面临死亡危险时，应当阻止而没有阻止投毒行为，导致儿子死亡，属于不作为的故意杀人罪。

注意　"不作为"不是单纯的什么也没有实施，而是没有实施法期待的行为。

例如，元宝在交通肇事后，将被害人放到车上，拉着被害人狂奔4小时，被害人在被撞2小时后因失血过多而死亡，元宝构成不作为的故意杀人罪。尽管有"拉着被害人狂奔4小时"这样积极的身体举动，但是真正导致被害人死亡的原因是其没有得到及时救助，因此，元宝构成不作为犯罪。

（二）不作为的分类

1. 纯正不作为犯。

即行为人行为构成了法定的犯罪行为本身就是不作为的犯罪，如遗弃罪，拒不执行判决、裁定罪等。

纯正不作为犯中，刑法给行为人设定的义务属于"命令性义务"，即必须实施某种行为。

例如，丢失枪支不报罪，刑法要求行为人在丢失枪支后必须"及时报告"；拒不执行判决、裁定罪，刑法要求行为人对于生效裁判必须"执行"。

【小结】刑法中纯正不作为犯包括下列罪名：

《刑法》第129条丢失枪支不报罪；

《刑法》第139条之一不报、谎报安全事故罪；

《刑法》第201条逃税罪；

《刑法》第261条遗弃罪；

《刑法》第276条之一拒不支付劳动报酬罪；

《刑法》第286条之一拒不履行信息网络安全管理义务罪；

《刑法》第311条拒绝提供间谍犯罪、恐怖主义犯罪、极端主义犯罪证据罪；

《刑法》第313条拒不执行判决、裁定罪；

《刑法》第395条巨额财产来源不明罪；

《刑法》第402条徇私舞弊不移交刑事案件罪；

《刑法》第416条不解救被拐卖、绑架妇女、儿童罪。

2. 不纯正不作为犯。

即行为人因不作为而构成了法定犯罪行为本身应是作为的犯罪，例如因不作为而构成故意杀人罪、抢劫罪等。

（三）不纯正不作为犯的成立条件

1. 当为（作为义务的发生依据）。

（1）对于危险源的监督义务。

①**危险的物**：危险动物、危险物品、危险设置、危险系统等。

例如，动物园管理者在动物撕咬游客时具有制止的义务；广告牌的设置者在广告牌可能坍塌或滑落之际有防止其砸伤路人的义务。

②**危险的人**：基于法律规定或者职业要求，对他人负有监督管理义务的人，对于他人的危险行为有监督、阻止的义务。

例如，父母、监护人有义务阻止年幼子女、被监护人的法益侵害行为。但是，夫妻之间、成年的兄弟姐妹之间不具有这样的监督义务。

③**危险的自己（先前行为）**：行为人自己的先行行为为法益创设刑法所不允许的危险时，行为人负有采取有效措施排除危险并防止结果发生的特定义务。

例如，销售者对其销售的危险商品具有召回的义务；黑夜将机动车停在高速公路上的司机有义务采取措施防止后车追尾。

（2）基于与法益的无助（脆弱）状态的特殊关系产生的保护义务。

首先法益要处于一种无助状态，其次行为人与处于无助（脆弱）状态法益之间具有某种特殊关系。注意，仅凭法益的无助状态很难认定行为人有作为的义务，更为重要的是与无助状态之间的特殊关系，而这种特殊关系来自以下几个方面：

①基于**法规范**产生的保护义务。在法规范将法益保护托付给特定的行为人时，行为人的不保护就成为结果发生的原因，例如母亲对婴儿的喂养义务，幼女被人猥亵时父母制止猥亵行为的义务等。但需要注意的是，根据法规范，发现火灾的人负有报警义务，但是法益保护并不具体地依赖于发现火灾的人，因此发现火灾的人没有刑法上的实质的法义务。

②基于**职务或者业务**产生的保护义务，例如，交警对于交通事故中的被害人的救助义务，医生对于病患的救治义务，消防队员对于火灾的扑救义务。

【案例】民警甲下班后在自己辖区酒吧喝酒，遇到乙使用暴力强迫他人卖淫，没有制止。甲构成不作为犯罪。

《人民警察法》第19条规定"人民警察在非工作时间，遇有其职责范围内的紧急情况，应当履行职责。"民警甲下班后在自己辖区酒吧喝酒，遇到乙使用暴力强迫他人卖淫，根据法律规定，甲应当履行职责，但是甲没有制止乙的行为，构成不作为犯。

③因**自愿行为**而产生的保护义务。在法益处于无助或者脆弱状态时，行为人自愿承担保护义务，使法益的保护依赖于行为人时，行为人必须继续承担保护义务。例如，将弃婴抱回家后，就有抚养的义务；数人形成的合法危险共同体，只要没有除外的约定，就意味着每个成员接受了保护其他成员的义务。

例如，将他人的弃婴抱回家后，就有抚养的义务；"危险共同体关系所引起的义务"，当事人之间基于一定事实形成了社会上通常认为的对危险应当予以共同承担、相互照顾的关系，因而在当事人之一发生危险时，应当负有排除危险的义务。

【案例】甲、乙相约一起登山，形成了危险共同体(意味着相互关照)，只要没有除外的约定，就意味着各人自愿接受了保护他人的义务。发生雪崩时，甲能带乙逃离而没有履行救助义务，导致乙被砸死，甲构成不作为犯。

（3）对于危险发生领域的支配而产生的阻止义务。

①对于发生在自己支配的建筑物内、车内的危险具有防止的义务。

对于自家封闭的庭院内闯入的重病患者具有救助的义务；

对出租车内发生的猥亵或强奸行为，司机具有制止的义务；

嫖客在卖淫女的住所内突发心脏病，卖淫女具有救助义务。

【案例】房主发现精神病妇女带着亲生幼儿在寒冷冬天流浪时，出于同情将二人带入家中避寒(该行为本身并非先前行为)，随后精神病妇女对幼儿实施暴力的，房主具有保护幼儿的义务，房主不救助导致孩子死亡，成立不作为犯。

②对于发生在自己身上的危险行为具有阻止义务。

例如，幼女趴到成年男子身上对其进行猥亵，该成年男子具有阻止的义务，否则就构成猥亵儿童罪。

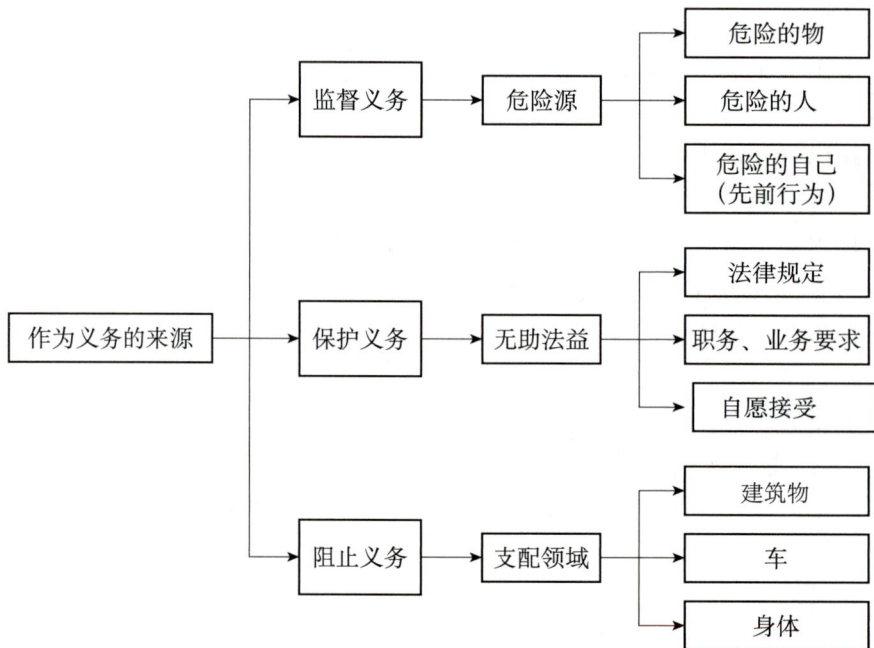

【命题角度】判断某个"不作为"，是否属于刑法上的不作为犯罪，通常是对于作为义务的发生依据进行判断。

例1　哥哥看到成年的弟弟杀死自己的父亲而不制止，构成故意杀人罪。(2020)

解析：正确。成年的哥哥的制止义务来源于他与父亲的特殊关系，即与法益无助状态的特殊关系产生的义务，不制止的行为构成不作为的故意杀人罪。

例2　乙欲前往某山区探险，被村民甲告知危险，劝乙不要去。乙执意前往。次日，甲在山区偶然发现奄奄一息的乙，没有救助，最终乙死亡。甲构成不作为犯罪。(2023)

解析：错误。村民甲告知危险以及劝乙不要去的行为，并没有制造、增加危险，因而不产生作为义务，甲不构成不作为犯罪。

2. 能为（作为的可能性）。

法律不强人所难，法规范和法秩序只要求能够履行义务的人履行义务，而不会强求不能履行义务的人履行义务。如果确实因为**客观原因**或者**主体能力**而导致不能履行作为义务，或者履行义务将会给行为人的生命带来重大危险，则法律不会苛责行为人不履行义务的行为。

3. 不为。

行为人没有实施按照其作为义务所应当实施的行为，从而导致侵害结果发生。

（1）结果回避可能性【倘若作为，则可避免结果发生】

只有当行为人履行作为义务可以避免结果发生时，该不作为的行为才可以成立不作为犯罪。

例如，甲在车间工作时，不小心使一根铁钻刺入乙的心脏，甲没有立即将乙送往医院而是逃往外地。医院证明，即使将乙送往医院，乙也不可能得到救治。

结论：甲的行为没有结果回避可能性，所不救助的行为不构成不作为犯罪，但是"不小心使一根铁钻刺入乙的心脏"的行为构成重大责任事故罪。

（2）不作为与作为的等价性【不纯正不作为犯】

例如，《刑法》第316条规定脱逃罪"依法被关押的罪犯、被告人、犯罪嫌疑人脱逃的，处五年以下有期徒刑或者拘役。"行为人以作为方式从关押场所逃出的，无疑构成脱逃罪；如果基于正当原因离开关押场所，而无故不返回关押场所的行为，能否构成脱逃罪，司法机关就需要从实质上（价值）判断这种不作为对于法益的侵害程度。

（四）不作为犯罪的主观责任

满足"当为—能为—不为"就具备了成立不作为犯罪的客观要件，同其他所有犯罪一样，最终成立犯罪还需要行为人主观上具有故意或者过失。不作为犯罪因此也分为故意的不作为犯罪和过失的不作为犯罪。

1. 故意的不作为犯罪。

例 元宝是游泳高手，某日带继子元小宝到河边玩耍。突然小宝落入水中，情况紧急万分，元宝本来能够救助，但是在稍作思考后，假装没有看到转身离去，元小宝溺水身亡。元宝为故意犯罪，成立不作为的故意杀人罪。

2. 过失的不作为犯罪。

例 元宝路过家门口的水库时看到有小孩落水，能救助而未予救助，导致小孩死亡。后发现落水的是其未成年的儿子元小宝。元宝作为父亲，应当预见到家门口落水的小孩有可能是其未成年的儿子，即应当预见的自己的儿子有溺亡的危险，却没有预见到，具有过失，成立过失犯罪。

🔍**注意** 不作为犯罪的主观方面有故意也有过失，因此就需要判断"不作为"当时的主观心态。

例 丙在办公室用电炉煮面，手中的文件**不慎**掉入电炉而着火。丙本来应该及时灭火，但是考虑到万一被他人发现可能会被单位辞退，于是及时逃离现场。后大火烧毁了丙的办公室及隔壁办公室。丙的行为导致电炉着火，明知不灭火可能引发火灾，仍然逃离现场，主观上是间接故意，因此应当成立不作为的放火罪。

【命题角度】判断某个危害行为究竟是作为犯罪还是不作为犯罪。

例　孙某驾车不慎撞倒行人金某之后，为逃避法律责任，将昏迷的金某拖到隐蔽的山洞里，金某因无人救助而死亡。孙某构成不作为的故意杀人罪。

解析：孙某将金某撞倒为法益创设危险，属于第一个先前行为；其将昏迷的金某拖到隐蔽的山洞里，属于第二个先前行为。金某最终因为没有得到救治而死亡，导致金某死亡的原因是不作为，孙某主观上也具有杀人故意，因此孙某构成不作为的故意杀人罪。

【真题训练（2019）】关于不作为犯罪，下列说法正确的有（　　　）。①

A. 警察李某抓捕吸毒人员王某（女），对其进行强制戒毒。王某有一个5岁女儿独自被王某锁在家里。王某将该情况告知李某，要求妥善安顿女儿。李某因疏忽而忘记此事。几天后，王某的女儿饿死在家中。李某成立不作为的玩忽职守罪

B. 吸毒人员吴某常常把自己年幼的孩子独自留在家中而出去吸毒。某次，吴某明知家中有孩子，出门十日才回家，其年幼孩子在被隔绝的家中饿死。吴某构成不作为的故意杀人罪

C. 赵某明知邻居钱某有癫痫，出于故意而与钱某吵架，使其发病，浑身抽搐。赵某见状故意不救助，钱某因无人救助而死亡。赵某构成不作为的故意杀人罪

D. 孙某驾车不慎撞倒行人金某之后，为逃避法律责任，将昏迷的金某拖到隐蔽的山洞里，金某因无人救助而死亡。孙某构成不作为的故意杀人罪

第三节　危害结果

一、概念

危害结果是指危害行为对法益造成的实际损害或现实危险状态。

二、实害

（一）概念

实害，是指行为给法益造成的实际损害事实，如交通肇事罪中致人伤亡的结果，故意杀人罪中被害人死亡的结果。

（二）实害结果在刑法中的意义

1. 过失犯罪都要求发生法定的物质性危害结果。

例如，过失致人死亡罪，必须发生死亡结果才能构成该罪。

2. 一些故意犯罪把发生法定结果规定为构成要素。

例如，生产、销售劣药罪，需要"给人体健康造成严重危害"（轻伤以上后果或者轻

---

① **【答案】**ABCD

度以上残疾或者器官组织一般功能障碍），犯罪才成立；再如滥用职权罪，需要"致使公共财产、国家和人民利益遭受重大损失"，犯罪才成立。

🔍 **注意**　以实害结果的出现作为犯罪成立标准的犯罪，在理论上被称为"实害犯"。

三、危险

（一）概念

危险，是指行为给法益带来的引起某种实害结果发生的危险，既可能是具体危险，也可能抽象危险。

（二）具体危险与抽象危险

1. 具体危险。

（1）性质：行为给法益带来的现实、紧迫具体危险，距离危害结果的发生仅一步之遥。例如生产、销售不符合安全标准的食品罪中，"足以造成严重食物中毒事故或者其他严重食源性疾病"即为具体危险。

（2）对危险的判断：司法机关在具体案件中，结合时间、地点、部位、手段对危险做出甄别判断。

具体危险犯如生产、销售不符合安全标准的食品罪，非法携带枪支危害公共安全罪。

2. 抽象危险。

（1）性质：行为给法益带来的抽象、潜在、或然的危险。

（2）对危险的判断：立法机关在立法中直接做出的设置，即直接将某种行为类型化为有危险的行为，行为完成，危险自然出现。

例如危险驾驶罪中，只要"醉酒驾驶"的行为出现，即可以认定危险出现。

抽象危险犯如组织恐怖组织罪，危险驾驶罪，生产、销售假药罪，煽动颠覆国家政权罪。

🔍 **注意**　以具体危险的出现作为犯罪成立标准的犯罪，在理论上被称为"具体危险犯"；以抽象危险的出现作为犯罪成立标准的犯罪，在理论上被称为"抽象危险犯"。

四、结果加重犯

（一）结果加重犯的概念

结果加重犯，指实施基本犯罪构成的行为，同时又造成个基本犯罪构成以外的结果，刑法对其规定较重法定刑的情况。

例如，《刑法》第234条规定，故意伤害他人身体的，处3年以下有期徒刑、拘役或者管制。

犯前款罪，致人重伤的，处3年以上10年以下有期徒刑；致人死亡或者以特别残忍手段致人重伤造成严重残疾的，处10年以上有期徒刑、无期徒刑或者死刑。本法另有规定的，依照规定。

故意伤害致人重伤、死亡，即属于故意伤害罪的结果加重犯。

（二）结果加重犯的特征

1. 实施基本犯罪构成的行为还造成了加重的结果。

（1）基本犯罪行为直接导致加重结果，加重结果无论从性质还是程度都重于基本犯罪所引起的基本结果。例如抢劫致人重伤、死亡，强奸致人重伤、死亡。

	基本行为	基本结果	加重结果
抢劫致人重伤、死亡	抢劫	劫得财物	重伤、死亡
强奸致人重伤、死亡	强奸	奸淫妇女	重伤、死亡

（2）基本犯罪行为与加重结果之间具有直接因果关系。

例1 甲非法拘禁乙的过程中，由于捆绑过紧，导致乙突发性心脏衰竭而亡。

解析：拘禁行为与死亡结果之间具有直接因果关系。

例2 甲非法拘禁乙，乙为了逃跑跳窗摔死。

解析：拘禁行为与死亡结果之间不具有直接因果关系。

（3）加重结果是基本行为的高度危险的直接现实化。如果具有高度危险的基本行为没有直接现实化为加重结果，即使产生所谓的"重结果"，也不能认定为结果加重犯。

例如，抢劫罪基本行为所创设的危险，就是压制被害人反抗的暴力，给被害人带来的伤亡风险，因此当暴力导致被害人伤亡的，则属于抢劫罪的结果加重犯，即抢劫致人重伤、死亡。

再如，破坏交通设施的基本行为所创设的危险是导致交通工具发生倾覆、毁坏的危险，因此如果因为交通设施被破坏，从而导致车毁人亡的，则属于破坏交通设施罪的结果加重犯，但是如果行为人在破坏轨道时将螺栓砸飞，击中在附近玩耍的幼童，致其死亡，则只是偶然的、过失导致的第三人死亡，则不属于结果加重犯，只能成立破坏交通设施罪与过失致人死亡罪的想象竞合犯。

2. 分则条文对该种结果专门规定了较重法定刑。

例如，对强奸犯通常处3年以上10年以下有期徒刑，造成被害人重伤、死亡结果的，处10年以上有期徒刑、无期徒刑或死刑。

（1）结果加重犯的重要特征是法定性，必须由刑法明确对加重结果规定加重刑；

（2）刑法明确对加重结果规定加重其刑，在结果加重犯的场合就只能认定为一罪而不是数罪。

3.行为人对加重的结果具有罪过（故意或过失）。

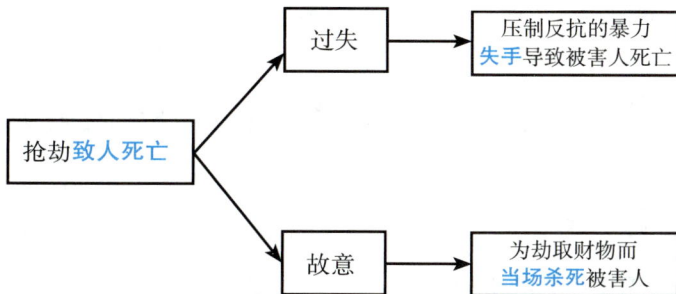

（三）结果加重犯的处断原则

以一罪处罚，不实行数罪并罚，因为该结果已经作为适用较重法定刑的依据。

【小结】刑法分则中常见的"结果加重犯"：

1.【故意伤害罪】致人重伤、致人死亡；

2.【抢劫罪】致人重伤、死亡；

3.【强奸罪】致人重伤、死亡；

4.【非法行医罪】严重损害就诊人身体健康，造成就诊人死亡；

5.【拐卖妇女、儿童罪】造成被拐卖的妇女、儿童或者其亲属重伤、死亡或者其他严重后果；

6.【暴力干涉婚姻自由罪】致使被害人死亡；

7.【虐待罪】致人重伤、死亡；

8.【非法拘禁罪】致人重伤、死亡；

9.【组织他人偷越国（边）境罪】造成被组织人员重伤、死亡；

10.【运送他人偷越国（边）境罪】造成被运送人重伤、死亡。

【命题角度1】判断某一行为是否属于结果加重犯。

例　骗取他人财物致使被害人自杀身亡的，成立诈骗罪的结果加重犯。（2017-2-2）

解析：错误。《刑法》第266条关于诈骗罪的规定中，并无"诈骗导致被害人死亡"的结果加重犯的规定。

【命题角度2】将结果加重犯与因果关系中断结合考查。

例1　甲把欠钱不还的乙捆绑后装进自己汽车的后备厢内，正准备开车出发时，旁边的肖某倒车不慎撞到甲的后备厢，导致乙当场死亡。甲不属于非法拘禁致人死亡。（2021年网络回忆版）

解析：错误。甲非法拘禁乙并将其装进汽车后备厢的行为，属于非法拘禁的基本强制手段，后介入肖某倒车追尾这一介入因素，尽管"追尾"属于异常的介入因素，对于被害人死亡结果的作用也大，但是前实行行为（将被害人关押在后备厢）对于被害人被撞身亡的结果同样具有决定作用，因果关系没有中断，甲应当对死亡结果承担责任，即属于非法拘禁致人死亡。

例2　甲将乙拘禁在宾馆20楼，声称只要乙还债就放人。乙无力还债，深夜跳楼身亡。甲的行为不成立非法拘禁罪的结果加重犯。（2015-2-8）

解析：正确。自杀行为中断因果关系，自杀行为所引起的重结果一般不能归属于前实行行为，即不能成立前一犯罪的结果加重犯。

第四节　危害行为与危害结果之间的因果关系

一、刑法中的因果关系

（一）刑法中的因果关系的概念

刑法中的因果关系是危害行为（实行行为）与危害结果之间的一种客观的引起与被引起的联系。

🔍 **注意**　因果关系中的"因"与"果"，是"实行行为"与"危害结果"。

1. "因"，即实行行为。

（1）如果行为本身不具有法益侵害的危险甚至减少了法益侵害的危险，则不是实行行为，亦不能成为因果关系中的"因"。

例　元宝得知女友移情，送其一双旱冰鞋，希望女友摔伤，女友果真摔成重伤。元宝送旱冰鞋的行为不是实行行为，送鞋与女友的重伤结果之间不具有因果关系。

（2）如果行为是否实施结果都会发生，即缺乏结果回避可能性，则可以否定实行行为的存在进而否定因果关系的存在。

例1　某地连降暴雨发生水灾，山洪咆哮着从山谷里奔涌而来，即将冲毁堤坝，在堤坝溃决的前10秒，甲向洪水中倒了一洗脸盆的水，肆虐的洪水最终淹没一切。甲倒水的行为（作为）缺乏结果回避可能性，对于决水结果没有作出贡献，不是实行行为。

例2　欧洲某毛笔制造工厂老板将一些毛笔交给女工加工，根据规定，加工这些毛笔必须消毒，但老板没有这么做，4个女工因为感染炭疽杆菌而死亡。事后发现，即使使用所规定的消毒剂消毒，仍然无法杀死在当时欧洲不曾有过的炭疽杆菌病毒。老板未消毒的行为（不作为）与死亡结果没有因果关系。

2. "果"，即危害结果。

（1）危害结果是具体的、特定样态的、特定时间、地点的结果。

元宝开车撞甲，甲受伤的程度是将在5小时后死亡，但是2小时后甲被乙开车撞死。那么这里因果关系中的"果"就是2小时死亡的结果，而不是5小时后死亡的结果。

（2）危害结果是规范保护范围内的结果。

比如，制定交通法规的目的，是确保汽车正常通行，不至于在行驶过程中撞向行人或其他车辆，避免发生交通事故，导致人被车"撞死"或者"撞伤"。

例1 甲违章驾驶导致撞车，汽车的猛烈撞击声把路旁的行人乙吓死。乙不是因为交通事故被车"撞死"，而是由于交通事故被"吓死"，该死亡结果不在交通法规的保护目的之内，不属于危害结果。

例2 甲与乙两个摩托车驾驶者都停在红灯前，等候绿灯过十字路口。甲脾气急躁，在信号灯变绿前，就闯红灯过交叉路口，引发旁边另一位驾驶者乙误认为绿灯亮了，也随其后穿越交叉路口，不幸被丙所驾驶的卡车撞死。禁止闯红灯的注意规范的保护目的是维护路口的交通秩序，防止车辆行人发生碰撞，它不可能包含防止别人误识信号灯的情形。所以，乙死亡结果不是规范保护范围内的结果，也不可归责于甲。

（二）因果关系对于刑事责任的意义

1. 不存在因果关系，则不能把某结果归责于行为人。

2. 不存在因果关系，只是不能把某结果归责于行为人，但不意味着不需要承担任何刑事责任。

例 元宝追杀情敌甲，甲狂奔逃命。甲的仇人乙早就想杀甲，见甲慌不择路，在元宝赶到之前向甲开枪射击，甲中弹身亡。元宝的追杀行为与甲的死亡结果之间不存在因果关系，因此元宝不成立故意杀人罪既遂，但是由于其有杀人行为，该行为并未引起死亡结果，元宝成立故意杀人罪未遂。

3. 存在因果关系并不必然承担刑事责任。

例 元宝和甲是马戏团演员，两人长期合作，元宝表演飞刀精准，从未出错。某日元宝表演时，甲突然移动身体位置，飞刀掷进甲胸部致其死亡。元宝投掷飞刀的行为与甲的死亡结果之间具有因果关系，但是两人长期合作，元宝能够合理地信赖甲不会挪动身体，元宝既没有故意也没有过失，甲的死亡属于意外事件，元宝不负刑事责任。

二、刑法中的因果关系的认定

认定因果关系，就意味着将结果归属于某个实行行为，实行行为是具有法益侵害危险的行为，因此因果关系的发展过程，就是危险现实化的过程。关于认定因果关系有不同学说：

（一）条件说

条件说是因果关系判断的基本方法，当实行行为与实害结果之间存在"没有A就没有B"的条件关系时，A就是B的原因。

🔍 **注意** 条件说的不足：因果链条无限延伸，因果关系的认定不够克制。

例如，A 的捅刺行为只是导致 B 轻伤，B 因逃避追杀躲进死胡同，被事先埋伏在这里的 C（与 A 事先无通谋）开枪打死。此时 A 的捅刺行为与 B 的死亡结果之间，依然具有条件关系，但是显然不能将 B 的死亡结果归属于 A 的捅刺行为，因为介入了第三人的行为。

（二）危险的现实化（介入因素的判断）

根据命题人观点，当实行行为与危害结果之间具有条件关系，并且实行行为的危险已经现实化为危害结果时，才能最终将结果归属于该行为。此时就需要判断，在具备"条件关系"的基础上，介入因素能否中断因果关系，一旦介入因素中断实行行为与危害结果之间的因果关系，则说明实行行为的危险没有现实化为危害结果，因此该结果不能归属于实行行为。

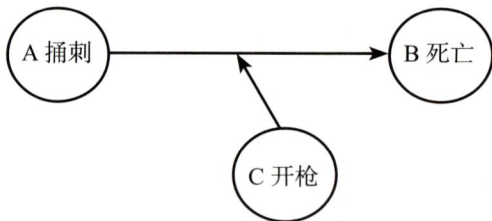

1. 因果关系中断。
①因果关系中断的**法律效果**：前行为人对于最终结果，将不承担刑事责任。
②**引起因果关系中断的因素：介入因素。**
2. "介入因素"中断因果关系的判断。

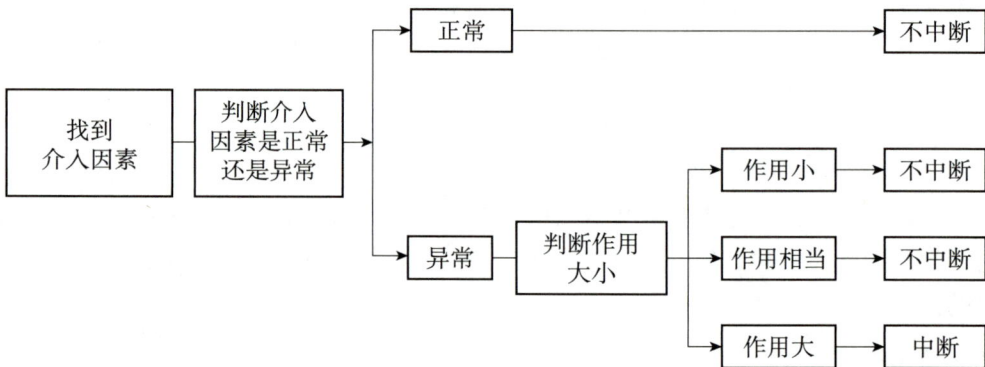

3. 常见的能够引起因果关系中断的介入因素有：被害人的行为、第三人的行为、某种自然事件。

（1）被害人的行为。

例 1 甲想要杀乙，乙仅受轻伤，但乙迷信鬼神，受伤后用香灰涂抹伤口，导致霉菌侵入身体而死亡。

介入因素：异常＋作用大＝中断【甲成立故意杀人罪（未遂）】

例 2 丙放火烧建筑，赵某见火势较小，便返回火场抢救自己放在该建筑物内的贵重物品。赵某进入后，火势突然加大，赵某被烧死。

介入因素：正常＝不中断【死亡结果归属于丙的放火行为】

例3 甲对乙施加暴力，劫取乙的财物后离去。乙受惊吓过度，回家途中因精神恍惚坠入河中溺亡。

介入因素：异常＋作用大＝中断【死亡结果不应当归属于甲的暴力】

例4 甲伤害乙后，乙在医院治疗期间没有遵医嘱卧床休息，因伤情恶化而死亡。

介入因素：异常＋作用小＝不中断【死亡结果应当归属于甲的伤害行为】

（2）第三人的行为。

例1 甲追杀情敌赵某，赵某狂奔逃命。赵某的仇人乙早就想杀赵某，见赵某慌不择路，在甲赶到之前向赵某开枪射击，赵某中弹身亡。

介入因素：异常＋作用大＝中断【甲成立故意杀人罪（未遂）】

例2 乙基于杀害的意思用刀砍程某，见程某受伤后十分痛苦，便将其送到医院，但医生的治疗存在重大失误，导致程某死亡。

介入因素：异常＋作用大＝中断【甲成立故意杀人罪（中止）】

例3 丁以杀人故意对赵某实施暴力，导致赵某遭受濒临死亡的重伤。赵某在医院接受治疗时，医生存在一定过失，未能挽救赵某的生命。

【观点1】介入因素：正常＝不中断

【观点2】介入因素：异常＋作用小＝不中断

基于上述两个观点丁均成立故意杀人罪（既遂）。

例4 乙夜间驾车撞倒李某后逃逸，李某被随后驶过的多辆汽车碾轧，但不能查明是哪辆车造成李某死亡。

介入因素：正常＝不中断【乙的撞人行为与李某死亡的结果之间存在因果关系】

（3）某种自然事实。

例1 甲欲杀害其女友，某日故意破坏其女友汽车的刹车装置，并唆使女友驾车外出，甲知道15分钟后会遇一陡坡，女友必定会坠崖身亡。但是女友在将车开出5分钟后，就遇到了山洪，泥石流将她冲下山，摔死。

介入因素：异常＋作用大＝中断【甲成立故意杀人罪（未遂）】

例2 甲故意伤害乙并致其重伤，乙被送到医院救治，当晚，医院发生火灾，乙被烧死。

介入因素：异常＋作用大＝中断【甲成立故意伤害罪（重伤）】

例3 甲、乙等人因琐事与丙发生争执，进而在电梯口相互厮打，电梯门受外力挤压变形开启，丙掉入电梯竖井摔死。

介入因素：正常＝不中断【甲、乙等人的行为与丙的死亡之间有因果关系，构成故意伤害罪（致人死亡）】

【命题角度1】 判断因果关系时，先判断是否存在实行行为。

例1 甲驾驶出租车搭载女乘客。途中，甲选择了一条与手机导航路线不同的偏航路线。女乘客误以为甲要侵害自己，迅速跳车，导致重伤。实际上甲没有加害意图。甲的偏航行为与女乘客的重伤有因果关系。（2021年网络回忆版）

解析： 说法错误。甲的偏航行为并不是刑法上的实行行为，该行为并无引发伤亡结果的现实危险，实行行为是因果关系中的"因"，没有实行行为，则没有因果关系。

例2　甲前往乙家讨债，甲敲门时，乙发现是甲，为了躲债，尝试从阳台爬入下一层的阳台，不慎失足坠亡。（2020）

解析：甲的行为是"前往乙家讨债，并敲门"，该行为并不是刑法上的实行行为，无实行行为，则无因果关系。

【命题角度2】判断因果关系时，还要判断是否存在危害结果。

例1　乙偷了李某的救命钱，李某悲痛万分，遂自杀。乙的行为与李某的自杀结果之间有因果关系。（2021年网络回忆版）

解析：错误。盗窃罪这一罪刑规范所要防止的结果是"被害人的财产损失"，被害人自杀不在盗窃罪的规范保护范围内，不存在因果关系的"果"，自然不存在因果关系。

例2　丁在繁华路段飙车，2名老妇受到惊吓致心脏病发作死亡，丁构成以危险方法危害公共安全罪。（2012-2-15）

解析：错误。刑法禁止"飙车"行为给公共安全带来的直接风险，路人受惊吓而心脏病发作死亡，不在以危险方法危害公共安全罪的规范保护目的之内，死亡结果不能归属于丁的行为，所以丁不构成以危险方法危害公共安全罪。

【命题角度3】在实行行为与危害结果都存在的基础上，再判断介入因素能否中断因果关系。

例1　甲违规将行人丙撞成轻伤，丙昏倒在路中央，甲驾车逃离。1分钟后，超速驾驶的乙发现丙时已来不及刹车，将丙轧死。甲的行为与丙的死亡没有因果关系。（2014-2-6）

解析：错误。对于一个躺在路中央的人，被后车碾压属于高概率事件，乙的行为是正常的介入因素，不中断因果关系。

例2　甲对乙的住宅放火，乙为救出婴儿冲入住宅被烧死。乙的死亡由其冒险行为造成，与甲的放火行为之间没有因果关系。（2013-2-52）

解析：错误。乙为救出婴儿冲入住宅的行为是正常的介入因素，不中断因果关系。

（三）合法则的条件说

1."合法则的条件说"与"条件说"的差异。

"合法则的条件说"同样是为了限制因果关系的范围，与"条件说"的判断思路刚好相反，"条件说"是反面的判断，之所以从"如果没有前者就没有后者"得出"正是因为有前者才有后者"的结论，其实是因为人们知道结果的形成过程；"合法则的条件说"则是正面判断，在与结果有联系的行为中，判断哪一个行为与结果之间存在能用自然法则或经验法则说明的引起与被引起的关系。[参见张明楷:《刑法学》，第6版，第226页]

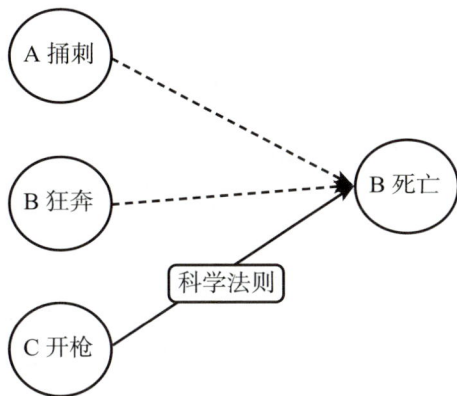

2."合法则的条件说"的基本内涵。

合法则的条件说认为,只有根据科学知识,确定了前后现象之间是否存在一般的合法则的关联后,才能进行个别的、具体的判断。在认定因果关系时:

第一步:确认存在可以适用于特定个案的自然科学的因果法则(抽象);

第二步:认定"具体的因果关系",即确认具体的事实是否符合作为科学的因果法则。

合法则的条件说所称的"合法则",是指当代知识水平所认可的法则性关系。易言之,因果法则关系的存在,必须得到当代最高科学知识水平的认可,如果根据这种科学知识难以理解,则不能承认因果关系。当然,如果经验法则与科学法则并不矛盾,这种经验法则也包含在"合法则"中。

(1)假定的因果关系:虽然某个行为导致结果发生,但即使没有该行为,其他情况也会产生同样结果,则结果应当归因于该行为。

例1 在下午1时即将执行死刑之前,被害人的父亲甲推开执行人,自己扣动扳机击毙死刑犯乙。甲开枪行为合法则地引起了死亡结果,甲的行为与乙的死亡结果之间具有因果关系。

例2 对一座处于烈火中的建筑物的未烧毁部分,放火予以烧毁,仍然构成故意毁坏财物罪,即使大火在很短的时间内将烧毁一切。放火行为合法则地引起了剩余部分的烧毁,二者之间具有因果关系。

(2)可替代的充分条件:在一个实行行为引起结果的过程中出现另一个实行行为,第二个实行行为成为引起结果发生的充分条件,合法则地引起结果发生。

例如,甲想杀死乙,便在乙穿越沙漠长途旅行的前夜,悄悄溜进乙的房间,把乙水壶里的水换成无色无味的毒药;丙也想杀死乙,于是同晚晚些时候溜进乙的房间,在乙的水壶底部钻了一个小孔。第二天乙出发了,他没有发现水壶上的小洞,两小时后乙在沙漠中想喝水,但是发现水壶是空的,于是脱水而亡。乙是脱水而死的,这一具体结果是由丙的行为合法则地造成的,则丙的行为与乙的死亡之间就有因果关系,而甲的行为与乙的死亡之间就没有因果关系。

(3)二重的因果关系(100%+100%=200%):两个以上的行为分别都能导致结果的发生,但在行为人没有意思联络的情况下,行为竞合在一起导致了结果发生。其中,每个行为都与最终结果存在因果关系。

例1　甲、乙没有意思联络，都欲杀丙，并同时向丙开枪，且均打中丙的心脏。

例2　甲、乙没有意思联络，事先都向丙的水杯里投了100%致死量的农药，丙喝了以后中毒身亡。

甲、乙的行为都是合法则地引起丙死亡的原因，因此二人的行为与丙的死亡都具有因果关系；如果存在时间先后顺序，后一行为对死亡并没有起作用，则应否定后行为与结果之间的因果关系。

（4）重叠的因果关系（50%+50%=100%）：两个以上独立的行为，单独不能导致结果的发生，但合并在一起同时造成了危害结果。其中，每个行为都与最终结果存在因果关系。

例如，甲、乙二人没有意思联络，事先都向丙的水杯里投了50%致死量的农药，丙喝了以后中毒身亡。甲、乙的行为都是合法则地引起丙死亡的原因，因此都具有因果关系。

（5）因果关系的回溯问题：第三人有意识地共同促进结果的发生，前行为人的行为所促成的对于结果具有原因力的因果关系，不会由于第三人的行为而中断。

例如，甲给丙注射了一剂毒药，在毒药药性刚开始发作时，乙对丙使用暴力，丙由于中毒虚弱而无法躲避乙的袭击，因而死亡。甲的行为客观上对于促成丙的死亡结果具有原因力，因而完全可以认为两者之间具有因果关系。

（6）救助性因果流程的中断：已经存在某种原因原本可以阻止结果的发生，行为人消除这种条件，导致结果发生。应当认为，中断救助性因果流程的行为，与结果之间具有因果关系。

例如，一个救生圈正漂向落水的被害人，被害人可以马上抓住这个救生圈，但是行为人拿走了救生圈，被害人溺水身亡。应当肯定拿走救生圈的行为与被害人的死亡结果之间具有因果关系

【命题视角】运用合法则的条件说，判断行为与结果之间是否具有因果关系。

例1　甲以杀人故意向乙开枪，但由于不可预见的原因导致丙中弹身亡。甲的行为与丙的死亡没有因果关系。（2014-2-6）

解析：错误。按照合法则的因果关系理论，甲的子弹打中了丙，即甲的行为合法则地引起了丙的死亡，甲的行为与丙的死亡结果有因果关系。

例2　甲、乙无意思联络，分别向丙开枪，均未击中要害，因两个伤口同时出血，丙失血过多死亡。甲、乙的行为与丙的死亡之间具有因果关系。（2013-2-52）

解析：正确。甲、乙的行为与丙的死亡之间具有因果关系，这属于重叠的因果关系。

（四）国外主要学说评析

1. **"条件说"**：忽略对于介入因素的判断，认为只要具体条件关系，就具有因果关系的判断方法，会导致不当扩大处罚范围。

2. **"相当因果关系说"**：是日本刑法的通说，是基于"条件说"过于扩大因果关系的范围而产生的。该学说认为，因果关系的判断需要经过两个步骤。首先，判断有无条件关系；其次，在有条件关系的基础上判断介入因素是否异常，如果异常，因果关系中断，

反之则不中断。

"相当因果关系说"的最大缺陷在于，只要介入因素异常，则因果关系就中断的判断思路过分绝对。可能存在介入因素异常但是作用小，或者介入因素与实行行为作用相当的情况，这两种情形下，因果关系都不会中断。

【命题视角】纯粹考察"条件说""相当因果关系说""合法则的条件说"的理论内涵。

【真题训练（2022）】关于刑法因果关系的判断，正确的是？（　　　）①

A. 无论是依据"条件说"还是"相当因果关系说"，都认为没有条件关系便没有因果关系

B. 行为人实施危害行为引发危害结果，尽管有其他积极因素介入，但并非过分异常的因素，不中断危害行为与危害结果之间的因果关系

C. 在合法则的条件说中，合法则是在具体案件中，根据经验法则或科学法则择一进行判断即可

D. 因果关系是特定条件下，实行行为与构成要件的危害结果之间引起与被引起的关系

【重点复盘】

因果关系的认定：

1. 判断：实行行为与危害结果之间是否具有无 A 则无 B 的条件关系；

2. 再判断：实行行为所创设的危险，是否现实化为危害结果（对介入因素进行判断）。

---

① 【答案】ABD

第四章　违法阻却事由

扫描右侧二维码"听课 + 做题"，直达最佳学习效果

1. 在线听课：学习本章节核心考点讲解课程。
2. 在线刷题：点击 🏠 进入题库做章节练习。

第一节　正当防卫

《刑法》第20条【正当防卫】为了使国家、公共利益、本人或者他人的人身、财产和其他权利免受正在进行的不法侵害，而采取的制止不法侵害的行为，对不法侵害人造成损害的，属于正当防卫，不负刑事责任。

一、正当防卫的成立条件

（一）起因条件：有不法侵害发生

所谓不法侵害，既包括犯罪行为，也包括一些侵犯人身、财产，破坏社会秩序的违法行为。

1. 不法性。

（1）范围：不法侵害包括但不限于犯罪行为。无论是面对一般违法行为，还是面对犯罪行为，都可以进行正当防卫。

（2）性质：客观层面的不法。无论是故意的、过失的不法侵害，还是未成年人的、精神病人的不法侵害，只要在客观上没有法律依据，就可以对其进行正当防卫，换言之，任何人都没有义务忍受他人的不法侵害。

2. 侵害性。

（1）种类：不法侵害既可以表现为作为的侵害，也可以表现为不作为的侵害。

（2）性质：不法侵害通常具有进攻性、紧迫性、破坏性。

例　丙发现邻居刘某（女）正在家中卖淫，即将刘家价值 6 000 元的防盗门砸坏，阻止其卖淫。刘某的卖淫行为不具有显著的进攻性、紧迫性、破坏性，因此丙不成立正当防卫。

🔍 **注意**　对于侵害公法益的行为能否进行正当防卫？

我国刑法明文规定可以为了保护公共法益而进行正当防卫，既然如此，只要保护公共法益的防卫行为符合正当防卫的成立条件，就成立正当防卫。

例如，对于窃取、刺探国家秘密的行为，就可以进行正当防卫。[①]

3. 现实性。

必须存在现实的不法侵害，如果事实上并无不法侵害，行为人误以为存在不法侵害而进行"防卫"，就是假想防卫。假想防卫属于事实认识错误，不成立故意犯罪。

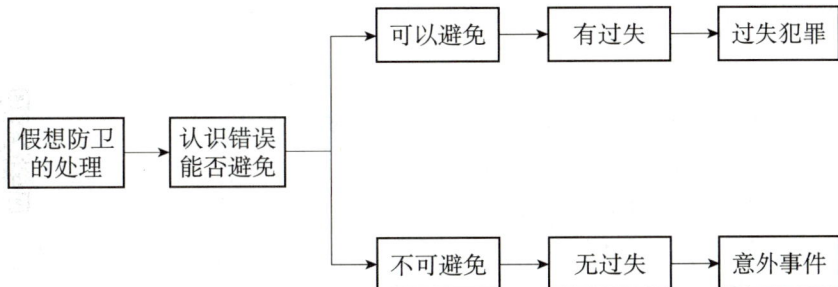

【有过失】 元宝是个体眼镜商，在身带数万元现金外出采购途中，被便衣警察甲、乙拦住检查。乙表明身份时将工作证在元宝面前晃了一下，元宝要求去公安局或者派出所才让检查，甲、乙不理。元宝误以为二人是要抢劫的歹徒，即趁二人不备，抓起随身携带的小刀，将乙刺成重伤。元宝的行为构成假想防卫，在过失的范围内承担刑事责任。

【无过失】 元宝在自家附近遇见两个男青年正在侮辱自己的女友如燕，便上前指责，遭到一名男青年殴打，被迫还手。在对打过程中，穿着便服的民警甲正好路过此地，未表明其公安人员身份，即抓住元宝的左肩，元宝误以为甲是两人的帮凶，便用脚向后蹬去，致甲重伤。本案中甲在执行公务中存在两点过错，一是没有亮明警察身份，二是没有对当时的情况进行仔细判断。元宝的行为属于假想防卫，由于其主观上没有故意也没有过失，危害结果是不能预见的原因引起的，属于意外事件，元宝应当无罪。

（二）时间条件：对正在进行的不法侵害进行防卫

1. 不法侵害开始的判断：不法侵害已经着手实行，对法益造成了现实、紧迫的危险。

2. 不法侵害结束的判断：判断不法侵害是否已经结束，关键是看不法侵害给法益造成的危险是否彻底消除。

（1）不法侵害是否结束，应当立足防卫人在防卫时所处情境，按照社会公众的一般认知，依法作出合乎情理的判断，不能苛求防卫人。

例 张某和李某因互抢摊位发生争执，张某愤怒中操起菜刀欲伤害李某，李某慌乱中拿起扁担抵抗，击中张某小腿，致其摔倒在地。李某担心张某起身继续攻击自己，赶紧上前用扁担继续击打张某头部，致其死亡。事后查明，张某倒地后便陷入昏迷。

解析： 首先，李某不是事后防卫，虽然事后查明，张某倒地后便陷入昏迷，但是李某在精神高度紧张的状态下，担心再次张某的继续攻击而继续实施"防卫"行为是合理的；其次，在李某的前后行为被评价为一个整体防卫行为的基础上，应当认为，李某的行为过当。张某小腿被击中，摔倒在地，不法侵害的能力已经大大降低，李某完全没有必要继续击打其头部，即行为明显超过必要限度；同时导致张某死亡，属于造成重大损害，因此属于防卫过当。（2018）

[①] 张明楷. 刑法学.6版. 北京：法律出版社，2021:262.

（2）财产型犯罪的防卫时间：在财产型犯罪中，犯罪行为虽然已经既遂，但当场被发现并同时受到追捕的，认为"不法侵害尚未结束"，直到不法侵害人将其所取得的财物藏匿到安全场所为止，追捕者都可以实施正当防卫。

例如，甲劫持出租车司机元宝，用匕首刺元宝一刀，强行抢走财物后下车逃跑。元宝发动汽车追赶，在甲往前跑了40米处，将其撞成重伤并夺回财物，元宝成立正当防卫。

（三）对象条件：防卫行为必须是针对不法侵害者本人实行

正当防卫只能是通过给不法侵害人造成损害的方法来进行，而不能通过给第三者（包括侵害者的家属在内）造成损害的方法来进行。

例1 元宝在幕后唆使甲杀乙，在甲杀乙的过程中，乙只能对甲进行正当防卫，不能对场外的教唆犯元宝进行防卫。

例2 元宝在现场唆使甲杀乙，在甲正在杀乙的过程中，乙可以对甲进行正当防卫，也可以对现场的元宝进行防卫。

例3 元宝在现场教唆甲杀乙，甲致乙重伤后逃离现场，在元宝还在现场的情况下，丙可以使用暴力强迫元宝救助乙，但这是针对元宝的不作为的防卫，而不是针对元宝的教唆行为的防卫。

（四）主观条件：防卫必须是基于保护合法权利免受不法侵害的目的

正当防卫完整的主观条件，包括防卫认识与防卫意志两个部分。

1.防卫认识，即认识到不法侵害正在进行；防卫意志，即为了保护合法利益。成立正当防卫是否需要防卫认识与防卫意志同时具备，理论上有不同观点，而不同观点的分歧，实质是"结果无价值""行为无价值""主观主义"的分歧。**三种观点对于违法本质的不同观点，决定它们对正当防卫主观方面的要求不同，也决定它们对"偶然防卫"的评价不同。**

2.所谓"偶然防卫"，是指行为人在完全没有防卫认识和防卫意志的状态下实施的故意或者过失攻击性行为，但客观上具有防卫的效果，救助了刑法所保护的法益。

3."结果无价值"和"行为无价值"是德日刑法学中就如何判断行为的违法性即社会危害性时使用的一对概念。所谓"无价值"，就是"违反刑法所意图保护的价值"，即反价值。

（1）"结果无价值"。

①认为行为是否违法，是否具有社会危害性，只能以行为所引起的侵害法益结果为基础加以判断，只要结果是好的，行为就是好的，一切都是正当的。即以法益侵害说为基础，以结果为中心，考虑违法性问题的理论。

②根据"结果无价值",成立正当防卫,既不需要防卫认识也不需要防卫意志,只要在客观上具有防卫效果,就是好的行为,就可以成立正当防卫。

③"偶然防卫"可以成立正当防卫。

（2）"行为无价值"。

①认为行为所引起的侵害法益结果,特定的行为形态以及行为人的故意、过失、动机、目的之类的主观心理状态也都应纳入违法性的判断,且行为的好坏与结果的好坏应当分别判断。

```
      1              2              3
  ( 行为人 )——————( 行为 )——————( 结果 )
      ▼              ▼              ▼
    过错?         攻击法益?        好? 坏?
```

②根据"行为无价值",成立正当防卫需要防卫认识,即要认识到有不法侵害正在进行,自己是在"对抗"不法侵害,防卫人主观上才具有"正当性",行为才能被评价为正当防卫;"偶然防卫"由于不具有防卫认识,不成立正当防卫;但是"偶然防卫"客观上确实没有产生法益侵害结果,而产生救助法益的"好结果"。因此,故意的偶然防卫属于故意攻击法益的行为,但是造成好结果,成立故意犯罪未遂;过失的偶然防卫属于过失攻击法益的行为,但是造成好结果,不构成犯罪。

③"偶然防卫"由于不具有防卫认识,不成立正当防卫,属于违法行为;但是"偶然防卫"客观上救助了法益,造成好结果。

（3）"主观主义"。

①认为刑罚针对的是行为人对法益的敌视或轻视态度以及在此态度下实施的行为本身,在"主观主义"的观点中,违法行为就是带着坏的思想所实施的任何行为,即思想是坏的,行为就是坏的,一切都是坏的。

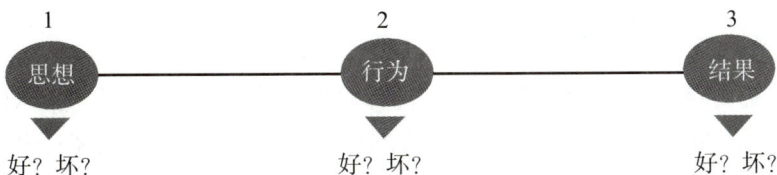

```
      1              2              3
  ( 思想 )——————( 行为 )——————( 结果 )
      ▼              ▼              ▼
    好? 坏?        好? 坏?        好? 坏?
```

②根据"主观主义"成立正当防卫,既需要防卫认识也需要防卫意志,否则难以成立正当防卫。

③"偶然防卫"直接成立犯罪。

	结果无价值	行为无价值	主观主义
基本立场:什么是违法	只看结果 违法行为=造成坏结果的行为 结果是好的,行为就是好的	既看行为,也看结果 违法行为=主体基于过错实施的攻击行为 故意攻击行为如果同时造成坏结果,成立故意犯罪既遂 过失攻击行为如果同时造成坏结果,成立过失犯罪	看思想 违法行为=带着过错所实施的任何行为 思想是坏的,行为就是坏的,一切都是坏的

成立正当防卫主观方面的要求	无要求	至少要有防卫认识	防卫认识、防卫意志都需要
故意的偶然防卫	正当防卫	故意犯罪未遂	故意犯罪既遂
过失的偶然防卫		过失行为 + 好结果 = 无罪	过失犯罪

例1 甲杀害乙，乙被迫防卫。路过的丙看到了，以为乙在侵害甲，想起甲是自己的仇人，就过去帮乙一起伤害甲。乙以为丙是见义勇为，过来协助自己。两人共同把甲打成了重伤。

【观点1】丙成立正当防卫。丙与乙一起实施正当防卫行为，制止不法侵害，把甲打成了重伤的结果是刑法所允许的，结果不违反刑法，行为就是正当的，即不违法。

【观点2】丙成立故意伤害罪（未遂）。丙没有防卫认识，丙对甲的攻击带有伤害的故意，是违法行为，不成立正当防卫，但是丙没有制造刑法所不允许的伤害结果，因此成立故意伤害罪（未遂）。①

【观点3】丙成立故意伤害罪致人重伤。（乙是正当防卫，不能用丙的行为定义乙的行为。）

例2 乙某日下午在自家庭院中擦拭自己合法持有的猎枪，由于疏忽不慎触动了扳机，将门外正在实施暴力抢劫行为的李某打成重伤。

【观点1】乙成立正当防卫。乙的行为在客观上制止了不法侵害，将李某打成重伤的结果是刑法所允许的，结果不违反刑法，行为就是正当的，即不违法。

【观点2】乙没有防卫认识，不成立正当防卫。乙由于疏忽不慎将李某打成了重伤是过失行为，没有制造刑法所不允许的伤害结果，即过失行为 + 好结果 = 无罪。

【观点3】乙成立过失致人重伤罪。

（五）限度条件: 正当防卫不能明显超过必要限度造成重大损害

1.所谓"必要限度"，指足以制止正在进行的不法侵害所必需的限度。对于明显没有立即危及人身安全或者国家和人民重大利益的不法侵害，不允许用重伤、杀害的手段防卫；明显能用较缓和的手段制止不法侵害时，不允许采用激烈手段，更不允许为保护微小利益而采用激烈的防卫手段，因为这些手段显然不是有效地制止不法侵害所必需的。

2.所谓"重大损害"指造成不法侵害人重伤、死亡。

二、防卫过当

（一）防卫过当的概念

防卫过当是指正当防卫明显超过必要限度造成重大损害的行为。

---

① 丙攻击甲时，带着伤害的故意，因此行为是坏的，但是结果是好的，所以成立故意伤害罪（未遂）。故意伤害罪既遂，是指伤害了不该伤害的人，而本案中丙伤害了可以伤害的人。

（二）防卫过当的基本特征

防卫过当的基本特征是客观上造成了不应有的损害，具有社会危害性；

1.客观上：造成了不应有的损害，具有社会危害性；

2.主观上：对造成的过分损害存在过失甚至故意，具有罪过性。

例如，面对盗窃行为，防卫人明知造成对方轻伤即可制止盗窃行为，却故意造成不法侵害人重伤以保护财产法益，则对于重伤的过当结果就是故意。

防卫过当 = 防卫行为超过必要限度 + 防卫结果造成重大损害。（同时具备）

例1 元宝面对甲的一般不法侵害，掏出手枪向甲开枪，仅造成甲轻伤。元宝的行为虽然超出必要限度，但是没有造成重大损害，不属于防卫过当。

例2 元宝面对甲的持刀行凶，夺刀自卫，造成甲死亡。元宝的行为虽然造成了重大损害，但是行为没有超过必要限度，也不属于防卫过当。

（三）防卫过当的刑事责任

1.定罪：过失致人重伤、死亡的，定过失致人重伤罪、过失致人死亡罪。如有犯罪故意，依法定故意伤害罪或者故意杀人罪。

2.量刑：应当减轻或者免除处罚。

【最高人民检察院指导案例 46 号】 朱某因不堪忍受丈夫骆某的虐待提起离婚诉讼并与骆某分居。朱某带儿子骆小雨（15周岁）和女儿骆小田（11岁）与朱某父母同住。骆某知错，但不同意离婚，为此经常到朱某父母家吵闹。一日23时许，骆某驾车至朱某父母家，攀爬院子大门，欲强行进入，朱某山（朱父）持铁叉阻拦后报警。骆某爬上院墙，在墙上用瓦片掷砸朱某山。朱某山躲到一边，并从屋内拿出宰羊刀防备。随后骆某跳入院内徒手与朱某山撕扯，朱某山刺中骆某胸部一刀。朱某山见骆某受伤把大门打开，民警随后到达。骆某因主动脉、右心房及肺脏被刺破致急性大失血死亡。[①]

三、特殊防卫

（一）特殊防卫的概念

《刑法》第20条规定：对正在进行行凶、杀人、抢劫、强奸、绑架以及其他严重危及人身安全的暴力犯罪，采取防卫行为，造成不法侵害人伤亡的，不属于防卫过当，不负刑事责任。

上述规定表明刑法对杀人、抢劫等危及人身安全的暴力犯罪采取极为严厉的态度，对于遭到这类犯罪侵害的防卫人采取鼓励与保护的态度。

---

① 朱某山的行为具有防卫性质，属于防卫过当。首先，朱某山的行为具有防卫的正当性。骆某的行为从吵闹到侵入住宅、侵犯人身，呈现升级趋势，具有一定的危险性。执意在深夜时段实施侵害，不法行为具有一定的紧迫性。朱某山始终没有与骆某斗殴的故意，提前准备工具也是出于防卫的目的，因此其反击行为具有防卫的正当性。其次，朱某山的行为属于防卫过当。骆某上门闹事的目的是不愿离婚，而不是报复。骆某虽实施了投掷瓦片、撕扯的行为，但整体仍在闹事的范围内，对朱某山人身权利的侵犯尚属轻微。朱某山已经报警，也有继续周旋的余地，但却选择使用刀具，最终造成了骆某伤重死亡的重大损害。综合来看，朱某山的防卫行为，在防卫措施的强度上不具有必要性，在防卫结果与所保护的权利对比上也相差悬殊，应当认定为明显超过必要限度造成重大损害，属于防卫过当。

（二）特殊防卫的属性

不是"无限"防卫权，仍要符合正当防卫的成立条件。

上述规定是提示性**注意规定**。（没有赋予当事人新的权利，只是对于最高级别的正当防卫情形的重申）

（三）注意事项

1. 行凶、杀人、抢劫、强奸、绑架。

（1）下列行为应当认定为"行凶"：①使用致命性凶器，严重危及他人人身安全的；②未使用凶器或者未使用致命性凶器，但是根据不法侵害的人数、打击部位和力度等情况，确已严重危及他人人身安全的。虽然尚未造成实际损害，但已对人身安全造成严重、紧迫危险的，可以认定为"行凶"。

（2）不包括以**非暴力**的方式实施的上述行为。

例如，以麻醉方式抢劫虽然可以评价为抢劫行为，但是不属于严重危及人身安全的暴力犯罪。

（3）运用实质解释原理。"杀人、抢劫、强奸、绑架"，是指具体犯罪行为而不是具体罪名，在实施不法侵害过程中存在杀人、抢劫、强奸、绑架等严重危及人身安全的暴力犯罪行为的，如以暴力手段抢劫枪支、弹药、爆炸物或者以绑架手段拐卖妇女、儿童的，可以实行特殊防卫。有关行为没有严重危及人身安全的，应当适用一般防卫的法律规定。

例如，元宝在拐卖如燕过程中，使用暴力强奸如燕，从分则条文来看，强奸行为不需要单独评价，只成立拐卖妇女罪一罪即可，但是强奸行为是客观存在的，且属于严重危及人身安全的暴力犯罪，因此对于元宝的强奸行为可以进行特殊防卫。

2. "暴力"：刑法中有很多种暴力，而这里的暴力属于严重程度的暴力，不包括轻微暴力。

暴力干涉婚姻自由罪中的暴力、妨害公务罪中的暴力、侮辱罪中的暴力都不属于严重危及人身安全的"暴力"。

3. "人身安全"：这里的人身安全仅指生命权、健康权以及性自由权，而不包括人格权和名誉权。

4. "其他严重危及人身安全的暴力犯罪"：应当是与杀人、抢劫、强奸、绑架行为相当，并具有致人重伤或者死亡的紧迫危险和现实可能的暴力犯罪。

🔍 **注意** 不符合特殊防卫起因条件的防卫行为致不法侵害人伤亡的，如果没有明显超过必要限度，也应当认定为正当防卫，不负刑事责任。

【做题思路】

是否存在不法侵害（作为？不作为？） → 假想防卫 → 过失犯罪或意外事件

不法侵害是否正在进行 → 防卫不适时 → 故意犯罪或过失犯罪

是否具有防卫认识、防卫意志 → 偶然防卫 → 结果无价值/行为无价值/主观主义

是否过当 → 防卫过当 → 故意犯罪或过失犯罪

正当防卫

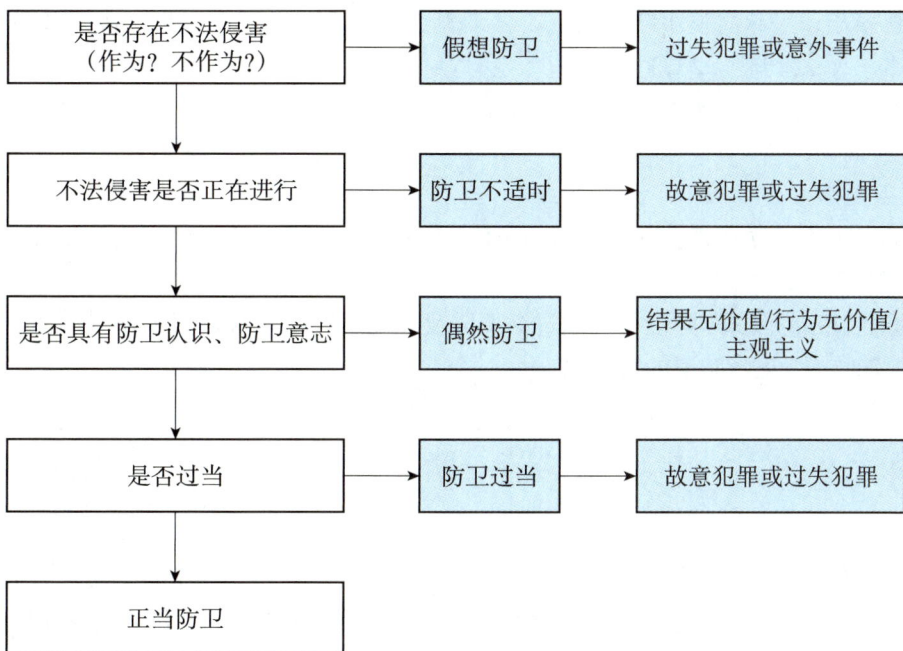

【命题角度1】 客观题的考查只需要考生知道针对偶然防卫，有"成立正当防卫"和"成立犯罪"的不同观点。

例 甲杀害乙，乙被迫防卫。路过的丙看到了，以为乙在侵害甲，想起甲是自己的仇人，就过去帮乙一起伤害甲。乙以为丙是见义勇为，过来协助自己。两人共同把甲打成了重伤。以下说法正确的有（ ）。[①]（2019年网络回忆版）

A.虽然乙有正当防卫的意图，但是和丙一起把甲打成了重伤，属于防卫过当

B.丙客观上在协助正当防卫。因此无论根据何种学说，丙都不构成犯罪

C.乙、丙二人的主观认识内容不同，因此无论根据何种学说，都不能用丙的行为定义乙的行为的性质

D.乙、丙二人的主观认识内容不同，因此无论根据何种学说，乙、丙都不构成共同犯罪

解析： 乙是正当防卫，丙是偶然防卫，依结果无价值丙是正当防卫，但更多观点认为丙构成犯罪。

【命题角度2】 判断是否存在不法侵害，判断是否事后防卫、是否过当。

例1 甲驾车不慎将行人乙撞成重伤，甲想逃离。行人丙看到这一情景，要求甲将乙送往医院，甲拒绝并欲逃离。丙便将甲打成轻伤，威胁并强迫甲将乙送往医院。甲害怕被丙继续殴打，便答应将乙送往医院。（2019年网络回忆版）

解析： 甲驾车将乙撞成重伤，该先前行为为乙创设了危险，甲对乙负有救助义务，如果不救助则是以"不作为"的方式对乙实施新的不法侵害，第三人丙将甲打成轻伤，威胁并强迫甲将乙送往医院，是对甲的不作为的不法侵害所实施的正当防卫。

---

① 【答案】CD

例 2　甲约乙一起吃烧烤，甲骂乙是 200 斤的肥猪，身材高大的乙大怒，把甲推倒在地掐他脖子，甲身材瘦小呼吸困难，拿酒瓶打乙，乙仍不撒手。甲将酒瓶打破，用玻璃碴扎乙，致乙重伤。（2023）

解析： 甲虽由自己过错引起纠纷，但仍可进行正当防卫，并未超过明显必要限度，为正当防卫。

【重点复盘】

1. 正当防卫成立条件：防卫起因；防卫时间；防卫意思（防卫认识与防卫意志）；防卫对象；防卫限度。

2. 防卫过当的公式：防卫行为超过必要限度＋防卫结果造成重大损害。（同时具备）

3. 特殊防卫：正当防卫的最高级。

第二节　紧急避险

一、紧急避险的概念

紧急避险，指为了使公共利益、本人或者他人的人身和其他权利免受正在发生的危险，不得已而采取的损害另一较小合法利益的行为。

紧急避险是在紧急情况下两种合法利益发生了冲突，顾此失彼，而不得不采取损害其中较小的利益保全较大利益的行为。紧急避险行为造成损害的，不负刑事责任。

二、紧急避险的成立条件

（一）起因条件

必须有危险发生，即出现了足以使合法权益遭受严重损害的危险情况，如自然灾害、动物侵袭、人的行为、生理或者病理原因等使合法利益面临紧迫的危险。

（二）时间条件

实际存在正在发生的危险，即危险已经发生且尚未消除，法益面临紧迫的危险。在危险尚未发生或者消除后进行避险，是避险不适时，与防卫不适时的处理相同。

（三）对象条件：另一法益

紧急避险通常是为了保全一方的较大合法利益而不得不损害另一方较小的合法利益。

例　甲遭乙追杀，情急之下夺过丙的摩托车骑上就跑，丙被摔骨折。乙开车继续追杀，甲为逃命飞身跳下疾驶的摩托车奔入树林，丙一万元的摩托车被毁。

损害的另一法益不必须为第三者的法益，可以是危险发出方自身的法益。

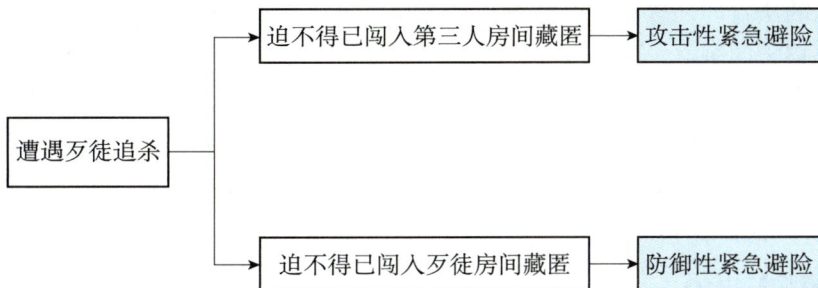

（四）主观条件

为了使合法利益免受正在发生的危险，包括避险认识与避险意志两个部分。

1. 避险认识。

（1）认识到有某种危险正在发生；

（2）认识到保护的利益与牺牲的利益分别是什么，以及两者孰重孰轻；

（3）认识到不可能有其他方法避免危险。

2. 避险意志： 为了保全更加重大的利益。

🔍 **注意** 成立紧急避险是否要求避险认识与避险意志同时具备的问题跟正当防卫一样，也存在不同观点。

例如，学生陈某因对教师洪某心存不满，于某日晚九点扔石块砸碎洪某家中价值9 000元人民币的窗户玻璃，但由于当时洪某家中煤气泄漏，砸碎玻璃反而使得沉睡中的洪某免于煤气中毒死亡，对此陈某并不知情。如何评价陈某的行为？

观点1 "结果无价值"：紧急避险。

观点2 "行为无价值"：故意毁坏财物罪（未遂）。

观点3 "主观主义"：故意毁坏财物罪（既遂）。

（五）避险限制：别无他法、迫不得已

没有其他合理的方法可以避免危险，牺牲另一法益是此时化险为夷的唯一方法。

（六）避险限度：没有超过必要限度造成不应有的损害

1. 保护的法益 ≥ 损害的法益

（1）衡量法益大小的规律：

①人身权 > 财产权；

②生命权 > 身体健康权；身体健康权 > 自由权；

③财产权的冲突，通过财产大小来衡量。

（2）如果同是财产权，保护的法益与损害的法益可以是同等的；但如果同是生命权，不能为保全自己生命而牺牲他人生命。

例如，鱼塘边工厂仓库着火，甲用水泵从乙的鱼塘抽水救火，致鱼塘中价值2万元的鱼苗死亡。仓库中价值2万元的商品因灭火及时未被烧毁。甲的避险行为没有导致社会整体法益减少，当然可以成立紧急避险。

2.损害的法益即使较小，也要限制在排除危险所必需的限度内，否则虽然保护的法益大于等于损害的法益，但是也可能超过必要限度。

例如，为了防止森林火灾的蔓延，行为人下令砍出 50 米宽的隔离带，从法益保护的角度来看保护的法益显然大于损害的法益，但是如果事后证明只需要砍出 10 米的隔离带就可以防止火势蔓延，则多砍出的 40 米就属于排除危险所不必须的，即超出了必要限度，因此成立避险过当。

（七）避险禁止

关于避免本人危险的规定，不适用于职务上、业务上负有特定责任的人。

例如，发生火灾时，消防员不能为避免火灾对本人的危险而进行紧急避险；执勤的警察在面对罪犯对自己进行侵害时不得进行紧急避险；医护工作人员在传染病疫情爆发时，不得为防止自己被传染而进行紧急避险。

三、避险过当

紧急避险超过必要限度造成不应有的损害的，应当负刑事责任，但是应当减轻或者免除处罚。

1.避险过当不是独立的罪名，需要结合过当人的罪过形式来确定具体罪名，如过失致人死亡罪、过失致人重伤罪等。

2.避险过当的罪过形式，应当与防卫过当作相同的理解。

【命题角度 1】近几年紧急避险通常与正当防卫进行比较考查。

例 1　正当防卫中"不法侵害"与紧急避险中的"危险"的范围相同。（2017–2–4）

解析：错误。正当防卫的"不法侵害"只能是针对人的不法侵害，而紧急避险中的"危险"既包括人为制造的危险，也包括动物的袭击和自然灾害，甚至包括被害人自己导致的危险。

例 2　对正当防卫中防卫行为"必要限度"的认定，与紧急避险中避险行为"必要限度"的认定相同。（2017–2–4）

解析：错误。正当防卫的必要限度是"尚未明显超过必要限度并且造成重大损害"，而紧急避险要求其保全的法益必须大于或等于其所损害的法益，二者的限度条件明显不同。

【命题角度 2】判断一行为究竟是正当防卫还是紧急避险。

例　李某驾车不慎撞伤周某，导致重伤。李某的车坏了，无法行驶。为了尽快将周某送去医院，李某拦住了王某的车，要求王某帮忙送伤者去医院，王某拒绝。情急之下，李某将王某打成重伤，并抢走车辆将周某送去医院。李某成立正当防卫。（2019 年网络回忆版）

解析：错误。首先，王某并非不法侵害人，李某将王某打成重伤也不是为了制止不法侵害，该行为不是正当防卫；其次，周某身受重伤面临危险，如果不及时送医更有死亡的危险，李某为了避免周某伤重身亡的结果出现，将王某打成重伤，并抢去车辆将周某送去医院，其实质是以造成王某重伤的代价，换取周某生命的保全，成立紧急避险。

【真题训练（2019）】 关于不作为犯、正当防卫及紧急避险，说法正确的有（　　　）。[1]

A. 父亲撞见歹徒持刀抢劫女儿，与歹徒发生激烈搏斗，搏斗中杀死歹徒。父亲成立正当防卫

B. 身材高大的郑某深夜在家中听到厨房有动静，走去一看，发现身材瘦小的小偷吴某正试图从窗户爬进来盗窃，下半身还卡在窗外，郑某拿起菜刀将不易躲避的吴某砍成重伤。郑某成立正当防卫

C. 田某与妻子在河边散步，后田某坐在河边玩手机游戏。妻子不慎失足跌入水中，大声呼救。田某见此情景仍玩手机游戏，不去施救。妻子溺水身亡。田某成立不作为故意杀人罪

D. 李某驾车不慎撞伤周某，导致重伤。李某的车坏了，无法行驶。为了尽快将周某送去医院，李某拦住了王某的车，要求王某帮忙送医院，王某拒绝。情急之下，李某将王某打成重伤，并抢去车辆将周某送去医院。李某成立正当防卫

第三节　其他违法阻却事由

一、被害人承诺

（一）承诺者对于被侵害的法益有处分权

对于国家、公共利益和他人利益不存在被害人承诺的问题，只有承诺侵害自己的法益时才能阻却违法。当然，承诺侵害自己的法益，也有一定限度。

1. 财产权：无限承诺。

2. 人身权。

（1）轻伤、自由、名誉可以承诺。

（2）重伤：原则上不可承诺，但如果是为了保护或救助另一法益，则承诺有效。

（3）生命：不可承诺。

例1　儿童赵某生活在贫困家庭，甲征得赵某父母的同意，将赵某卖至富贵人家。

儿童人身的不可买卖性属于社会公共利益，父母无权承诺，甲成立拐卖儿童罪。

例2　孙某为戒掉网瘾，让妻子丙将其反锁在没有电脑的房间一星期。

孙某对放弃自己人身自由的承诺是有效的，其妻子不构成犯罪。

（二）承诺者有承诺能力

1. 幼儿、精神病人的承诺无效。

2. 未成年人对于"重大事项"的承诺无效。

例如，医生甲征得乙（15周岁）同意，将其肾脏摘出后移植给乙的叔叔丙。[2] 未成年人对于重大事项的承诺无效，甲成立故意伤害罪。

---

① 【答案】AC

② 2013年卷二第59题A选项，类似题目还有2014年卷二第15题D选项。

（三）承诺者意志真实

1.基于胁迫、恐吓所作出的承诺无效。

例1 甲发现男友乙还穿着以前女友送给他的一套价值一万余元的高级西服，就威胁乙说："你必须把这套西服烧掉，否则我就把你贪污的事情告诉法院！"乙说："那你烧掉好了。"甲得到乙的承诺后烧掉了乙的高级西服。

解析：甲的"将贪污之事告诉法院"是一种胁迫，乙在这种胁迫下作出的承诺无效，法律要保障乙的财产不以这种形式消失，甲成立故意毁坏财物罪。

例2 甲发现男友乙还穿着以前女友送给他的一套价值一万余元的高级西服，就威胁乙说："你必须把这套西服烧掉，否则我不与你结婚！"乙说："那你烧掉好了。"甲得到乙的承诺后烧掉了乙的高级西服。

解析：甲的"不与你结婚"不是一种胁迫，不带有恐吓性质，乙作出的承诺有效，甲不成立故意毁坏财物罪。

2.基于欺骗所作的承诺效力。

（1）因为受骗而对所放弃的法益的有无、性质、种类、范围、危险性等关联事实发生错误认识，则承诺无效；

例如，欺骗行为使被害人误以为只会造成轻微的法益侵害，实际上造成严重的法益侵害，该承诺无效；欺骗行为使被害人误以为只会造成财产损失，实际上造成人身伤害，该承诺无效。

（2）只是对于承诺的动机（交换利益）产生错误认识，即承诺人误以为自己舍弃某项权利即可交换到某项利益而作出承诺，但实际上交换的利益无法实现，则属于承诺动机的错误，此时承诺有效。

例1 甲骂了乙的女友丙，丙要乙痛打甲一顿，乙找到甲说："你就让我打你一顿吧，这样我就可以在我女朋友面前吹牛我胆大，她就可以很快与我结婚了，你知道我已经追求她八年了，她总嫌我胆小不想嫁给我，我会为此给你5 000元钱的。"甲想5 000元钱不是一个小数目，于是让乙把自己打了一顿。结果乙把甲打的鼻青脸肿后（轻伤），一分钱不给。

解析：甲属于典型的动机错误，其承诺有效，乙不构成故意伤害罪。

🔍**注意** 如果"承诺动机"是为了保护、救助另外一个重要法益，因为欺骗而使得救助另一法益的目的没有实现，就应当认为承诺无效。

例2 医生欺骗母亲患有肾病的儿子需要换肾，母亲的肾脏刚好匹配，母亲基于救儿子的动机毫不犹豫的同意换肾，而医生却将母亲的肾脏拿到黑市去卖了一个高价。

解析："救儿子"这一决定性动机是母亲放弃身体完整性的交换利益，如果该利益无法实现，则承诺的基础发生动摇，因此医生的欺骗干扰了母亲进行决策的信息基础，导致该承诺从根本上违背母亲的意愿，承诺应当归于无效，医生构成故意伤害罪。

（四）既承诺行为也承诺结果

只有当法益主体承诺法益侵害的结果时，才能认为其放弃了法益。

例如，甲明知乙酒后驾驶，仍然坐在乙的车上，后乙发生交通事故导致甲重伤。对此不能认定存在被害人承诺，因为甲只承诺了行为，没有承诺结果。

（五）损害没有超出承诺的范围

例如，李某同意丁砍掉自己的一根小手指，而丁却砍掉了李某的大拇指。丁的行为超出承诺范围，成立故意伤害罪。

（六）承诺至迟存在于结果发生时，被害人在结果发生前变更承诺的，原来的承诺无效

事后承诺无效，不影响犯罪的成立，否则国家的刑罚权就会受被害人的意志左右。

【命题角度】被害人有瑕疵的承诺是否具有效力？

例1　乙误以为自己养的马患了疾病，要求兽医甲对其进行安乐死。甲知道市面上已经有治疗该疾病的药物，但不告知，仍实施了安乐死。乙的承诺无效。（2019年网络回忆版）

解析：正确。兽医因其职务而形成的优势地位，使得其面对不知情的乙，具有告知真相的义务却没有告知真相，兽医甲应当告知而没有告知的不作为与其欺骗乙说马无药可救的作为具有等价性，可以说甲的不告知真相对于乙的错误认识具有支配力，乙在错误认识下（误以为自己的马无药可救）作出的承诺无效。

例2　甲组织贩卖人体器官，与乙约定以10万元的价格，将其肾脏移植给他人。乙的承诺无效。（2019年网络回忆版）

解析：错误。乙作为成年人，在没有被强制、恐吓，也没有陷入错误认识的状态下，所做出的出卖自己器官的承诺有效。但是，承诺有效并不意味着甲无罪，甲成立组织出卖人体器官罪，因为组织出卖人体器官罪中的器官供体，都是自愿出卖器官的人；倘若乙是在被强制、恐吓，或者陷入错误认识的状态下做出的承诺，则承诺无效，甲应当成立故意伤害罪。

注：重伤原则上不可承诺，但如果是为了保护或救助另一法益，则承诺有效。出卖人体器官实质也是为了保护或救助另一法益，属于有偿救助。

二、推定承诺

（一）概念

现实并没有被害人的承诺，但如果被害人知道真相后会当然承诺的情形。

（二）成立条件

1. 被害人没有现实的承诺。

2. 被害人知道真相后就会承诺，这种推理的依据是一般人的价值观念和社会生活的基本理性。

例1　乙出门时忘记关水龙头导致漏水，楼下的甲为了防止乙的财产损失，撬门进入乙家。甲无罪。

例2　没有亲属的患者昏迷不醒，不立即截肢就有生命危险，医生给其截肢，即便患者醒来反对截肢，医生也无罪。

3. 牺牲被害人一部分法益保护其另一部分法益。

4.法益：被害人有处分权。

例如，在火灾发生之际，为避免烧毁被害人的贵重财物，闯入屋内搬出贵重物品的行为，就是基于推定承诺的行为。

三、危险接受①

（一）自己危险化的参与【被害人主导】

被害人意识到并实施危险行为，且遭受了侵害结果，但是被告人的参与行为与被害人的损害结果之间具有物理或者心理的因果性。简言之，被害人自陷风险，但是被告人参与。

被害人是正犯，正犯自冒风险，其行为不具备违法性，参与者也不应当构成犯罪。

例1 在校大学生甲、乙、丙相约来到一渡口游泳，丙提出到水最深的地方看河水到底有多深，甲、乙表示同意。因害怕危险，三人决定手牵手试水，由于三人手未拉稳，一起掉了下去，他人听到呼救赶到时，丙被冲向岸边，自己爬上岸，乙被人救起，而甲则沉入水中，直到次日下午尸体才被发现。

解析：三人手牵手试水的行为，对各自都是一种危险行为，但死者甲的行为并不符合过失致人死亡罪的构成要件。既然如此，根据共犯从属性说，实施了参与行为的丙、乙就不可能成立过失的教唆犯与帮助犯。

例2 某日上午，警察依法将涉嫌寻衅滋事的A（25岁）传唤至派出所进行讯问。在去派出所之前，A让其妹B买点农药送到派出所，准备以喝农药的方式吓唬警察。B购买两小瓶农药后送到派出所交给A。A接到农药后提出去洗手间，并在洗手间喝了农药，后因抢救无效死亡。

解析：B帮助A实施自己危险化的行为。但是，B对A的死亡结果并没有故意，A虽然并不希望或者放任自己的死亡，却实施了喝农药的危险行为。由于A的行为并不符合过失致人死亡罪的构成要件，根据共犯从属性说，对于过失提供帮助的B也不得以过失致人死亡罪论处。

（二）基于合意的他者危险化【被告人主导】

被告人的行为给被害人造成危险，被害人认识并同意该危险，即被害人承诺危险，但没有承诺结果。当被告人的行为制造刑法所不允许的危险并产生危害结果时，被告人的行为在客观上就具有违法性，如果主观上具有过错（故意或者过失）被告人成立犯罪。

例 某年冬天，甲与乙驾驶夏利车到某水库南侧游玩。为了近距离观赏野鸭子，甲察看冰面后发现冰层厚约30厘米，又在冰面上走了七八米，便提议驾车穿过冰面到对岸，乙表示同意。甲驾驶该车载乙向水库北岸行驶，当车行至河中心偏北侧时，汽车落入冰下水中，乙溺水身亡。

解析：甲的行为引起了发生死亡结果的危险，并使危险现实化，即甲的过失行为支配了侵害结果的发生，乙虽然认识到了危险，但是没有接受结果，危险掌控在甲的手中，甲成立过失致人死亡罪。

【小结】谁主导，谁承担！

---

① 张明楷.刑法学.6版.北京：法律出版社，2021：303-307.

第五章　犯罪的主观要件【有责】

第一节　犯罪故意

《刑法》第 14 条　明知自己的行为会发生危害社会的结果，并且希望或者放任这种结果发生，因而构成犯罪的，是故意犯罪。

故意犯罪，应当负刑事责任。

犯罪故意＝【明知】认识因素＋【故犯】意志因素。 认识因素表明行为人对于犯罪事实的认知和判断，意志因素表明行为人对于犯罪结果的态度。

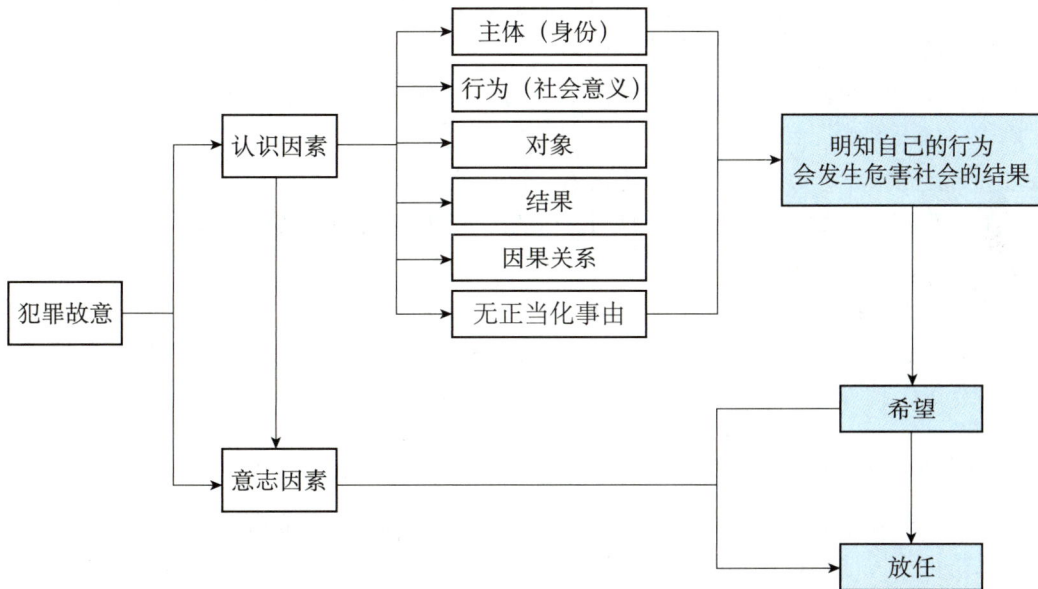

一、认识因素

明知自己的行为会发生危害社会的结果，达到"明知"的程度则需要认识到所有的客观构成要件要素：主体、行为、行为对象、危害结果、因果关系、无违法阻却事由。

1. 行为主体： 在真正的身份犯中，需要对自己的身份有认识，如果没有认识到自己具有特定的身份，则不能认为行为人具有成立此罪的故意。

例如，非法行医罪的行为人需要认识到自己是"未取得医生执业资格的人"；传播性病罪的行为人需要认识到自己是"严重的性病患者"。

2. 行为：需要认识自己行为的内容和社会意义。

例如，甲持枪向他人头部开枪，必须认识到自己"在杀人"，否则就不具有杀人的故意。如果乙将一把装有子弹的手枪交给甲，谎称里面没有子弹，让甲开枪吓唬身旁的丙，甲信以为真向丙开枪致丙死亡，由于甲不知道自己"在杀人"，因此甲没有杀人的故意，甲只能成立过失致人死亡罪。

3. 行为对象：成立故意犯罪应当对行为对象有认识。举例如下。

掩饰、隐瞒犯罪所得罪		犯罪所得
贩卖淫秽物品牟利罪		淫秽物品
非法持有毒品罪	需要认识到对象是	毒品
侵犯通信自由罪		他人信件
猥亵儿童罪		不满 14 周岁的儿童

4. 行为结果：既包括侵害结果也包括危险结果，而对于结果只需要认识到某种性质的结果就可以（如会有人死亡），不需要具体认识到各种细节（如谁在什么时间死亡）。

5. 因果关系：需要对行为与结果之间的因果关系有认识，当然对于因果关系具体发展进程的错误认识，不影响故意的成立。

例如，元宝为使被害人溺死而将被害人推入井中，但井中没有水被害人被摔死。元宝对于"推入井中"和"被害人死亡"以及两者之间具有因果关系都有认识，只是对于前者如何对后者发生作用有不准确的认识，但这不影响故意的成立。

6. 无正当化事由：故意实际上是对为违法性提供依据的事实的认识与容忍，当行为人认识到自己的行为存在正当化事由时，就不可能存在犯罪故意。

例如，如果行为人以为对方正在进行不法侵害并对之进行防卫，则不可能成立故意犯罪。即：认识到自己的行为存在正当化事由→不存在故意→假想防卫（过失犯罪或者意外事件）。

二、意志因素

意志因素是行为人对于危害结果的态度，即希望或者放任危害结果的发生。这个危害结果是行为人已经认识到的危害结果。

三、犯罪故意的分类

（一）直接故意

明知自己的行为会发生危害社会的结果并且希望这种结果发生的心理态度。所谓"希望"危害结果发生，表现为行为人对这种结果的积极追求，把它作为自己行为的目的，并采取积极的行动为达到这个目的而努力，案情中通常有"宿怨、蓄意、复仇"这样的表达；也可能是根据案情可以判断出只要行为人实施 A 行为，必然会发生 A 结果，而行为人仍然为之，则可以推定其"希望"结果发生。

【公式】直接故意 = 明知会（必然或可能）发生 + 希望（真的希望、推定希望）

例如，甲、乙是擦高楼玻璃的工友。某日，甲、乙拴在同一条绳索上在高空作业，元宝欲杀死甲，却不愿看到乙死亡，犹豫再三最终仍解开绳索，甲、乙都摔死。元宝对于甲、乙的死亡结果，都是直接故意，其中对于甲的死亡是"真的希望"，对于乙的死亡是"推定希望"。

（二）间接故意

明知自己的行为可能会发生危害社会的结果，并且放任这种危害结果发生的心理态度。所谓"放任"危害结果的发生，就是听其自然，纵容危害结果的发生，对危害结果的发生虽然不积极追求但也不设法避免。

【公式】间接故意 = 明知可能 + 放任

🔍 注意　如果在认识因素中是明知必然发生，则意志因素直接推定为"希望"发生，而不可能是"放任"发生，因为只有当发生与否具有或然性、可能性时，才谈得上"放任"。

【命题角度1】考查犯罪故意需要认识的范围。

例　成立故意犯罪，不要求行为人认识到自己行为的违法性。（2011-2-5）

解析：正确。对于行为的违法性，是不需要行为人有认识的。

【命题角度2】判断某一行为中行为人是否具有犯罪故意。

例　行为人误将熟睡的孪生妻妹当成妻子，与其发生性关系。（2012-2-5）

解析：行为人是把妻妹误当成妻子，没有违背妇女意志与其发生性关系的故意，所以不可能成立故意犯罪。

第二节　犯罪过失

《刑法》第 15 条　应当预见自己的行为可能发生危害社会的结果，因为疏忽大意而没有预见，或者已经预见而轻信能够避免，以致发生这种结果的，是过失犯罪。过失犯罪，法律有规定的才负刑事责任。

一、疏忽大意的过失【违反结果预见义务】

（一）应当预见到自己的行为会发生危害社会的结果

1. 有预见的义务。
2. 有预见的能力。

例1　甲见楼下没人，将家中一块木板从窗户扔下，不料砸死躲在楼下玩耍的小孩乙。

解析：根据日常生活经验，甲应当预见将木板扔下有可能砸中路人，却没有预见，属于疏忽大意的过失，不是意外事件。

注意 应当预见≠已经预见。

例2 农民乙买了杀虫剂放在家里的餐桌上，临时有事出门，乙的儿子（10岁）误食杀虫剂导致中毒身亡。

解析： 乙应当预见到自己没有妥善保管杀虫剂的行为有可能导致孩子中毒身亡，却因为疏忽大意没有预见，属于疏忽大意的过失。

（二）因为疏忽大意没有预见

既然没有预见，所以疏忽大意的过失又称为"无认识的过失"。

（三）发生了危害社会的结果

二、过于自信的过失【违反结果避免义务】

（一）已经预见到自己的行为会发生危害社会的结果

既然已经预见，所以过于自信的过失又称为"有认识的过失"。

（二）轻信能够避免

要有"轻信"的依据，这个依据可以是行为人为避免结果发生所做的努力，也可以是当时客观上可以依凭的条件。

例如，朱某因为婚外恋产生杀害妻子李某的想法。某日晨，朱某在给李某炸油饼时投放了可以致死的"毒鼠强"。朱某为防止其6岁的儿子吃饼中毒，将儿子送到幼儿园，并嘱咐其子等他来接。不料李某当日提前下班接其子回家，并与其子一起吃油饼。朱某得知后赶忙回到家中，其妻、其子已中毒身亡。

（三）发生了危害社会的结果

注意 疏忽大意的过失与过于自信的过失在心理现象中的不同位置。

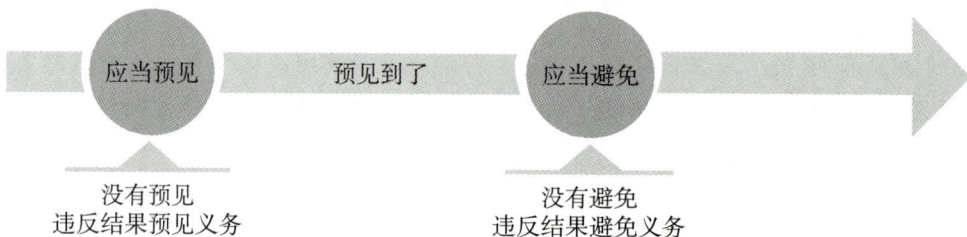

应当预见　　预见到了　　应当避免

没有预见　　　　　　　　没有避免
违反结果预见义务　　　　违反结果避免义务

【命题角度1】 判断某一行为是否成立过失犯罪。

例 夜里，甲在大街上欲杀害乙。乙打了几次报警电话，说有人杀自己。由于乙当时有点醉酒，口齿不清，警察以为乙是恶作剧，没有出警。乙被甲杀死。如果警察及时出警，乙不会被杀死。警察成立过失犯罪。（2019年网络回忆版）

解析： 结论成立。警察应当预见到乙当时尽管口齿不清，也有可能发生危险，却因为疏忽大意没有预见，主观上具有过失，客观上作为警察应当出警而没有出警，导致乙被甲杀死，属于不作为，因此应当认定警察构成不作为的玩忽职守罪。

【命题角度2】 判断某一行为究竟是故意犯罪还是过失犯罪。

例 汽车修理工恶作剧，将高压气泵塞入同事肛门充气，致其肠道、内脏严重破损。（2012–2–52）

解析： 汽车修理工实施了一个高度危险的行为，对于该行为产生的结果是不可能没有预见的，所以其主观方面至少是间接故意，构成故意伤害罪。

【命题角度3】有时貌似考查故意或过失，实质上考查实行行为。

例 邻居看见6楼儿童马上要从阳台摔下，遂伸手去接，因未能接牢，儿童摔成重伤。（2012–2–52）

解析： 邻居用手去接本身是降低了法益侵害的危险，不能被评价为实行行为，尽管未能接牢，同样对儿童而言是有缓冲和保护作用的，因此整体不存在需要刑法评价的实行行为，也就无须评价邻居主观上究竟是故意还是过失。

【真题训练（2019）】下列行为，成立过失犯罪的有（　　）。①

A. 夜里，甲在大街上欲杀害乙。乙打了几次报警电话，说有人杀自己。由于乙当时有点醉酒，口齿不是很清楚，警察以为乙是恶作剧，没有出警。乙被甲杀死。如果警察及时出警，乙不会被杀死

B. 法官甲知识储备不足，没有及时学习新理论，没有注意到理论更新，依据陈旧理论，将无罪的人判处3年有期徒刑

C. 某超市没有履行好检查职责，误以为销售的食品质量没问题，将过期食品卖给顾客，导致多名顾客受到轻伤

D. 甲欲杀害妻子乙，黑暗中误把女儿丙当作乙枪杀

---

① 【答案】A

第三节　故意、过失小结

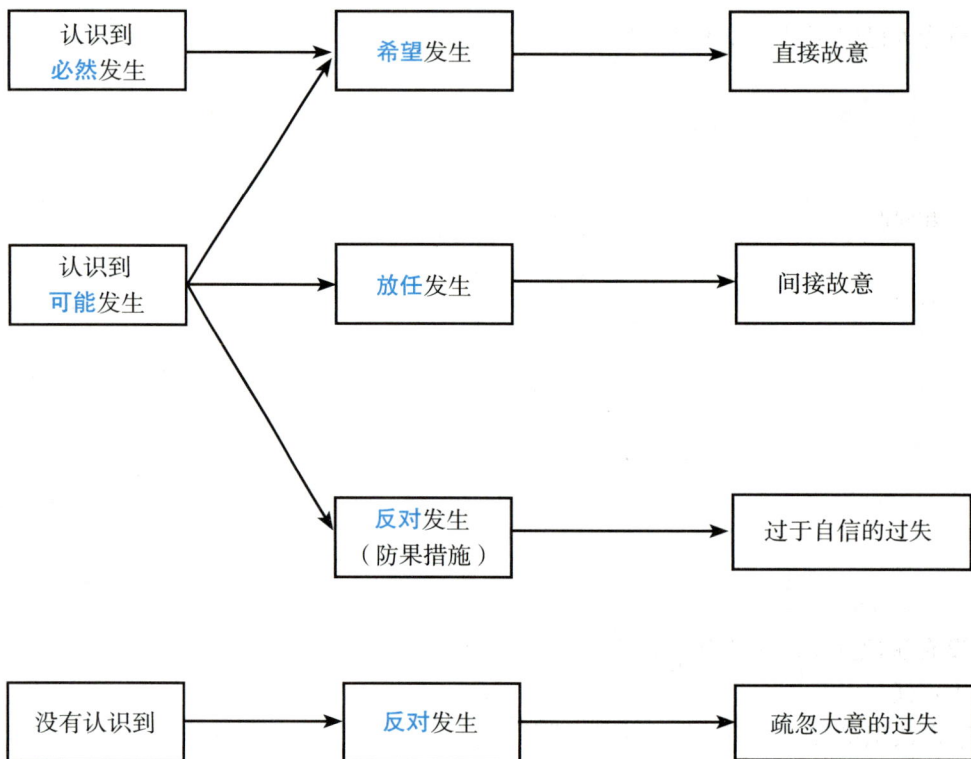

```
认识到          希望发生          直接故意
必然发生

认识到          放任发生          间接故意
可能发生

               反对发生          过于自信的过失
               （防果措施）

没有认识到       反对发生          疏忽大意的过失
```

第四节　无罪过事件（既无故意也无过失）

《刑法》第 16 条　行为在客观上虽然造成了损害结果，但是不是出于故意或者过失，而是由于不能抗拒或者不能预见的原因所引起的，不是犯罪。

一、意外事件

（一）概念

行为人没有预见，也无法预见会发生危害社会的结果，以致发生了危害社会的结果。

（二）意外事件与疏忽大意的过失的异同

	意外事件	疏忽大意的过失
相同点	对于危害结果可能发生没有预见	
不同点	无法预见	应当预见
	缺乏结果预见可能性	违反结果预见义务

二、不可抗力

（一）概念

行为人已经预见会发生危害后果，但是无法避免，以致发生了危害社会的结果。

（二）不可抗力与过于自信的过失的异同

	不可抗力	过于自信的过失
相同点	已经预见到行为可能导致危害结果，却没有避免	
不同点	无法避免	可以避免
	缺乏结果避免可能性	违反结果避免义务

第五节　刑法中的认识错误

一、事实认识错误

所谓事实认识错误，指行为人的认识内容与客观发生的事实不相一致，即对于客观事实没有认识到位。事实认识错误理论所要解决的问题是能否让行为人对现实发生的结果承担责任。

事实认识错误包括两类：具体事实认识错误与抽象事实认识错误。

（一）具体事实认识错误概述

具体事实认识错误，是指在同一犯罪构成内的认识错误，即行为人所认识的事实与现实发生的事实虽然不一致，但是没有超出同一犯罪构成，即在同一犯罪构成内发生的认识错误。

例 1　甲看到前方是仇人张三，举枪射击，由于枪法不准将旁边的李四打死。

例 2　甲误以为前方是张三举枪射击，实际上前方是李四，甲开枪杀死了李四。

例 3　甲以杀人故意对乙实施暴力，导致乙休克，甲以为乙已死亡，为了毁灭罪证，将乙扔入水库溺死。甲实施两个行为，本以为第一个行为就导致结果发生，实际上第二个行为才导致结果发生，甲对于自己的行为与结果之间因果关系的发展进程产生错误认识。

【小结】产生具体事实认识错误的原因，可能是客观打击方向的偏离（如例1），也可能是主观识别的错误（如例2），还可能是对于因果关系发展进程的误判（如例3）。

（二）解决具体事实认识错误的学说

1. "具体符合说"：行为人在行为时所认识的事实与实际发生的事实具体的相一致时，才成立故意犯罪，即需要三点合一才能成立故意犯罪既遂；如果三点不合一，则对误击的对象只能成立过失犯罪。

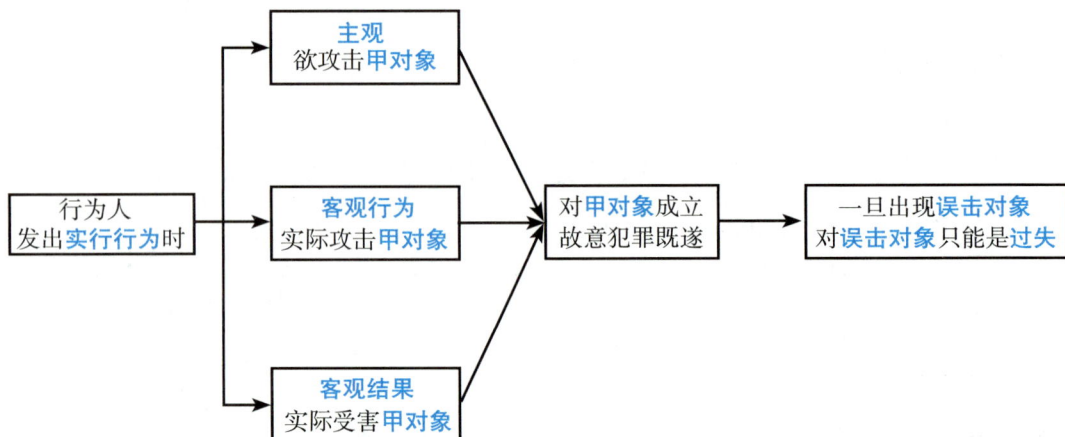

2."**法定符合说**"：行为人所认识的事实与实际发生的事实，只要<u>在犯罪构成范围内是一致</u>的，就成立故意犯罪既遂。根据该学说，虽然三点不一致或者不完全一致，但是<u>法益性质没有发生改变</u>，对<u>误击的对象</u>完全可以成立故意犯罪既遂，法定符合说重视法益的性质，而不重视法益主体的区别。

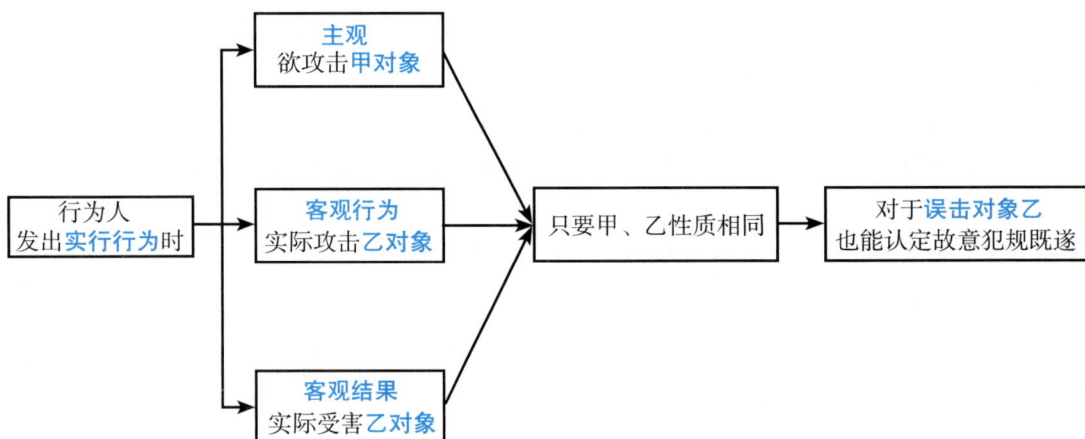

（三）具体事实认识错误的类型及处理

1.打击错误。

【**模型案例**】甲欲杀仇人乙，向乙开枪，子弹从乙身边擦肩而过，导致乙旁边的丙中弹身亡。

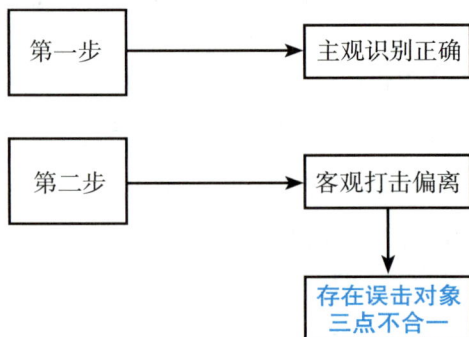

根据"具体符合说"，甲开枪时主观上想要杀死乙，客观行为与实际结果却都是针对丙，导致丙死亡，由于无法形成三点合一，对误击的目标丙只能成立过失犯罪；

根据"法定符合说"，只要法益性质没有发生变化，就可以成立故意犯罪既遂，即对误击的目标丙成立故意犯罪。

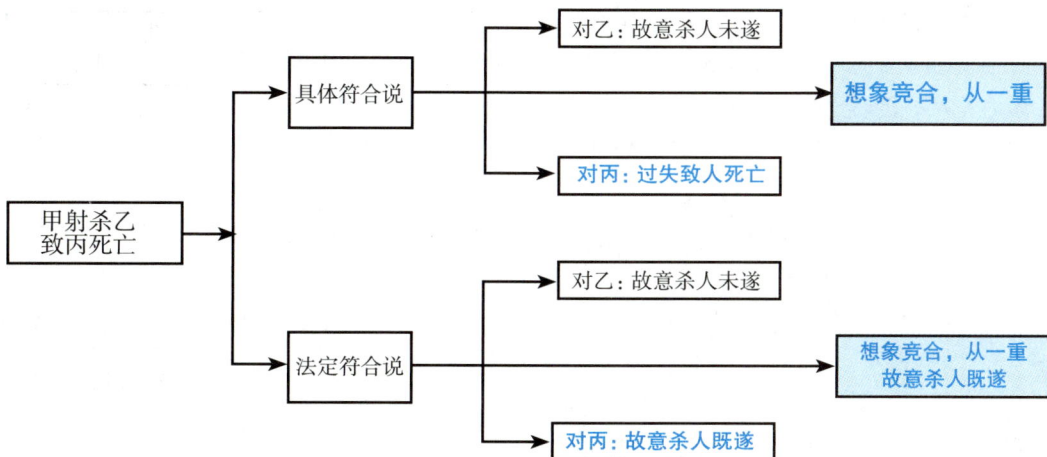

【命题角度】根据不同学说，解决打击错误问题。

例　甲本欲枪杀乙，但由于未能瞄准，将乙身旁的丙杀死。无论根据什么学说，甲的行为都成立故意杀人既遂。（2014）

解析：错误。甲未能瞄准将乙身边的丙杀死，属于客观上打击偏离方向而产生的错误，即打击错误。如果按具体符合说，甲对乙是故意杀人未遂，对丙是过失致人死亡；如果按照法定符合说，甲杀乙的故意可以抽象成"杀人"的故意，甲对丙成立故意杀人既遂。

2. 对象错误。

【模型案例】甲误以为前方是张三举枪射击，实际上前方是李四，甲开枪杀死了李四。

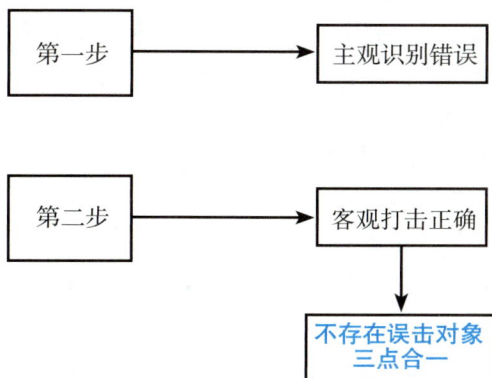

行为人由于主观识别的错误，误把甲对象当做乙对象来侵害，因此在发出实行行为时，主观上想攻击的是甲对象，客观实际攻击的和实际受害的也是甲对象，三点合一，不存在误击的对象，因此就一般的对象错误而言，无论根据"具体符合说"还是"法定符合说"都成立故意犯罪既遂。

例1　甲与乙因情生仇。一日黄昏，甲持锄头路过乙家院子，见甲妻正在院内与一男子说话，以为是乙举锄就打，对方重伤倒地后遂发现是乙的哥哥，甲心想打伤乙的哥哥也算解恨。

解析：对于本案"具体符合说"与"法定符合说"所得出的结论是一样的。首先，按照"法定符合说"乙和乙的哥哥所承载的法益是相同的，即人的生命健康权，既然法益的性质相同，法益主体的区别就可以忽略不计；其次，"具体符合说"虽然重视法益主体的差别，但是在本案中甲在行为当时追求的是对"与甲妻说话的这个人"的伤害，客观行为所针对的以及实际受伤害的都是"与甲妻说话的这个人"，因此成立故意伤害（重伤）。

例2　甲本欲电话诈骗乙，但拨错了号码，对接听电话的丙实施了诈骗，骗取丙大量财物。

解析：拨号码仅仅是犯罪的预备，接通电话开始向接电话的人虚构事实、隐瞒真相时才是实行行为，甲在实施诈骗行为时，想要诈骗"接电话的人"，客观行为所针对的以及实际受伤害的都是"接电话的人"，只不过对"接电话的人"是谁，产生错误认识，甲以为是乙，而实际上丙，是主观判断的错误，因此属于对象错误，成立诈骗罪既遂。

3. 因果关系认识错误。

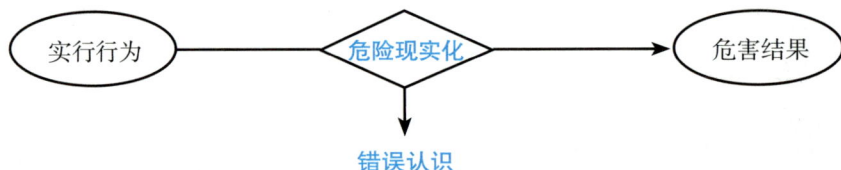

因果关系错误有三种类型：

（1）狭义的因果关系错误。

【模型案例】甲为使被害人溺死而将被害人推入井中，但井中没有水，被害人被摔死。（故意杀人罪既遂）

（2）结果的推后发生（事前故意）：行为人误以为第一个行为已经造成危害结果，出于其他目的实施第二个行为，正是第二个行为导致预期结果的发生。

【模型案例】甲意图勒死乙，将乙勒昏后，误以为乙已经死亡。毁灭证据，又用利刃将所谓的"尸体"分尸。事实上，乙并非死于甲的勒杀行为，而是死于甲的分尸行为。

【解析】甲将乙勒昏的行为具有导致乙死亡的可能性，属于杀人的实行行为，杀人之后的毁尸灭迹行为具有通常性，不属于异常的因素，因此甲的第一个（勒昏）行为与死亡结果之间的因果关系没有中断，现实发生的结果与行为人意欲实现的结果完全一致，只是客观上的因果关系进程与行为人所预想的进程不一致，应当成立故意杀人罪（既遂）。①

（3）结果的提前实现：行为人实施两个行为，原计划第二个行为引起结果发生，结果第一个行为就引起了所预期的结果。

第一步：看第一个行为是否已经着手实行行为？

---

①　参见张明楷：《刑法学（上）》（第6版），法律出版社2021年版，第245页。

①如果已经着手：**故意犯罪既遂。**

【模型案例】甲准备使被害人吃安眠药熟睡后将其勒死，但未待实施勒杀行为，被害人因吃了甲投放的安眠药死亡。

【解析】基于杀人意图给被害人投放安眠药就已经着手杀人行为，该行为又直接导致被害人死亡，因此直接认定为故意杀人既遂。

②如果尚未着手：**故意犯罪（预备）与过失犯罪，想象竞合从一重。**

【模型案例】小芹想杀丈夫元宝，买了毒酒一瓶，放在自己家的书柜里，想等三天以后元宝过生日时开酒庆祝。不料，第二天元宝发现家中这瓶酒，知道是妻子为他准备过生日用的，但是没忍住提前将酒喝了，中毒身亡。

【解析】小芹成立故意杀人罪（预备）与过失致人死亡罪，想象竞合，从一重。

【因果关系认识错误小结】

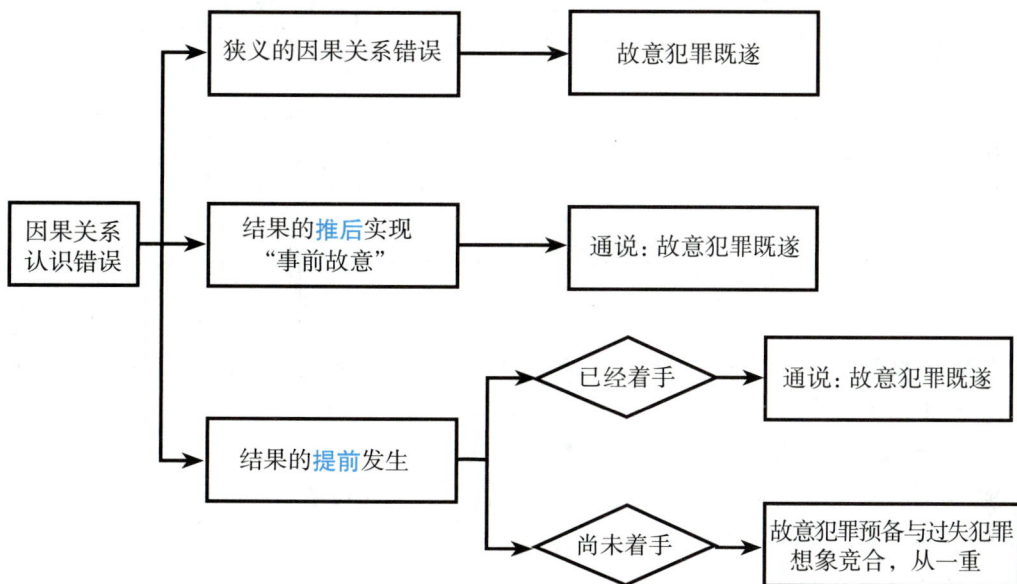

【命题角度1】给出关于事实认识错误理论的各种命题，让考生判断正误。

例1 事前的故意属于抽象的事实认识错误，按照法定符合说，应按犯罪既遂处理。（2014）

解析：错误。事前的故意是因果关系认识错误的一种，属于具体事实认识错误，而不是抽象事实认识错误。

例2 甲以故意杀害的目的将乙击倒。甲以为乙死亡，便离开现场，但事实上乙只是陷入昏迷，甲次日回到现场，打算收尸，以为乙已经死亡，便将昏迷的乙扔到河中，乙被水呛死。甲构成故意杀人罪的既遂。（2023）

解析：正确。杀人后毁尸灭迹的行为具有通常性，对结果归属的判断无实质性影响，甲构成故意杀人罪的既遂。

【命题角度2】打击错误极容易与偶然防卫结合考察！

例 甲、乙共同对丙实施严重伤害行为时，甲误打中乙致乙重伤，丙乘机逃走。（2016）

解析： 先考虑打击错误，再考虑偶然防卫。

先考虑打击错误	再考虑偶然防卫

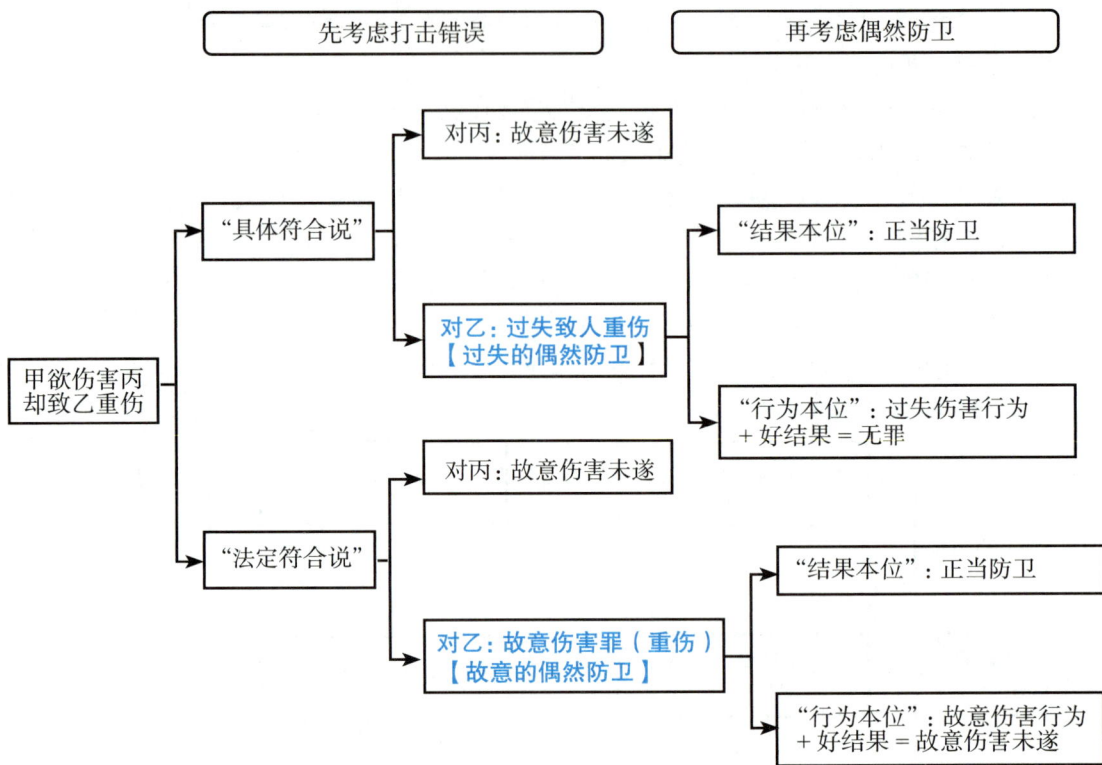

【2016真题】 甲、乙共同对丙实施严重伤害行为时，甲误打中乙致乙重伤，丙乘机逃走。关于本案，下列哪些选项是正确的？（　　　　）①

A. 甲的行为属打击错误，按照具体符合说，成立故意伤害罪既遂

B. 甲的行为属对象错误，按照法定符合说，成立故意伤害罪既遂

C. 甲误打中乙属偶然防卫，但对丙成立故意伤害罪未遂

D. 不管甲是打击错误、对象错误还是偶然防卫，乙都不可能成立故意伤害罪既遂

（四）抽象事实认识错误

超出同一犯罪构成的认识错误，即行为人所认识的事实与现实发生的事实分别属于不同的犯罪构成。

1. 主客观具有重合的内容。

（1）主观上想实施轻罪，客观上实施了重罪。

例 元宝以盗窃普通财物的意图，实施窃取财物的行为，实际上盗窃了枪支。

首先，元宝主观上想要实施盗窃财物的行为，客观上盗窃了枪支，而枪支具有财物属性，可以评价为财物，因此客观上元宝盗窃了财物，成立盗窃罪既遂。

其次，元宝虽然客观上实施了盗窃枪支的行为，但其主观上并无盗窃枪支的故意，因此不能成立盗窃枪支罪。

结论：元宝在主客观相统一的范围内，成立盗窃罪（既遂）。

---

① **【答案】** CD

（2）主观上想实施重罪，客观上实施了轻罪。

例 元宝意图盗窃警察配枪，潜入公安局办公室在放置枪支弹药的柜子里窃取一箱包，回到家打开一看，包中仅有普通财物。

首先，元宝主观上有盗窃枪支的故意，且潜入公安机关行窃，具有窃取枪支的现实危险，成立盗窃枪支罪（未遂）。

其次，元宝客观上盗窃了普通财物，但主观上具有盗窃枪支的故意，枪支可以评价为财物，盗窃枪支的故意可以评价为盗窃财物的故意，因此甲构成盗窃罪（既遂）。

结论：元宝成立盗窃枪支罪（未遂）与盗窃罪（既遂），属于想象竞合，从一重处罚。

2. 主客观没有重合的内容。

例1 元宝想要杀死爱而不得的小芹菜，某夜持枪来到小芹菜家门口，误将小芹菜家里的元代缠枝牡丹青花瓷（珍贵文物）当成小芹菜，以枪射击，致使文物损毁。

首先，元宝主观上有杀人的故意，但是客观上并没有发生致人死亡的结果，成立故意杀人罪（未遂）。

其次，元宝虽然客观上实施了毁坏珍贵文物的行为，但是主观上没有毁坏文物的故意，成立过失损毁文物罪。

结论：元宝成立故意杀人罪（未遂）与过失损毁文物罪的想象竞合，从一重罪论处。

例2 元宝想要杀死爱而不得的小芹菜，某夜持枪来到小芹菜家门口，误将小芹菜家里的某贵重财物当成小芹菜，以枪射击，致使财物损毁。

首先，元宝主观上有杀人的故意，但是客观上并没有发生致人死亡的结果，成立故意杀人罪（未遂）。

其次，元宝虽然客观上实施了毁坏财物的行为，但是主观上没有毁坏财物的故意，因此不构成故意毁坏财物罪；尽管元宝对于财物损毁具有过失，但是刑法中并没有过失毁坏财物罪，根据罪刑法定原则，毁坏财物的行为不构成犯罪。

结论：元宝成立故意杀人罪（未遂）。

【小结】

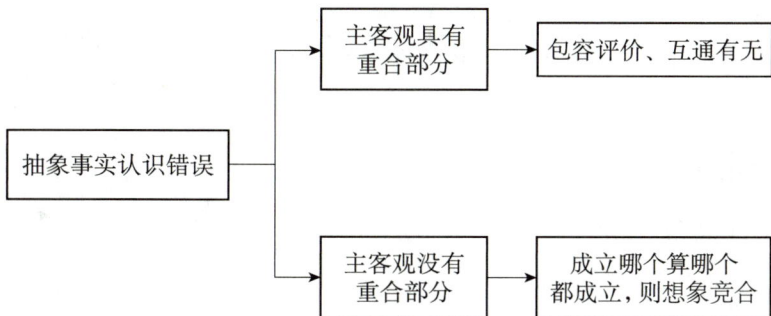

【总结】 事实认识错误。

二、法律认识错误

法律认识错误，指行为人对自己行为的法律性质发生误解。表现为三种情况：

（一）假想非罪

行为被法律规定为犯罪，而行为人误认为不是犯罪。

例1 元宝未经许可收购珍贵树木制作家具，没有意识到该行为属于《刑法》第344条规定的非法收购、加工国家重点保护植物罪。

例2 元宝明知如燕只有13周岁，误以为法律并不禁止征得幼女同意后的性交行为，于是在征得如燕的同意后与如燕发生了性交。

一般认为，不知法律不是可接受的辩解理由，因此对"假想非罪"原则上不排除罪责，但是可以酌情减轻罪责，因为在假想非罪的场合，行为人毕竟不是明知不可为而为之，主观恶性较小。

🔍 **注意** 考查法律认识错误，基本上就考查这一种情形。

（二）假想犯罪

行为并没有被规定为犯罪，而行为人误以为是犯罪。

例如，元宝与有夫之妇如燕通奸，本来不构成犯罪，但他却误以为构成犯罪。

因为判断行为性质的根据是法律，而不是行为人对法律的认识，所以行为人"假想犯罪"并不改变其行为的法律性质，不成立犯罪。这种误解对行为性质不发生影响。

（三）对自己犯罪行为的罪名和罪行轻重发生误解

例1 元宝盗割正在使用的电线，他自以为是盗窃罪，而实际上是破坏电力设备罪。

例2 元宝入户抢劫，他自以为该罪没有死刑，而实际上其法定最高刑为死刑。

对法律的误认不涉及行为人有无违法性意识（或者危害性意识），因此不影响罪过的有无及大小，也就不影响定罪判刑。

🔍 **注意** 事实认识错误与法律认识错误的区别。

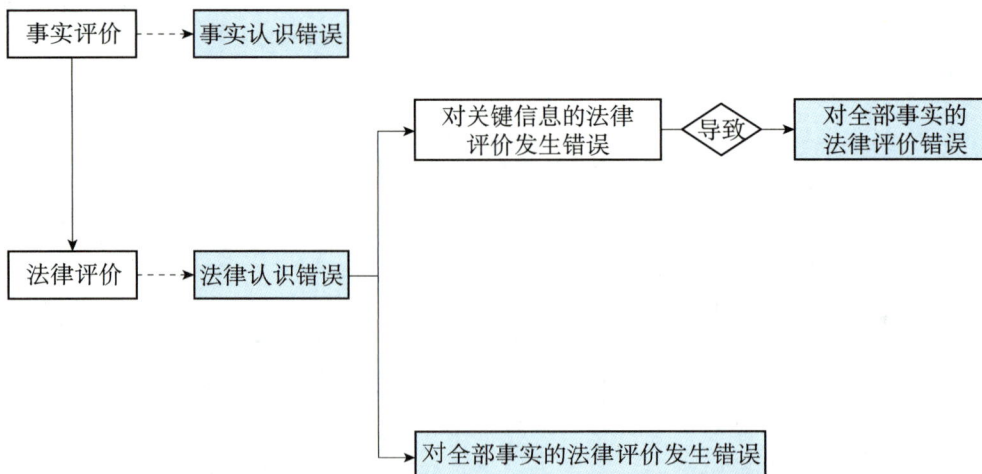

例1 甲误以为"财物"的范围不包含动物，甲打死了乙所有的价值5万元的宠物狗，认为自己的行为不构成犯罪。[1]

---

① 法律认识错误

【对比 1】甲误以为乙身边的价值 5 万元的宠物狗只是一只普通玩具狗,将其砸死。[①]

例 2　甲误以为谎报灾情,造成危害结果,不属于犯罪行为,于是实施了该行为,事实上该行为构成编造、故意传播虚假信息罪。[②]

【对比 2】甲误以为某灾害信息是实情而予以散布,造成危害后果。[③]

例 3　甲误以为为了保护自己的利益免遭乙的侵害,进而殴打乙致其重伤的行为属于正当防卫,但实际上法院最终认定为防卫过当。[④]

【对比 3】甲误以为乙对自己实施不法侵害,因而对乙攻击致乙重伤,但实际上乙只是一个路人。[⑤]

【命题角度】判断某一认识错误属于事实认识错误还是法律认识错误。

例 1　农民甲醉酒在道路上驾驶拖拉机,其认为拖拉机不属于《刑法》第 133 条之一规定的机动车。(2016–2–4)

解析:甲对于自己醉酒驾驶拖拉机的事实有正确认识,不存在对事实的认识错误,只是对自己的行为是否触犯刑法有不正确的认识,属于法律认识错误。

例 2　甲误以为自己已经投入快递公司的快递仍属于自己的快递,将其偷偷取回,不成立犯罪。(2022 年网络回忆版)

解析:甲对自己将已经投入快递公司的快递取回的行为有正确认识,只是对自己的行为是否触犯刑法有不正确的认识,属于法律认识错误。

例 3　甲误以为"财物"的范围不包含动物,甲打死了乙所有的价值 5 万元的宠物狗,认为自己的行为不构成犯罪。(2022 年网络回忆版)

解析:甲对自己打死乙的价值 5 万元的宠物狗的行为有正确认识,而对自己的行为是否触犯刑法有不正确的认识,属于法律认识错误。

---

① 事实认识错误
② 法律认识错误
③ 事实认识错误
④ 法律认识错误
⑤ 事实认识错误

第六章　责任阻却事由

扫描右侧二维码"听课＋做题"，直达最佳学习效果
1. 在线听课：学习本章节核心考点讲解课程。
2. 在线刷题：点击🏠进入题库做章节练习。

第一节　责任无能力

一、刑事责任能力概述

刑事责任能力，是指认识自己行为的社会性质及其意义并控制和支配自己行为的能力。简言之，就是辨认和控制自己行为的能力。所谓辨认能力，指一个人认识自己特定行为的社会性质、意义和后果的能力，包括对事实真相本身的认识能力和对事实是非善恶评价的认识能力。所谓控制能力，指一个人按照自己的意志控制和支配自己行为的能力。辨认和控制能力必须同时具备，才认为具备刑事责任能力。行为人只有在具有辨认和控制自己行为能力的情况下，有意识地实施危害社会的行为，才成立犯罪并负刑事责任。

在中国刑法中，影响一个人刑事责任能力大小、强弱的因素包括年龄、精神状况、生理功能。

二、刑事责任年龄

（一）概念

刑事责任年龄，指法律所规定的行为人对自己的犯罪行为负刑事责任必须达到的年龄。

（二）我国刑法对刑事责任年龄的规定

我国刑法对刑事责任年龄作了如下的具体规定：

1. 完全负刑事责任的年龄阶段：已满 16 周岁的人犯罪，应当负刑事责任。

2. 相对负刑事责任的年龄阶段：已满 14 不满 16 周岁的人只对法律规定的八种严重刑事犯罪承担刑事责任。

3. 最低刑事责任的年龄阶段。

已满 12 周岁不满 14 周岁的人，犯故意杀人、故意伤害罪，致人死亡或者以特别残忍手段致人重伤造成严重残疾，情节恶劣，经最高人民检察院核准追诉的，应当负刑事

责任。

（1）犯"故意杀人、故意伤害罪，致人死亡"，并非特指犯故意杀人罪或者故意伤害罪（致人死亡），而是指犯罪类型。例如非法拘禁过程中使用暴力致人死亡，聚众斗殴中致人死亡，绑架过程中故意杀死被绑架人。

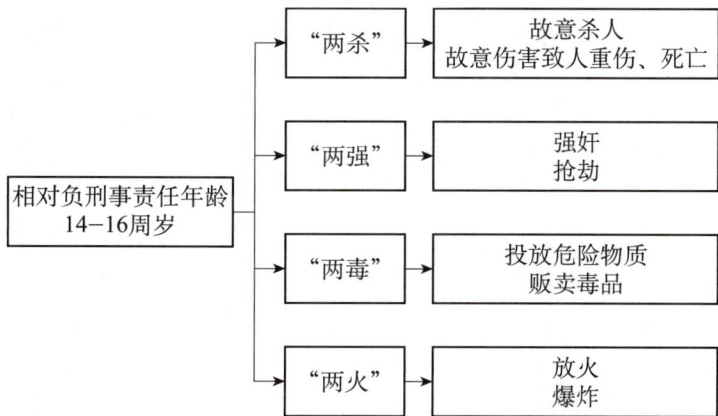

```
                        ┌──"两杀"──→  故意杀人
                        │            故意伤害致人重伤、死亡
                        │
                        ├──"两强"──→  强奸
相对负刑事责任年龄        │            抢劫
14-16周岁        ────────┤
                        ├──"两毒"──→  投放危险物质
                        │            贩卖毒品
                        │
                        └──"两火"──→  放火
                                     爆炸
```

（2）"以特别残忍手段致人重伤造成严重残疾"，指虽然没有造成死亡结果，但是手段特别残忍。

（3）"情节恶劣"应当结合客观与主观两个方面，进行综合判断。

（4）需要"经最高人民检察院核准追诉"这一程序性要件。

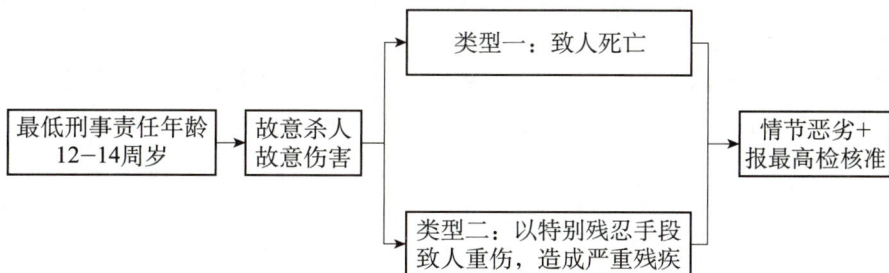

```
                              ┌──类型一：致人死亡──┐
最低刑事责任年龄    故意杀人     │                    │    情节恶劣+
12-14周岁    ──→   故意伤害 ──┤                    ├──  报最高检核准
                              │   类型二：以特别残忍手段  │
                              └──  致人重伤，造成严重残疾─┘
```

4. 绝对无刑事责任的年龄阶段。

不满 12 周岁的人，绝对不负刑事责任。

5. 减轻刑事责任的年龄阶段。

（1）已满 12 周岁不满 18 周岁的人犯罪，应当从轻或者减轻处罚。

（2）已满 75 周岁的人故意犯罪的，可以从轻或者减轻处罚；过失犯罪的，应当从轻或者减轻处罚。

因不满 16 周岁不予刑事处罚的，责令其父母或者其他监护人加以管教；在必要的时候，依法进行专门矫治教育。

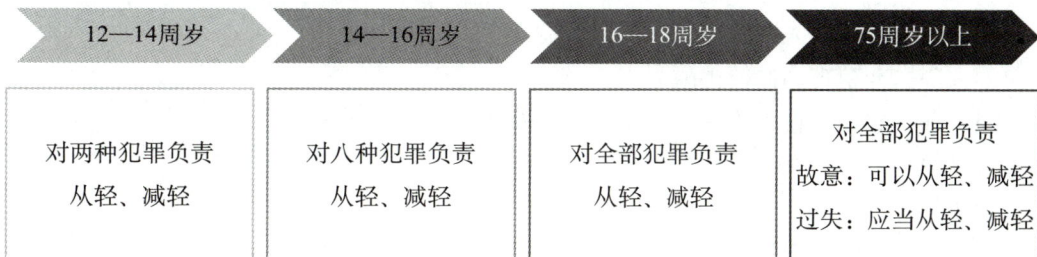

12—14周岁	14—16周岁	16—18周岁	75周岁以上
对两种犯罪负责 从轻、减轻	对八种犯罪负责 从轻、减轻	对全部犯罪负责 从轻、减轻	对全部犯罪负责 故意：可以从轻、减轻 过失：应当从轻、减轻

🔍 **注意**　年龄计算的基准。

（1）按公历计算。

（2）生日当天视为"未满"。

（3）年龄指行为时的年龄。

如果行为人在结果发生时具有防止结果发生的义务，则可计算不作为犯罪的时间。

例1　元宝在不满14周岁时安放定时炸弹，炸弹于元宝已满14周岁后爆炸，导致多人伤亡。元宝满14周岁后，对于爆炸结果具有阻止发生的义务，其没有阻止爆炸结果发生，成立不作为的爆炸罪，即元宝在满14周岁后，实施了一个新的值得刑法评价的行为，即"不作为"。

例2　元宝因爱生恨，在14周岁生日当晚故意砍杀如燕（没有情节恶劣），后心生悔意将其送往医院抢救，如燕仍于次日因伤势过重而死亡。元宝在实施作为的杀人行为时不满14周岁，当其已满14周岁后又没有不作为行为，则元宝在本案中不负刑事责任。

【命题角度1】14—16周岁行为人的刑事责任问题。

例　15周岁的丙运输、贩卖毒品的，成立运输、贩卖毒品罪。（2021年网络回忆版）

解析：错误。已满14周岁不满16周岁的人，仅对贩卖毒品行为承担刑事责任，对运输毒品行为不承担刑事责任，因此丙仅成立贩卖毒品罪。

【命题角度2】计算不作为行为的时间。

例　乙14周岁生日当晚故意伤害他人后离去，被害人于次日凌晨死亡。（2021年网络回忆版）

解析：乙14周岁生日当天属于不满14周岁，其伤害行为引发救助义务，乙没有履行救助义务，导致被害人死亡，成立不作为故意杀人罪，即乙从次日凌晨已满14周岁开始，实施了一个新的值得刑法评价的行为"不作为"，因此应当承担刑事责任。

三、精神障碍

（一）完全无刑事责任能力

完全丧失辨认或控制能力的精神病人：不负刑事责任，但是应当责令他的家属或者监护人严加看管和医疗；在必要的时候，由政府强制医疗。

（二）限制刑事责任能力

尚未完全丧失辨认或控制能力的精神病人：应当负刑事责任，但是可以从轻或者减轻处罚。

（三）完全刑事责任能力【应当负刑事责任】

1.间歇性精神病人在精神正常的时候犯罪。

2.大多数非精神病性精神障碍人。

（1）各种神经官能症（神经衰弱、焦虑症）；

（2）性变态（恋童癖、性虐待癖）；

（3）抑郁症。

【小专题】 间歇性精神病人在精神正常情况下决定并着手实施犯罪，在实行过程中精神病发作并丧失责任能力，该如何处理？此时应当区分两种情形：

1. 行为人丧失责任能力前后所实现的是同一构成要件，即便结果是在丧失责任能力的情况下发生的，行为人也应当负既遂责任。

例 甲以杀人的故意用铁锤殴打被害人，但是没有致人死亡，之后甲陷入无责任能力的状态并继续殴打致被害人死亡。

2. 如果行为人具有责任能力时实施的是某一构成要件的实行行为，丧失责任能力后实施另一构成要件的行为，由后一行为导致结果发生，则行为人只对前行为承担未遂或既遂责任，对后行为不承担责任。

例1 甲以强奸故意对妇女实施暴力，后丧失责任能力强取妇女财物，只能认定强奸罪未遂。

例2 甲以伤害故意对乙实施暴力行为，后丧失责任能力并继续使用暴力强抢了乙的财物，并造成乙轻伤，只能认定故意伤害罪既遂。

四、生理功能

1. 又聋又哑的人。

2. 盲人。

行为人因为生理缺陷，丧失听力和语言表达能力或丧失视力，也可导致责任能力的减弱。一方面，这些生理缺陷会导致行为人的辨认能力降低；另一方面，这些生理缺陷导致行为人受教育的机会减少，进而会间接导致行为人的控制能力下降。所以，《刑法》第19条规定：又聋又哑的人或者盲人犯罪，可以从轻、减轻或者免除处罚。据此，又聋又哑的人或者盲人，由于生理机能丧失而对具体犯罪行为的辨认、控制能力有影响时，得从轻、减轻或者免除处罚；如果没有影响，则可以不从轻、减轻或者免除处罚。[①]

【命题角度】 考查生理功能障碍是否导致辨认、控制能力降低，从而判断刑事责任能力是否完整。

例1 甲先天双目失明，在大学读书期间因琐事致室友重伤。甲具有限定刑事责任能力。（2017–2–3）

解析：错误。"在大学读书期间"说明甲没有因为双目失明而导致辨认能力降低或者受教育机会减少，应该说生理机能丧失对其辨认、控制能力没有影响，甲不属于限定刑事责任能力人，属于完全刑事责任能力人。

例2 乙是聋哑人，长期组织数名聋哑人在公共场所扒窃。乙属于相对负刑事责任能力人。（2017–2–3）

解析：错误。"长期组织数名聋哑人在公共场所扒窃"说明乙的辨认、控制能力没有因为生理机能丧失而受到影响，似乎比正常人更具有组织力与领导力，乙不属于相对负刑事责任能力人，属于完全刑事责任能力人。

---

① 张明楷.刑法学.6版.北京：法律出版社，2021：406-407.

第二节　违法性认识（可能性）的欠缺

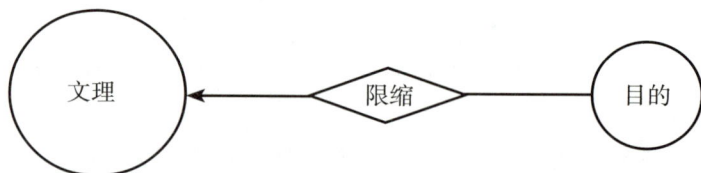

文理　←──限缩──　目的

违法性认识可能性的欠缺：如果行为人在行为时，不可能认识到行为的违法性或者不可避免地产生违法性认识的错误，则阻却责任，不成立犯罪。

犯罪主观要件即有责性的具备不要求行为人具有违法性认识，否则，任何人都可以自己"不知法、不懂法"而主张不具备非难可能性，不承担刑事责任。但是违法性认识的可能性是责任要素，如果行为人不具有违法性认识可能性，即合理地相信自己的行为并不被刑法所禁止，或者说违法性认识的欠缺是不可避免的，即使实施了客观违法的行为，也不能对其进行法的非难。一言以蔽之，缺乏违法性认识可能性，则阻却责任，进而不成立犯罪。

例　甲在从事生产经营的过程中，不知道某种行为是否违法，于是以书面形式向法院咨询，法院正式书面答复该行为合法，甲实施该行为，事后证明该行为违法。甲没有违法性认识的可能性，所以不成立犯罪。

详言之，即使行为人客观上实施了符合构成要件的行为，甚至认识到自己的行为侵犯了某种法益，但是合理地相信自己的行为并不被刑法所禁止，即违法性的错误认识不可回避时，就不具有非难可能性，进而阻却责任。

🔍注意　在一个法制统一的国家里，一个有一般社会生活经验的公民，在没有特殊事由的情况下，都是具有违法性认识可能性的，除非在非常特异的情形下（如得到国家机关的正式答复），才可能导致违法性认识可能性的欠缺。

【命题角度】在具体案件中判断行为人是否欠缺违法性认识可能性。

例如　甲知道自己的行为有害，但不知是否违反《刑法》，遂请教中学语文教师乙，被告知不违法后，甲实施了该行为。事实上《刑法》禁止该行为。（2015–2–55）

解析：甲完全可以通过其他渠道查清该行为是否为刑法所禁止，这种错误认识并非不可避免，中学语文老师乙的答复并不会使甲欠缺违法性认识可能性，不阻却故意的成立。

第三节　期待可能性的欠缺

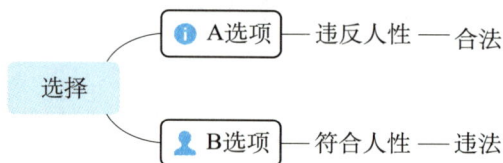

选择
- ℹ A选项 ── 违反人性 ── 合法
- 👤 B选项 ── 符合人性 ── 违法

一、期待可能性

期待可能性，是指在具体情形下，可以期待行为人不实施违法行为而实施其他适法行为。

期待可能性理论认为，如果在当时的情况下不能期待行为人实施其他适法行为，就不能对其进行非难，因而不存在刑法上的行为。

欠缺期待可能性就成为阻却责任，进而阻却犯罪的成立。

期待可能性不仅存在有无的问题（是否阻却责任），还存在程度的问题（是否减轻责任）。

二、理论渊源

【1897 年德国"癖马案"】被告人为马车夫，他多年以来受雇驾驶一辆双匹马车，其中一匹名叫莱伦芳格的马有以其尾绕住缰绳并用力压低的恶癖，马车夫和雇主都知道莱伦芳格的这一癖性，马车夫也曾要求雇主更换一匹马，雇主不但不允，反以解雇相威胁。1896 年 7 月 19 日，马车夫在雇主的特别命令下，被迫使用了莱伦芳格，结果在途中它又像往常一样癖性发作，以其尾绕缰用力下压。马车夫极力使马尾脱离缰绳，却未成功。此时，马暴狂起来，马车夫完全失去了对该马的控制。狂奔的马撞倒了在路旁行走的铁匠，致其脚部骨折。检察官根据上述事实，以过失伤害罪对马车夫提起公诉，但是原审法院宣告被告无罪。检察官以原审判决不当为由，向德意志帝国法院提起上告，1897 年 3 月 23 日德意志帝国法院第四刑事部宣布了对于"癖马案"的判决，驳回了检察院上告。

【判决理由】本案马车夫虽然认识到该马有以尾绕缰的癖性并可能导致伤人的后果，但当他要求更换一匹马时，雇主不但不允，反以解雇相威胁。在这种情况下，很难期待被告人不惜失掉工作，违抗雇主的命令而拒绝驾驭该马车。因而，本案属于欠缺期待可能性的情形，阻却马车夫的责任，阻却犯罪的成立。

三、中国刑法中体现期待可能性的情形

1. 近亲属之间的窝藏、包庇行为，可以不追究窝藏、包庇罪的刑事责任。

2. 犯罪人自己毁灭、伪造证据，不成立帮助毁灭、伪造证据罪。

3. 犯罪后掩饰、隐瞒犯罪所得的行为，不成立掩饰、隐瞒犯罪所得罪。

4. 已婚妇女因为被拐卖、被严重虐待、自然灾害流落外地，因生活所迫而与他人重婚，不成立重婚罪。

第七章　故意犯罪的未完成形态

扫描右侧二维码"听课 + 做题"，直达最佳学习效果

1. 在线听课：学习本章节核心考点讲解课程。
2. 在线刷题：点击🏠进入题库做章节练习。

第一节　犯罪既遂（完成形态）

一、犯罪既遂的概念

犯罪既遂，指犯罪人的行为完整地实现了刑法分则条文所规定的全部犯罪构成的事实。

例如，张三要杀李四且将李四杀死，就完全实现了"故意杀人且已将人杀死"这一法定犯罪构成事实，把张三杀人的事实与法定的故意杀人罪的构成要件"对号入座"，就应判定张三故意杀人罪既遂，直接按照所触犯法条（第 232 条故意杀人罪）规定的法定刑处罚。

犯罪既遂是刑法分则规定的某种犯罪构成的完成形态，也是依照分则条文规定的法定刑（法律后果）进行处罚的标准形态。

二、犯罪既遂的形态

在刑法分则规定的数百种犯罪中，犯罪构成的既遂形态呈现出不同的情况，概括起来有以下几种既遂类型：

1. 行为必须已造成法定的实害后果，才是该罪的既遂。

例如，《刑法》第 232 条规定的故意杀人罪，仅有杀人的行为尚不足以成立该罪的既遂，必须有杀人行为且致人死亡才能成立该罪的既遂，以"死亡"结果作为既遂的标准；盗窃罪等取得财产型犯罪，以"取得财物"作为既遂的标准。

（1）犯罪的既遂以实害结果的出现为要件，在结果出现之前，可以成立犯罪未遂、犯罪中止与犯罪预备。

（2）某些特殊犯罪中，不但要求实害结果的出现，还要求实害结果必须经由特定因果过程造成，在这样的犯罪中，倘若某种结果不是经由特定的因果过程造成的，应当认定为"未得逞"，不能成立犯罪既遂。

例　甲对元宝实施诈骗行为，被元宝识破骗局。但元宝觉得甲穷困潦倒，实在可怜，就给其 3 000 元钱，甲得款后离开。甲虽然取得财物，但并不是被害人基于错误认识处分

财物，所以不是经由诈骗罪所要求的特定因果过程，属于"未得逞"，成立诈骗罪未遂。

【总结】需要经由特定因果过程引起危害结果的犯罪中，典型且常考的有：

①抢劫罪：强制手段→压制反抗→无法反抗，放弃财物→取得财物。

②敲诈勒索罪：威胁→恐惧→交付。

③诈骗罪：虚构事实、隐瞒真相→陷入错误认识→基于错误认识交付财物→取得财物。

④强奸罪：强制手段→压制反抗→违背妇女意志（客观上违背妇女意志，主观上行为人也明知违背妇女意志）→发生性关系。

2. 发生侵害法益的现实、紧迫危险是既遂的要件。只要行为足以造成某种严重后果发生的危险，就是该罪的既遂。

例如，《刑法》第116条规定的破坏交通工具罪，只要破坏行为足以使交通工具有发生倾覆、毁坏的危险，即使尚未造成"倾覆、毁坏"的严重后果，也成立该罪的既遂。放火罪、爆炸罪、决水罪、投放危险物质罪、破坏电力设备罪等也属于这种情形。

在具体危险出现之前，也可以成立犯罪的未完成形态。

例如，放火罪，如果对象物还没有达到"独立燃烧"的状态火就被人扑灭，则属于放火罪的未遂。①

3. 只要行为实施完毕，就给法益就带来抽象危险，犯罪就既遂。

例如，《刑法》第133条之一规定的危险驾驶罪，只要实施危险驾驶的行为，就给交通运输安全带来抽象的危险，成立犯罪既遂。

【命题角度1】判断某一行为是完成形态还是未完成形态。

例1 甲在车棚盗窃电瓶车时，被管理员通过摄像头发现，但甲不知情。管理员在甲盗窃结束将车骑出车棚时开车追赶，并且成功将其抓获。（2021年网络回忆版）

解析：甲盗窃结束将电瓶车骑出车棚时，已经取得对财物的控制，犯罪已经既遂。

例2 丁资助林某从事危害国家安全的犯罪活动，但林某尚未实施相关犯罪活动即被抓获。（2016-2-53）

解析：资助危害国家安全犯罪活动罪是抽象的危险犯，只要资助行为完成，犯罪就既遂。

【命题角度2】犯罪既遂易与因果关系结合考查。

例 宋某杀害刘某，致刘某重伤昏迷，生命垂危。宋某心生怜悯，想要抱起刘某送去医院救治，不料脚下一滑，和刘某一起摔倒在地，刘某原本已经生命垂危，又摔了一下，很快死亡。（2020年网络回忆版）

解析：宋某未能有效防止犯罪结果发生，不应当成立犯罪中止；宋某将刘某摔在地上，属于异常的、作用小的介入因素，因果关系没有中断，刘某的死亡结果应当归因于宋某的杀害行为，宋某的行为应当综合评价为犯罪既遂。

---

① 本书对"独立燃烧说"进行修正，主张当放火行为导致对象物在离开媒介物的情况下已经开始独立燃烧时，就是放火既遂（修正的独立燃烧说）。

第二节　犯罪预备

一、犯罪预备的特征

1. 行为人具有为便利实行、完成某种犯罪的主观意图。

例如，为了便利实行、完成故意杀人罪、强奸罪、抢劫罪的意图。

2. 客观上犯罪人进行了准备工具、制造条件等犯罪的预备活动。

所谓"准备工具"，指准备为实行犯罪使用的各种物品，如为杀人而购买刀、枪、毒药。

所谓"制造条件"，指为实行犯罪制造机会或创造条件，如进行犯罪前的调查，排除实行犯罪的障碍，前往犯罪现场或者诱骗被害人赶赴犯罪地点，跟踪或者守候被害人，引诱共同犯罪人，商议或者拟订实施犯罪的计划等。从某种意义上讲，准备工具也属于制造条件的一种方式。

例如，为杀人而准备了大量的毒药，尚未投放即被告发；埋伏在路旁伺机拦路抢劫，未遇到被劫者即被警察抓获。

3. 犯罪行为由于犯罪分子意志以外的原因被阻止在准备阶段，未能进入实行阶段并不是犯罪分子自愿选择的，而是被迫停留在预备阶段不再向前发展。

二、预备行为与实行行为的区别

预备行为与实行行为分界线是"着手"。

所谓"着手"，是指已经开始实行刑法分则条文所规定的某种犯罪的基本构成要件的行为，且给法益带来现实、紧迫、直接的危险。

例 1　甲、乙二人合谋抢劫出租车，准备凶器和绳索后拦住一辆出租车，谎称去郊区某地。出租车行驶到检查站，检查人员见甲、乙二人神色慌张便进一步检查，在检查时甲、乙意图逃离出租车但被抓获。甲、乙上车后给出租车司机的人身安全带来一种潜在的、非紧迫的危险，抢劫罪实行行为中压制被害人反抗的行为还没有启动，因此，犯罪未着手。

例 2　元宝意图趁同村的如燕的丈夫外出打工之际与如燕发生性关系，遂写信给如燕进行恐吓。如燕收到信后报警，元宝被抓获。元宝写信恐吓的行为无法直接侵害如燕的性权利，属于预备阶段被迫停止犯罪，成立犯罪预备。

例 3　元宝意图杀害甲，经过跟踪，掌握了甲每天上下班的路线。某日，元宝准备了凶器，来到甲必经的路口等候。在甲经过的时间快要到时，元宝因口渴到旁边的小卖部买饮料。待元宝返回时，甲因提前下班已经过了路口。元宝等了一阵儿不见甲经过，就准备回家，在回家路上因凶器暴露被抓获。元宝的行为没有直接侵害甲的生命权，属于预备阶段被迫停止犯罪，成立犯罪预备。

🔍 **注意**　A 罪的预备行为，可能是 B 罪的实行行为。

例如，为杀人而盗窃枪支，盗窃枪支行为本身属于盗窃枪支罪的实行行为。如果行为人盗枪之后又使用该枪支杀人的，构成两个犯罪，盗窃枪支罪（既遂）和故意杀人罪（既遂）数罪并罚；如果行为人盗枪之后，还没来得及杀人就被抓获，则既成立故意杀人罪（犯罪预备）又成立盗窃枪支罪（既遂），从一重处罚。

三、对预备犯的处罚

《刑法》第 22 条第 2 款规定，对于预备犯，可以比照既遂犯从轻、减轻处罚或者免除处罚。

【命题角度】考查行为属于犯罪预备还是犯罪未遂，即对于"着手"的判断。

例 以贩卖为目的，在网上订购毒品，付款后尚未取得毒品即被查获。（2015-2-5）

解析：为了贩卖毒品而购买毒品，属于贩卖毒品罪的预备行为。贩卖毒品罪的实行行为是出售，开始出售毒品才是贩卖毒品罪的"着手"，将毒品实际交易给购买者才是"既遂"。

第三节 犯罪未遂

一、犯罪未遂的概念和特征

（一）犯罪未遂的概念

犯罪未遂，指已经着手实行犯罪，由于犯罪分子意志以外的原因而未得逞的形态。犯罪未遂是犯罪未完成形态之一。

（二）犯罪未遂的特征

1. 犯罪分子已着手实行犯罪。

（1）"着手"的判断：开始实施刑法分则构成要件所规定的实行行为，并且给法益带来现实、紧迫、直接的危险。

（2）不同犯罪情形下的"着手"：

①**不作为：不履行义务的行为**给法益带来现实、紧迫、直接的危险。

例如，母亲不给自己的婴儿哺乳导致孩子被活活饿死的案件中，母亲的拒绝哺乳导致孩子生命出现紧迫危险时是"着手"。

②**间接正犯：被利用者的行为**给法益带来现实、紧迫、直接的危险。

例如，元宝指使邻居家男童甲（6 岁）去盗窃，当甲的小手伸进被害人口袋时是"着手"。

③**隔离犯。**

例如，甲为了杀乙，于 2020 年 8 月 1 日从甲地通过邮局寄送有毒食物给乙地的乙，乙于 8 月 3 日收到邮件，但是没有打开，8 月 6 日中午乙正要食用时发现食物有异味而将有毒食品扔弃。应当说只有当乙准备或者开始食用有毒食品时，才产生死亡的紧迫危险，因此应当认定"8 月 6 日中午"为着手时间。

【注意 1】着手时间虽然是"8 月 6 日中午"，但在此时<u>可以溯及性地认定起初的寄送</u>

行为就是实行行为，那么此时实行行为在前，着手在后。[1]

【注意2】倘若行为人寄送的毒药没有到达被害人或者被害人没有使用，则不能认定故意杀人罪的着手，此时也没有必要将寄送行为认定为实行行为。

【注意3】如果行为人以杀人故意邮寄爆炸物，鉴于爆炸物具有随时爆炸的危险，"寄送时"就是着手。

2.犯罪未得逞。

所谓"犯罪未得逞"，指犯罪没有既遂，即犯罪行为尚未完整地满足刑法分则规定的全部犯罪构成事实。

例1 元宝精心准备凶器，深夜潜入金融机构盗窃，他站在保险柜前试了几下，就发现用自己携带的工具完全无法打开这种新型保险柜，于是离开现场。（**实害结果未出现——犯罪未遂**）

例2 元宝潜入仓库企图放火，对象物刚被点燃还未独立燃烧火即熄灭，元宝随即被抓获。（**具体危险未出现——犯罪未遂**）

例3 元宝企图劫持航空器，但未能控制航空器，即被机组人员制服。（**行为未能完成——犯罪未遂**）

3.犯罪未得逞是由于犯罪分子意志以外的原因。

所谓犯罪分子意志以外的原因，指违背犯罪分子本意的原因。犯罪未得逞并不是犯罪分子自愿的，而是由不可克服的客观障碍造成的。犯罪分子意志以外的原因主要有：

（1）抑止犯罪**意志**的原因。例如正在盗窃，忽闻警笛声，认识到警察来抓自己，于是赶忙逃离现场。

（2）抑止犯罪**行为**的原因。例如正在盗窃，被回家的主人制止、抓获。

（3）抑止犯罪**结果**的原因。例如将被害人打昏后拖入水中，以为被害人必死，过路人将被害人抢救脱险。

（三）犯罪未遂与犯罪预备的异同

	犯罪预备	犯罪未遂
相同点	被迫放弃	
不同点	着手前	着手后

二、对未遂犯的处罚

《刑法》第23条第2款规定，对于未遂犯，可以比照既遂犯从轻或者减轻处罚。

【命题角度1】判断行为人是自愿放弃（中止）还是被迫放弃（未遂）。

例 乙持刀拦路抢劫周某。周某说"把刀放下，我给你钱"。乙信以为真，收起刀子，伸手要钱。周某乘乙不备，一脚踢倒乙后逃跑。（2016–2–53）

---

[1] 【2011–2–53】丙打算将含有毒药的巧克力寄给王某，但因写错地址而寄给了汪某，汪某吃后死亡。本案中既然汪某已经中毒身亡，就意味着从汪某开始吃的时候就已经着手，那么就可以溯及性地认定之前"写地址寄送行为"是实行行为，"写错地址"就是打击偏离了方向，属于打击错误。

解析：乙并非自愿放弃犯罪，而是由于意志以外的原因没有达到既遂状态，所以是犯罪未遂。

【命题角度2】判断行为是已经完成（既遂）还是被迫放弃（未遂）。

例1 为谋取不正当利益，将价值5万元的财物送给国家工作人员，但第二天被退回。（2015-2-5）

解析：只要是为谋取不正当利益，已经将财物送给国家工作人员的，就是行贿罪既遂。

例2. 甲绑架幼女乙后，向其父勒索财物。乙父佯装不管乙安危，甲只好将乙送回。（2013-2-54）

解析：只要控制住被绑架人，就成立绑架罪既遂。

第四节 犯罪中止

一、犯罪中止的概念和特征

（一）犯罪中止的概念

犯罪中止，指在犯罪过程中，自动放弃犯罪或者自动有效地防止犯罪结果发生的形态。犯罪中止也是犯罪的未完成形态之一。

（二）犯罪中止的特征

1. 时间性。

可以出现在故意犯罪的各个阶段，从犯罪预备开始到犯罪既遂以前的全过程，但只能在终局性停顿之前。

（1）当犯罪已经既遂，不能成立中止。

例如，元宝乘在路上行走的妇女如燕不注意之际，将如燕价值12 000元的项链一把抓走，然后逃跑。跑了50米之后，元宝以为项链根本不值钱，就转身跑到如燕跟前，打了她两耳光，并说"出来混，也不知道戴条好项链"，然后将项链扔给如燕。元宝抓走项链跑出50米时，犯罪已经既遂，后将项链扔回的行为是既遂后返还财物的行为，不成立犯罪中止。

（2）犯罪已经未遂，不能成立中止。

例1 元宝对仇人王某猛砍20刀后离开现场。两小时后，元宝为销毁犯罪工具回到现场，见王某仍然没有死亡，但极其可怜，即将其送到医院治疗，后王某脱险。两小时后元宝回到现场发现王某没有死时，犯罪已经未遂，后送王某去医院的行为不能将犯罪形态逆转成为中止。

例2 元宝用菜刀砍杀妻子如燕，被邻居阻止。事后，在邻居的批评、指责下，元宝随同邻居一起将如燕送医院抢救，如燕未死。元宝故意杀人罪已停止在未遂状态，所以事后的参与抢救行为不认为是犯罪中止。

（3）在犯罪过程中，自动放弃可重复实施的加害行为，可以成立犯罪中止。

例如，元宝为了杀害甲，用枪支对准甲开枪，结果没有打中，在可以继续开枪的情况下，元宝心生悔意而放弃了继续开枪。元宝虽然开始没有打中甲，但是此时犯罪并不是终局性停顿，仍可以立刻追加新的伤害，此时放弃属于自愿放弃，成立犯罪中止。

2. 自动性。

所谓"自动放弃犯罪"，指犯罪分子在自认为能够完成犯罪的情况下，由本人自主地决定放弃犯罪。所谓"自动有效地防止犯罪结果发生"，指在犯罪行为实行终了、犯罪结果尚未发生的特定场合，行为人自动采取积极行动实际有效地阻止犯罪结果的发生。

🔍 **注意** 判断各种情形下"放弃犯罪"是否具有自动性。

①基于惊愕、恐惧而放弃：具备自动性。

例如，元宝基于杀人的意图向被害人猛砍数刀，被害人血流不止，此时元宝发现自己晕血，看到血流惊愕不已，于是放弃继续加害，元宝成立犯罪中止。

②基于嫌弃、厌恶而放弃：具备自动性。

例如，元宝对妇女小芹菜实施暴力意图强奸，发现小芹菜面容极其丑陋，产生厌恶之情，进而放弃奸淫行为。元宝成立犯罪中止。

③发现对方是熟人：判断是否因为熟人而压制了行为人的犯罪意图。

例 1 元宝夜间实施暴力意图强奸妇女，但发现对方是邻居小芹菜。客观上犯罪仍然可以继续进行，被害人是邻居会引起心理障碍，但是这一障碍不足以压制行为人的犯罪意图，属于轻微障碍，此时元宝选择放弃是出于自愿。

例 2 元宝夜间实施暴力意图强奸妇女，但发现对方是自己的亲妹妹小芹菜，尽管客观上犯罪仍然可以继续进行，但是由于被害人是至亲，会引起行为人巨大的心理障碍，足以压制任何人的犯罪意图，完全可以等同于客观障碍，属于被迫放弃。

【提示】主观心理障碍通常是能够克服的，因此属于轻微障碍，面对轻微障碍选择放弃，属于自愿放弃；如果是近乎客观障碍的巨大心理障碍，此时选择放弃则是被迫。

3. 客观有效性。

中止不仅是一个良好的愿望，还应当有客观的放弃犯罪或阻止结果发生的实际行动，并有效地阻止犯罪结果发生。在通常情况下，行为人自动放弃正在预备或实行的犯罪就具备客观有效性；在犯罪实行终了、犯罪结果将要发生的特定场合，行为人采取积极行动实际阻止犯罪结果发生，才能具备客观有效性。

例 药店营业员元宝与甲有仇，某日甲之妻到药店买药为甲治病，元宝将一包砒霜混在药中交给甲妻。后元宝后悔，于第二天到甲家欲取回砒霜，而甲谎称已服完。元宝见甲没有什么异常，就没有将真相告诉甲。几天后，甲因服用元宝提供的砒霜而死亡。元宝不成立犯罪中止，成立犯罪既遂。

【注意 1】行为人为防止结果发生做了真挚努力，但是危害结果还是发生了，能否成立犯罪中止？

（1）如果最终结果是前行为所创设的危险的现实化，即因果关系没有中断，则行为人要对最终结果承担责任，成立犯罪既遂。（如被害人伤势过重，经抢救无效而死亡）

例 甲计划通过六次投放毒药致妻子乙慢性中毒死亡，投放四次后，甲心生悔意，放弃了进一步的投放行为，但因前四次投放毒药量过大致乙死亡。甲成立故意杀人罪既遂。

（2）如果最终结果是介入的异常且独立的因素直接导致的，则因果关系中断，行为人不需要对最终结果承担责任，即成立犯罪中止。（如介入被害人的自杀、医生的重大过失、医院火灾）

例 甲以杀人故意放毒蛇咬乙，后见乙痛苦不堪，心生悔意，便开车送乙前往医院。途中等红灯时，乙声称其实自己一直想死，并突然跳车逃走，三小时后乙死亡。后查明，只要当时送医院就不会死亡。

甲虽然创设了危险，但这个危险只要把乙送到医院就可以消除，是乙的自杀行为又创设了新的危险而导致乙死亡的。所以甲具备了中止的有效性，可以成立犯罪中止。

【注意2】犯罪中止的本质是没有遭遇阻止犯罪达到既遂状态的客观障碍时，自愿选择放弃；犯罪未遂的本质是遭遇到阻止犯罪达到既遂状态的客观障碍时，被迫放弃犯罪。但有时客观障碍是否存在与行为人的主观判断并不一致，即行为人的判断可能出现偏差，此时应当以行为人的主观认识为准。

（1）客观上能够达到既遂状态，行为人主观上认为不能，进而选择放弃（＝被迫放弃＝犯罪未遂）

例 元宝入户盗窃，听到门外有声响误以为主人提前回家，急忙跳窗逃跑，实际上只是一个路人经过，此时属于被迫放弃，成立犯罪未遂。

（2）客观上不能达到既遂状态，行为人主观上认为可以，还是选择放弃（＝自愿放弃＝犯罪中止）

例 元宝以杀人的故意，在1分钟内向甲体内注射70毫升空气，具有致人死亡的危险，后心生悔意将甲送往医院抢救，事实上由于甲体重大，即使不抢救也不会死亡。在元宝认识到自己的行为能够既遂的前提下，自愿有效防止犯罪结果的发生，属于自愿放弃犯罪，可以成立犯罪中止。

二、中止的法律后果

1. 没有造成损害的：应当免除处罚。

2. 造成损害的：应当减轻处罚。

注意 所谓"造成损害"：

1. 只包括实害，不包括危险。

2. 必须是刑法规范禁止的侵害结果。

例1 甲意图强奸妇女，在奸淫之前实施了猥亵行为，后来放弃奸淫，应当认为造成损害；

例2 乙着手入户盗窃后中止了盗窃行为，应当认为造成损害；

例3 丙向被害人实施敲诈勒索行为，使被害人产生恐惧，后又放弃，不应当认为造成损害。

3. 不限于物质性结果，也包括非物质性结果。

例1 故意杀人的暴力行为对被害人造成侮辱，后又放弃杀人行为，应当认为造成损害；

　　例2　谎称在飞机上安放爆炸物，三天后自动会引爆，胁迫机场交付金钱，后来自动放弃敲诈勒索行为，但是编造虚假恐怖信息的行为已经严重扰乱机场秩序，应当认为造成损害。

　　4.仅限于对他人造成的损害，不包括对自己造成的损害。

　　5.必须是能够主观归责的结果，不包括意外造成的结果。

　　【小结】只有当行为符合某种重罪的中止犯的成立条件，同时又构成某种轻罪的既遂犯时，才能认定为中止犯中"造成损害"。

　　【命题角度1】判断是否属于中止犯的"造成损害"。

　　例1　甲闯入乙房间想要伤害乙，乙苦苦哀求，于是甲放弃伤害。甲属于"造成损害"的犯罪中止。（2023）

　　解析：正确。甲以伤害的故意闯入乙的房间，后放弃伤害，成立故意伤害罪的犯罪中止，但是闯入乙房间的行为侵害了他人的住宅安宁，造成了非法侵入住宅罪所要求的构成要件结果，可以认定为"造成损害"

　　例2　甲敲诈勒索乙，以"不给钱就杀乙全家"相威胁，造成乙巨大心理恐惧。在乙给钱之前甲心生悔悟向乙道歉。甲成立"造成损害"的犯罪中止。（2023）

　　解析：错误。甲在乙给钱之前甲心生悔悟向乙道歉，成立敲诈勒索罪的犯罪中止，造成乙巨大心理恐惧不是刑法规范禁止的侵害结果，因而不能评价为中止犯中的"造成损害"。

　　【命题角度2】综合判断行为是犯罪中止、犯罪未遂还是犯罪既遂。

　　例　甲以杀人故意将郝某推下过街天桥，见郝某十分痛苦，便拦下出租车将郝某送往医院。但郝某未受致命伤，即便不送医院也不会死亡。（2016–2–53）

　　解析：行为人自认为被害人会死亡，在自认为犯罪能够达到既遂的状态下，基于自愿而努力防止犯罪结果发生，可以认定为成立犯罪中止而不是未遂。

　　【命题角度3】犯罪中止易与共同犯罪结合考查。

　　例　甲、乙共谋入户抢劫，由甲入户抢劫，由乙望风。甲入户后，乙看外面人多，心生怯意，打电话劝甲放弃。但甲执意继续，乙便声明离去。甲对主人丙实施暴力时，见丙穿着破烂，很可怜，便放弃暴力，没有拿走财物而离去。（2020年网络回忆版）

　　解析：乙作为帮助犯，客观上已经离去不再为甲望风，并且甲也知道乙不再为他望风，乙有效地切断了自己的行为与甲的犯罪结果在物理、精神上的原因力，成立犯罪中止。甲作为实行犯，在实行阶段自动放弃犯罪，也成立犯罪中止。

　　【真题训练（2022）】关于犯罪中止，下列说法正确的是（　　　）。①

　　A.甲、乙系夫妻，因琐事发生争吵，乙提出离婚后欲上床睡觉。甲害怕离婚，遂起杀妻之念，边掐乙的脖子边问其是否离婚，乙连声回答"要离"。甲掐乙的脖子越掐越紧，导致乙昏迷休克。甲认为乙被掐死，于是松手观望。两分钟后乙醒来要喝水，甲递给乙水，没有继续实施杀害行为。甲成立故意杀人罪的犯罪中止

－－－－－－－－－－
　　①　**【答案】**A

B. 甲打电话威胁乙，让乙向其银行卡打 30 万元，否则就杀了乙。后甲怕被抓，又发短信让乙不要打钱。乙为保安全还是往甲的银行卡上打了 30 万元。甲成立敲诈勒索罪的犯罪中止

C. 甲计划通过六次投放毒药致妻子乙慢性中毒死亡，投放四次后，甲心生悔意，放弃了进一步的投放行为，但因前四次投放毒药量过大致乙死亡。甲成立故意杀人罪的犯罪中止

D. 化学老师甲制造毒品后，因感到害怕，又将制造好的毒品倒入沟里。甲成立制造毒品罪的犯罪中止

【本章复盘】

	预备阶段	实行阶段	等待阶段【实行终了后、结果发生前】
意志以内（停）	犯罪中止	犯罪中止	犯罪中止
意志以外（停）	犯罪预备	（未实行终了）犯罪未遂	（实行终了）犯罪未遂
没有停	进入实行阶段	实行终了犯罪既遂或进入等待阶段	犯罪既遂

对于未完成形态的判断，应当分两步走：
1. 停在哪个阶段？
2. 为什么停？

第八章　共同犯罪

第一节　共同犯罪概述

根据两层次的犯罪构成体系，犯罪的成立首先是客观上的违法，其次是主观上的有责，因此共同犯罪中的"犯罪"首先是指客观层面共同的法益侵害事实，其次指主观上对于该事实的故意和意思联络。关于共同犯罪的认定，主要有三个要点。[①]

1. 以"违法"为重心。

共同犯罪，是指二人以上共同实施犯罪，是一种客观的违法形态，即二人以上共同实施了具有法益侵害性的客观行为，造成了法益侵害的事实，二人在违法层面上就是共犯。

例1　16 周岁的甲应邀为 13 周岁的乙入室盗窃望风，并一同分赃。

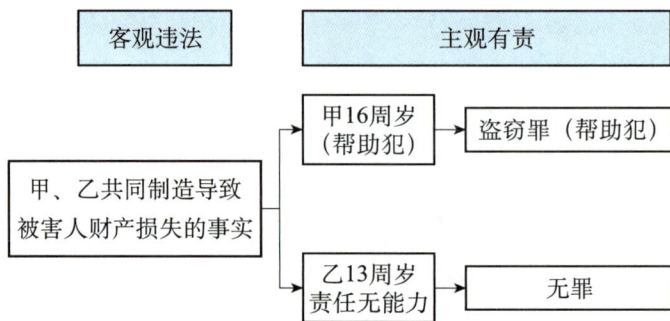

例2　16 周岁的甲与 13 周岁的乙共同轮流强奸妇女。

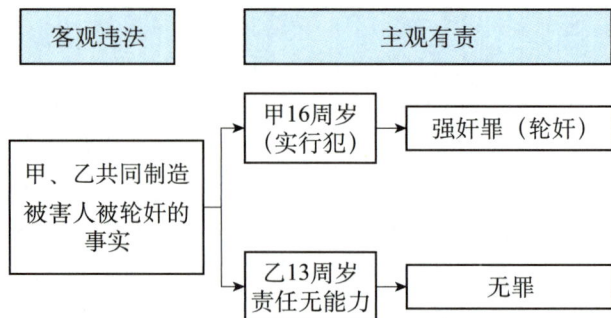

---

① 张明楷.刑法学.6 版.北京：法律出版社，2021：497.

2. 以"正犯"为中心。

正犯是实现构成要件的核心人物，是支配法益侵害结果发生的人，先判断正犯的行为是否符合构成要件且具有违法性，再判断共犯的行为是否汇入因果链条。

3. 以"因果性"为核心。

（1）将自己的行为链接在正犯的行为上，与正犯行为产生因果性：成立共犯。

（2）将自己的行为链接在正犯的行为上，并对结果作出贡献：成立共犯，并且既遂。

（3）一度将自己的行为链接在正犯的行为上，但在结果发生前消除影响：脱离共犯。

①自愿脱离：犯罪中止；

②非自愿脱离：犯罪预备或者犯罪未遂。

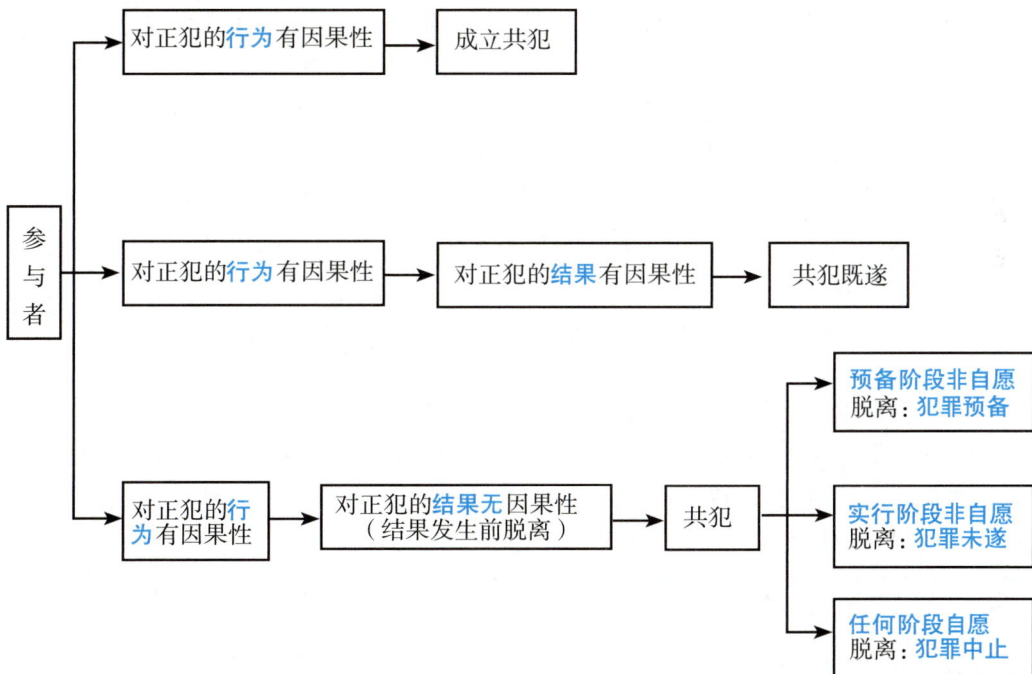

例1　甲欲前往张某家中盗窃。乙送甲一把擅自配制的张家房门钥匙，甲用钥匙打开张家房门，进入张家窃走数额巨大的财物。①

例2　甲欲前往张某家中盗窃。乙送甲一把擅自配制的张家房门钥匙，并告诉甲说，张家装有防盗设备，若钥匙打不开就必须放弃盗窃，不可入室。甲用钥匙无法打开张家房门，本欲依乙告诫离去，但又不甘心，思量后破窗进入张家窃走数额巨大的财物。②

例3　乙看到李某私自进入某小区王某家，猜想李某是去盗窃，便在李某不知情的情况下为李某放风，其间什么也没发生，王某并没有回来。李某盗窃结束后，下楼时发现乙，才知道乙已经默默地为他"站岗"两个小时，便给乙100元。③

例4　甲入户盗窃时邀约乙在楼下望风，丙知道乙在望风，而为乙提供被害人的照

---

①【分析】乙对甲的盗窃行为、盗窃结果都有因果性，成立盗窃罪既遂（帮助犯）。

②【分析】乙一度将自己的行为链接在正犯的行为上，但是没有对结果作出贡献，成立盗窃罪未遂的帮助犯。

③【分析】乙对李某的盗窃结果没有物理上与精神上的原因力，不构成盗窃罪的共同犯罪。（无罪）

片，但被害人并没有出现。①

【真题训练（2021）】 关于共同犯罪的认定，下列说法正确的是（　　　）。②

A. 甲见赵某私入某小区王某家，猜想赵某是去盗窃，便在赵某不知情的情况下为赵某放风。甲看到主人王某返回该小区，故意与王某聊天，拖延王某，为赵某盗窃争取时间，后赵某盗窃既遂。甲构成盗窃罪的共同犯罪

B. 乙看到李某私自进入某小区王某家，猜想李某是去盗窃，便在李某不知情的情况下为李某放风，其间什么也没发生，王某并没有回来。李某盗窃结束后，下楼时发现乙，才知道乙已经默默地为他"站岗"两个小时，便给乙 100 元。乙构成盗窃罪的共同犯罪

C. 丙实施网络诈骗有一定的经验，经常将其网络诈骗的经验在微信群分享。某日，丙将网络诈骗的"话术"资料送给王某。后丙反悔，觉得不应该将该资料传给王某，并打电话告知王某，不许使用自己送给他的"话术"。一个月之后，王某使用该"话术"实施诈骗。丙仍构成诈骗罪的共同犯罪

D. 丁承诺在马某实施杀人后会帮助其藏匿，马某杀人后找到丁，要丁帮助其逃匿，丁并没有实施任何帮助。丁虽不构成窝藏罪，但构成故意杀人罪的共同犯罪

第二节　正犯与共犯（理论分类）

在共同犯罪的理论架构中，可以将共同犯罪人分为共犯和正犯两类。正犯是在共同犯罪中对于法益侵害结果的发生起直接支配作用的人，包括直接正犯、间接正犯、共同正犯；共犯是在共同犯罪中对于法益侵害起间接作用的人，即诱使、协助正犯实施法益侵害行为的人，包括教唆犯、帮助犯。

正犯（主要是实行犯）	共犯（教唆犯、帮助犯）
直接正犯、间接正犯、共同正犯	教唆犯、帮助犯

🔍 **注意**　正犯与共犯的关系（解决共犯可罚性的依据）。

"共犯从属性说"： 共犯的可罚性依附于正犯，正犯的行为具有违法性和可罚性，共犯的行为才具有违法性和可罚性，正犯不构成犯罪，帮助犯、教唆犯也不构成犯罪。

例如，甲教唆乙去盗窃，乙没有实施盗窃，乙不构成犯罪，则甲的行为不构成犯罪。

所谓"从属"，有两层含义：（1）实行行为的从属。这是指教唆犯、帮助犯从属于正犯的实行行为。如果实行者没有实行行为，教唆犯、帮助犯也就没有实行行为，即整个共同犯罪就没有实行行为。（2）犯罪形态的从属。这是指实行犯的形态决定教唆犯、帮助犯的犯罪形态，实行者进入实行阶段，教唆者与帮助者也进入实行阶段；实行者停留在预备阶段，教唆者与帮助者也在预备阶段。

但是，共犯对于正犯的从属，只在客观阶层，即实行行为的从属，而不是最终是否

---

① 【分析】丙无罪。因为丙提供照片的行为与正犯结果之间没有任何因果性，故丙不成立帮助犯，无罪。

② 【答案】ACD

成立犯罪的从属。

例如，16周岁的甲应邀为13周岁的乙入室盗窃望风，并一同分赃。客观阶层中甲是帮助犯，乙是实行犯，有乙的实行行为存在，甲的帮助行为就具有可罚性，但应注意乙具有责任阻却事由而最终不构成犯罪，甲可以单独构成盗窃罪既遂。

一、正犯

正犯指直接或通过他人实施构成要件所规定的行为的人。

（一）直接正犯

直接正犯指亲手实施犯罪，实现了构成要件所规定的行为，并对此承担刑事责任的人。既遂的直接正犯是刑法分则设计具体犯罪构成的模板。例如，拐卖妇女、儿童罪中的直接正犯就是亲自实施拐骗、绑架、收买、贩卖、接送、中转行为之一的人。

（二）间接正犯

间接正犯指通过强制或者欺骗手段支配直接正犯，通过直接正犯的行为，完成构成要件，将他人作为犯罪工具，以实现自己犯罪目的的人。

1. 间接正犯的类型。

（1）利用无责任能力者的行为。

即利用幼儿、严重的精神病患者的身体活动去实现犯罪。被利用者虽然没有达到完全刑事责任能力，但具有一定的辨认、控制能力和规范意识，利用者对其没有绝对的控制支配力的，不能认定为间接正犯，而构成教唆犯。

例如，20周岁的甲教唆15周岁的乙盗窃财物。乙虽然对盗窃罪不能承担刑事责任，但对于盗窃行为，具有一定的辨认、控制能力和规范意识，因此不属于被操控的工具，甲仅仅是盗窃罪的教唆犯而不是间接正犯。

（2）利用他人合法行为。

例如，甲为了使乙死亡，以如不听命将杀害乙相威胁，迫使乙攻击丙，同时命令丙正当防卫杀害乙，后丙正当防卫杀害了乙。

（3）利用行为时承担责任的人。

①他人的过失行为。

例如，具有杀人故意的医生甲将某种注射液交给护士乙，令其注射给病人丙，由于注射液与正常药品颜色有重大差异，乙稍加注意就应当发现，但是忙于下班的乙疏忽大意给丙注射了该药品，导致丙死亡。医生甲利用护士乙的过失行为实现了杀人的目的，属于故意杀人罪的间接正犯。

②有故意但无目的的人。

例如，甲具有传播淫秽物品牟利的目的，但是隐瞒牟利目的，说服乙传播淫秽物品，乙实施了传播淫秽物品的行为，但是没有牟利的目的，因此乙成立传播淫秽物品罪。甲利用乙（有传播淫秽物品的故意，没有牟利目的），甲属于传播淫秽物品牟利罪的间接正犯。

③具有轻罪的故意的人。

例如，甲明知丙坐在丙家贵重财物背后，但乙不知情，甲唆使乙开枪毁坏贵重财物，乙开枪致丙死亡。甲利用乙故意毁坏财物的故意（轻罪），实现了杀人的目的，属于故意杀人罪的间接正犯。

（4）利用被害人的行为。

利用、控制、操纵被害人自杀、自伤、毁坏财物，分别成立故意杀人罪的间接正犯、故意伤害罪的间接正犯、故意毁坏财物罪的间接正犯。

【小结】间接正犯的本质，是利用者通过优势地位支配了他人，使得他人成为实现构成要件的工具。

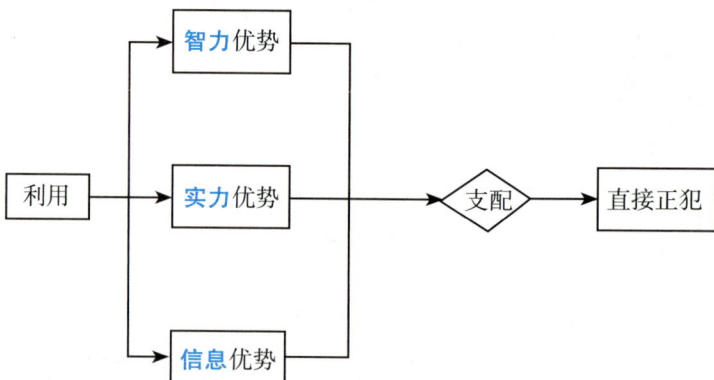

2. 间接正犯也是一种正犯，无身份者不能构成身份犯的间接正犯。

例　甲极力劝说丈夫乙（国家工作人员）接受丙的贿赂，乙坚决反对，甲自作主张接受该笔贿赂。

受贿罪属于真正的身份犯，正犯要求具有国家工作人员身份，而正犯既包括直接正犯也包括间接正犯。甲不具有国家工作人员身份，不可能成立受贿罪的（间接）正犯。

3. 间接正犯与共同犯罪的成立。

间接正犯的成立，并不意味着对共同犯罪的否定。上例中甲、乙在传播淫秽物品罪的范围内成立共犯。

（三）共同正犯

1. 概念。

二人以上共同实行犯罪的情形，即简单共同犯罪。

（1）客观上，主体之间具有共同实行的事实，即各个主体都分担了导致结果发生的重要行为，或者对构成要件的实现起到了关键作用。

例1　甲、乙基于意思联络共同朝丙开枪。

例2　甲、乙基于意思联络共同伤害丙，乙在后面将丙抱住，甲在正面袭击丙致丙重伤。

例1、例2中的甲、乙都对构成要件的实现起到关键作用，属于共同正犯。

（2）主观上，主体之间具有共同实行的意思，即各个主体具有和他人共同实施行为的意思，而不要求故意内容完全一致。

例如，甲约乙共同对丙实施暴力，乙同意。甲与乙就具有共同实行的意思。

2. 共同正犯的处理原则【部分实行全部责任】。

例如，甲、乙共谋伤害丙，进而共同对丙实施伤害行为，导致丙身受一处重伤，但不能查明该重伤由谁的行为引起。甲、乙成立故意伤害罪（致人重伤）。

二、共犯

（一）教唆犯

教唆犯，指教唆他人实行犯罪的人。教唆犯的基本特点是，教唆他人实行犯罪而自己并不参加犯罪的实施，是使他人产生犯罪意图的人。

1. 教唆犯的成立条件。

（1）客观上实施了教唆他人犯罪的行为。

通常表现为怂恿、诱骗、劝说、请求、收买、强迫、威胁等方式，唆使特定的人实施特定的犯罪。

（2）主观上具有教唆他人犯罪的故意。

①这种故意的内容应是明确的，即他知道自己在教唆什么人犯罪和犯什么罪。没有明确的故意内容，不能成立教唆犯。

②无意中引起他人产生犯罪意图的，不成立教唆犯，即过失不可能成立教唆犯。

2. 教唆犯的刑事责任。

（1）定罪：对于教唆犯，应当按照所教唆的犯罪确定罪名。

（2）处罚。

①对教唆犯按照其在共同犯罪中所起的作用处罚。起主要作用的，按主犯处罚；仅起到次要作用的，按从犯处罚。

②如果被教唆的人（实行犯）已经着手实行了犯罪，但是没有达到既遂程度（未遂或中止），对于教唆犯可以从轻或者减轻处罚。

③教唆不满18周岁的人犯罪的，应当从重处罚。

【**特殊问题 1**】教唆犯与间接正犯。

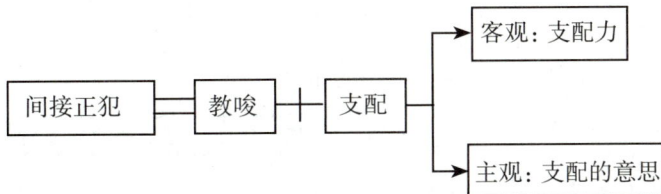

例如，甲教唆乙说："丙是坏人，你将这个毒药递给他喝。"乙却听成"丙是病人，你将这个土药递给他喝"，于是将毒药递给丙，丙喝下毒药后死亡，但乙并无杀人故意。甲是否成立故意杀人罪的间接正犯？①

【**2023 金题（多选）**】甲教唆有辨认能力但没有控制能力的精神病人乙，让乙用剪刀

---

① 不成立间接正犯，甲主观上不具有支配的意思，仅成立故意杀人罪的教唆犯。因为在客观上，乙实施了符合构成要件的违法行为，其实施该行为的意思是由甲的教唆行为引起的，而且甲具有教唆的故意。（参见张明楷：《刑法学》，第6版，第560页）

刺瞎丙的双眼。结果乙用剪刀将丙杀害。关于本案，下列说法正确的是？（　　　　）①

A.乙有辨认能力但无控制能力，为限制责任能力人。因此，应当对丙的死亡结果承担刑事责任

B.甲虽然有"教唆"行为，但构成间接正犯

C.如果认为是否构成共犯与"行为（责任）能力"无关，则仅在不能确定甲有支配意图时，才能认定甲构成教唆犯

D.对于乙的行为，甲属于工具的过限。因此，甲应当以过失致人死亡罪论处

【特殊问题2】实行犯与教唆犯的认识错误。

实行犯的认识错误（对象错误、打击错误），对于教唆犯（帮助犯）而言都是打击错误。

例　甲女与室友乙女素有冤仇，便以1万元唆使丙男强奸乙女。不料，丙男翻窗入室准备强奸乙女时，乙女因病去了医院，丙男误将甲女当作乙女实施了强奸行为。甲女、丙男该当何罪？

解析：甲女构成强奸罪（预备）的教唆犯，丙男构成强奸罪（既遂）。**丙男的行为只是对象错误，不影响强奸既遂的成立。甲女构成强奸罪（预备）的教唆犯。**首先，甲女不可能对自己成立强奸罪既遂的教唆犯。其次，由于乙女不在现场，丙男并未着手对乙女实施强奸行为，故丙男对乙女不成立强奸未遂，甲女也不构成强奸未遂的教唆犯。最后，由于丙男对乙女实施了强奸预备行为，甲女要对强奸罪的预备犯承担教唆犯的刑事责任。

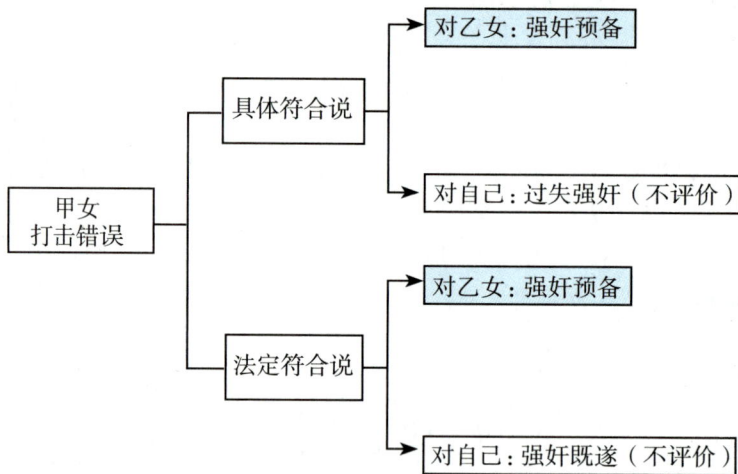

```
                                ┌─→ 对乙女：强奸预备
                  ┌─ 具体符合说 ─┤
                  │             └─→ 对自己：过失强奸（不评价）
甲女  ─────────────┤
打击错误           │             ┌─→ 对乙女：强奸预备
                  └─ 法定符合说 ─┤
                                └─→ 对自己：强奸既遂（不评价）
```

【2019真题】甲欲盗窃丙的渔网（丙为捕鱼在河里设置渔网）。渔民乙知情并为甲提供渔船。次日晚上，甲利用乙的渔船盗窃到渔网。事后甲乙发现，甲盗窃的渔网是乙的渔网。甲盗窃时丙的渔网在现场，但甲没注意到。关于本案，下列说法正确的是？（　　　　）②

A. 甲乙均构成盗窃罪既遂

---

① 【答案】BC
② 【答案】D

B. 甲乙均构成盗窃罪未遂

C. 甲构成盗窃罪既遂，乙构成盗窃罪犯罪未遂

D. 甲构成盗窃罪既遂，乙构成盗窃罪犯罪预备

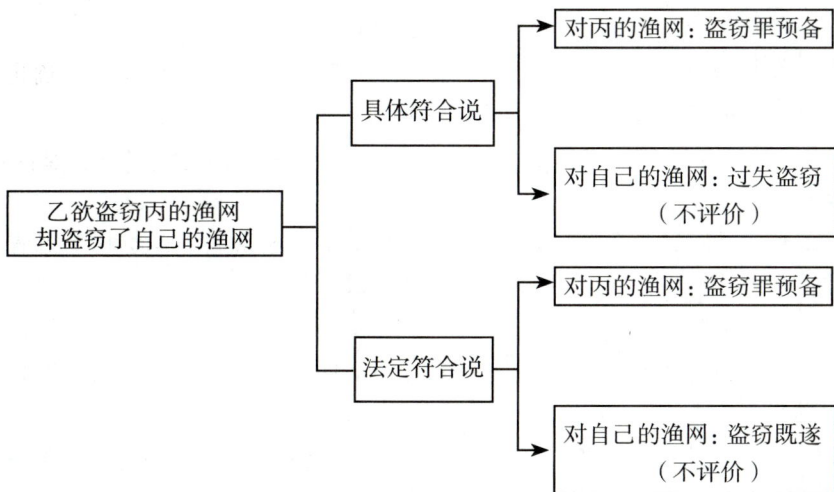

【2016 真题】甲、乙共同对丙实施严重伤害行为时，甲误打中乙致乙重伤，丙乘机逃走。关于本案，下列哪些选项是正确的？（　　）[①]

A. 甲的行为属打击错误，按照具体符合说，成立故意伤害罪既遂

B. 甲的行为属对象错误，按照法定符合说，成立故意伤害罪既遂

C. 甲误打中乙属偶然防卫，但对丙成立故意伤害罪未遂

D. 不管甲是打击错误、对象错误还是偶然防卫，乙都不可能成立故意伤害罪既遂

（二）帮助犯

1. 帮助的方式。

（1）作为。

（2）不作为。

例如，甲、乙夫妇因 8 岁的儿子严重残疾，生活完全不能自理而非常痛苦。一天，甲往儿子要喝的牛奶里放入"毒鼠强"时被乙看到，乙说："这是毒药吧，你给他喝呀？"见甲不说话，乙叹了口气就走开了。毒死儿子后，甲、乙二人一起掩埋尸体并对外人说儿子因病而死。无论乙是父亲还是母亲，对于儿子都有救助的义务，不救助的不作为行为恰恰是对于实行犯甲的帮助。

2. 帮助的内容。

（1）物质帮助。

（2）精神帮助。

例如，甲欲去乙的别墅盗窃，担心乙别墅结构复杂难以找到贵重财物，就请熟悉乙家的丙为其画图。甲入室后未使用丙提供的图纸就找到乙价值 100 万元的珠宝，即携珠宝逃离现场。甲与丙构成盗窃罪的共犯，尽管甲入室后未使用丙提供的图纸，但是丙的

---

① 【答案】CD

行为对于甲精神上的帮助作用始终存在，丙成立盗窃罪既遂。

3. 关于帮助犯的其他问题。

（1）外表无害的"中立"行为，客观上帮助了正犯，是否成立帮助犯？

应当综合判断正犯行为的紧迫性，帮助行为对法益侵害所起作用的大小，以及帮助者对于正犯行为的确定性。

①如果回答都是肯定的，则应当成立帮助犯。

例1 五金店的店员甲向正在斗殴的乙出售利刃，乙利用该利刃致被害人重伤：甲成立故意伤害罪的帮助犯。

例2 乙坐上甲的出租车后，发现车辆前方丙女手上提着包，就让甲靠近丙，甲知道乙的用意，仍然靠近丙行驶。乙夺取丙的提包后，让甲加速，甲立刻加速将乙送往目的地：甲成立抢夺罪的帮助犯。

②如果正犯的行为并不紧迫，或者只能大体估计对方将来可能实施犯罪行为，则不宜认定为帮助犯。

例如，五金店店员甲知道乙可能要用螺丝刀去盗窃，仍然将螺丝刀出售给乙。甲不成立盗窃罪的帮助犯。

（2）正犯没有犯罪故意，帮助者以帮助故意实施帮助行为的，根据"共犯从属性说"也可以成立帮助犯。

例 乙误以为甲女想杀死其丈夫，便将毒药交给甲女。甲女虽然给丈夫喂了毒药并且造成了丈夫死亡的结果，但她在行为时误以为自己喂的是一种治病的药物。

由于甲女客观上实施了符合构成要件的违法行为，乙也具有帮助行为和帮助故意，故乙成立故意杀人罪的帮助犯。①

三、共同犯罪的特殊形式

（一）片面的共同犯罪【单向意思联络】

所谓片面的共同犯罪，是指一方知道自己在与对方共同实施犯罪，而相对方却不知道有人在与自己共同实施犯罪的情形。即一方知情，而另一方不知情，只具有单向意思联络的情形。

1. 片面实行。

例1 乙以抢劫的故意对丙实施暴力，知情的甲在乙背后举枪威胁（乙不知情），丙被迫交付财物。

2. 片面帮助。

例2 甲发现多次盗窃的乙将要进入丙家，在乙不知情的情况下甲为乙望风，望风过程中见丙回来，甲主动上前跟丙聊天拖住丙，待乙取得财物离开，甲才离开。

3. 片面教唆。

例3 甲偷偷将乙的妻子与丙通奸的照片放在乙的桌子上，同时放了一把枪，乙发现后火冒三丈，用手枪将丙打死。

---

① 张明楷.刑法学.6版.北京：法律出版社，2021：564.

🔍 **注意** 片面实行、片面帮助、片面教唆是否成立片面共犯①，理论上有"肯定说"与"否定说"两种观点。

1. "肯定说"认为，在例1、例2、例3中，客观上如果没有甲的实行、帮助和教唆行为，乙无法顺利完成法益侵害行为，因此甲应当对该法益侵害结果承担责任，以片面实行犯、片面帮助犯、片面教唆犯的身份承担责任。此时，知情方应当与不知情一方成立共犯，对两个人的行为承担责任；不知情一方并不与知情一方成立共犯，只对自己的行为承担责任。在"肯定说"的视野中，片面共犯包括片面实行犯（片面正犯）、片面帮助犯、片面教唆犯，即"肯定说"对于片面共犯全面承认。因此，例1甲成立抢劫罪（片面实行犯），例2甲成立盗窃罪（片面帮助犯），例3甲成立故意杀人罪（片面教唆犯）。

2. "否定说"不承认片面实行犯与片面教唆犯，只承认片面帮助犯，因此在例1、例2、例3中，无论甲起到什么作用，都可以评价为片面帮助犯。在"否定说"的视野中，片面共犯只有片面帮助犯，即"否定说"对片面共犯是有限承认。因此，例1甲成立抢劫罪（片面帮助犯），例2甲成立盗窃罪（片面帮助犯），例3甲成立故意杀人罪（片面帮助犯）。

例4 甲明知乙（二人无共谋）将要入室抢劫丙的财物，便提前将丙打昏造成重伤。乙进入丙家后发现丙昏迷，便窃取了财物。

根据"肯定说"： 甲是知情方，成立片面共犯（片面实行犯），应当对甲、乙两人的行为承担责任，成立抢劫罪；乙是不知情方，只对自己的行为承担责任，成立盗窃罪。

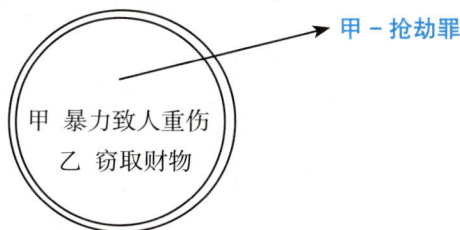

甲－抢劫罪

甲 暴力致人重伤
乙 窃取财物

根据"否定说"： 甲的片面实行不能成立片面共犯，只需要对自己的行为承担责任，因此成立故意伤害罪（致人重伤）；同时甲的故意伤害行为为乙的盗窃提供了帮助，可以以片面帮助犯的身份成立片面共犯，即同时成立乙的盗窃罪的帮助犯，想象竞合，从一重处罚。

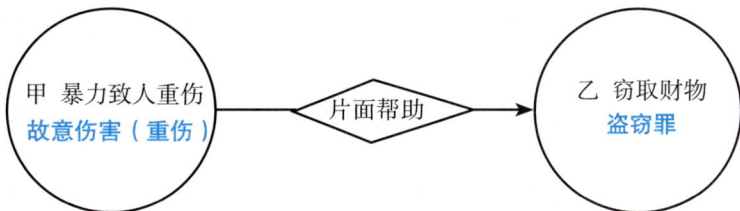

甲 暴力致人重伤
故意伤害（重伤）

片面帮助

乙 窃取财物
盗窃罪

例5 甲得知乙将要强奸丙女，便提前给丙投放了安眠药，并暗中观察乙的奸淫行为，但乙不知情。在乙离开后，甲又奸淫了丙。

根据"肯定说"： 甲是知情方，成立片面共犯（片面实行犯），不仅要对自己的行为

---

① 即使成立也是片面的共犯，即共犯的身份只对知情方有效。

与结果承担责任，而且要对乙的行为与结果承担责任，因此属于强奸罪的加重情形，即二人以上轮奸；但是乙不构成共同正犯（轮奸），仅承担普通强奸罪既遂的责任。

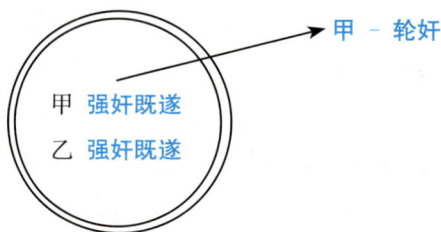

根据"否定说"：甲的片面实行不能成立片面共犯，只需要对自己的行为承担责任，因此成立普通强奸罪既遂；但同时甲提前给丙投放安眠药的行为为乙的强奸提供了帮助，可以以片面帮助犯的身份成立片面共犯，即同时成立乙的强奸罪的帮助犯，想象竞合，从一重处罚。

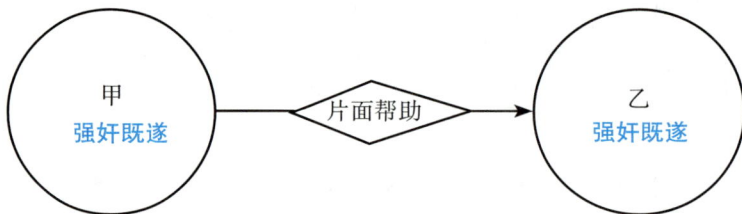

3.**"肯定说"与"否定说"在一个问题上是一致的，就是片面帮助可以成立片面共犯，即片面帮助犯。**

🔍**注意** "肯定说"与"否定说"的分歧在于对知情方的行为如何认定，不知情方无论根据何种观点都不成立共犯，只需要对自己的行为承担责任。

【命题角度】片面的共同犯罪，根据"肯定说""否定说"分别得出什么结论。

【2019年网络回忆版】乙请甲为自己的盗窃望风，仅要求甲看到主人丙回家就电话告知他。乙在户内盗窃时，甲看到丙回家，使用暴力阻拦，将丙打成重伤。乙顺利窃得4 000元后出门，甲告知乙自己殴打了丙，乙没表示异议。甲、乙一同离去。下列说法正确的有（   ）。①

A.若承认片面共同正犯，则对甲应以抢劫罪（致人重伤）论处，对乙以盗窃罪论处

B.若承认片面共同正犯，则根据部分实行全部负责原则，对甲、乙二人均以抢劫罪（致人重伤）论处

C.若否认片面共同正犯，则甲既构成故意伤害罪，又构成盗窃罪的帮助犯，择一重罪论处

D.若否认片面共同正犯，则甲既构成故意伤害罪，又构成盗窃罪的帮助犯，数罪并罚

解析："肯定说"允许甲以实行犯的身份参与共犯，即要对两个人的实行行为承担责任，甲、乙的实行行为是"暴力＋取财"，因此对甲应以抢劫罪（致人重伤）论处，对乙以盗窃罪论处。"否定说"允许甲以帮助犯的身份参与共犯，对乙形成片面帮助，可以

———
① 【答案】AC

构成盗窃罪的帮助犯，同时对自己的行为承担责任，即构成故意伤害罪。想象竞合，择一重罪论处。

（二）承继的共同犯罪

1. 种类。

承继的共同正犯	承继的帮助犯
前行为人已经实施一部分正犯行为，后行为人以共同实施的意思参与犯罪，并对结果的发生起重要作用的情形	前行为人实施一部分实行行为后，知道真相的后行为人以帮助的故意实施了帮助行为
例 甲以抢劫的故意对被害人实施暴力，压制了被害人的反抗，此时知道真相的乙与甲共同强取财物	**例** 甲为劫取财物杀死被害人，途经此处的乙知道真相后，拿着手电筒为甲提供照明，使甲更容易取得财物

2. 责任承担。

（1）后行为人对前行为人的犯罪（罪名）承担责任。

（2）后行为人对加入前，前行为人犯罪的加重结果不承担责任。

（3）前行为人对后行为人加入后引起的加重结果承担责任。

例 甲入室抢劫向被害人腹部猛踢一脚，被害人极力抓住甲，甲的朋友乙途经现场并被告知真相，乙也向被害人腹部猛踢一脚，二人取得财物后逃离现场，被害人因脾脏破裂而死亡，不能查明谁的行为导致脾脏破裂。

甲成立抢劫罪（致人死亡），因为不论是甲还是乙导致被害人死亡，甲都要承担致人死亡的责任。

对于乙有下列两种可能性：

第一，甲的行为导致被害人死亡，则乙对死亡结果不承担责任，仅成立普通抢劫罪。

第二，乙的行为导致被害人死亡，则乙对死亡结果承担责任，成立抢劫罪（致人死亡）。

由于无法查明究竟是哪种情况，因此需要作出对乙有利的推断，即乙成立普通抢劫罪，不对死亡结果承担责任。

【命题角度】 承继的共犯，承担刑事责任的范围。

例 甲为劫财将陶某打成重伤，陶某拼死反抗。张某路过，帮甲掏出陶某随身财物。甲和张某2人构成共犯，均须对陶某的重伤结果负责。（2012-2-10）

解析： 错误。张某属于承继的共犯，承继的共犯对前行为人（甲）的行为所造成的重伤结果并不承担责任，张某只需要承担普通抢劫罪的刑事责任。

第三节　共同犯罪的中止

共同犯罪中的部分共犯人退出或放弃犯罪的，可以成立犯罪中止。但除必须具备犯罪中止的一般要件外，还必须具备"有效性"即**有效阻止**共同犯罪结果发生或者**有效脱**

离共同犯罪（消除自己先前参与行为对共同犯罪的影响）。

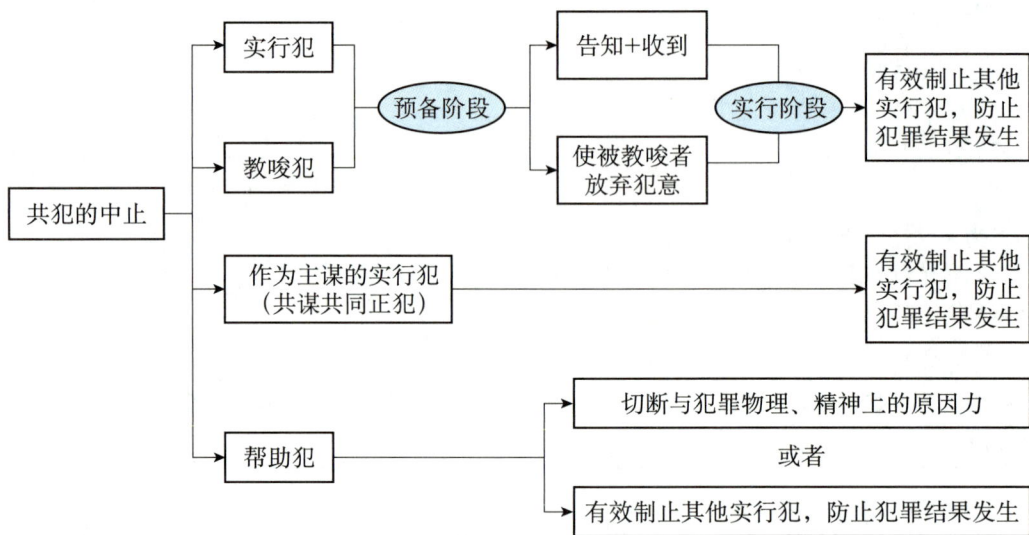

【小结】中止的有效性可以是<u>有效脱离</u>（消除影响），也可以是<u>有效制止</u>。

例1 乙想要盗窃汽车，甲将盗车所需的钥匙交给乙。但甲后来向乙表明放弃犯罪之意，让乙还回钥匙。乙对甲说，"你等几分钟，我用你的钥匙配制一把钥匙后再还给你"，甲要回了自己原来提供的钥匙。后乙利用自己配制的钥匙盗窃了汽车（价值5万元）。

解析：甲作为帮助犯，没有切断自己的帮助行为与盗窃结果之间物理上的原因力，不成立犯罪中止，成立犯罪既遂。

例2 乙想要盗窃汽车，甲将盗车所需的钥匙交给乙。但甲后来向乙表明放弃犯罪之意，让乙还回钥匙。乙只好还回钥匙，后乙利用其他方法盗窃了汽车（价值5万元）。

解析：甲作为帮助犯，在乙盗车前要回钥匙，切实切断了自己的帮助行为与盗窃结果之间物理上、精神上的原因力，成立犯罪中止。

例3 乙想要盗窃汽车，甲将盗车所需的钥匙交给乙。但甲后来向乙表明放弃犯罪之意，让乙还回钥匙。乙偷偷配了一把钥匙后，将钥匙还给甲，甲要回了自己原来提供的钥匙。后乙利用自己配制的钥匙盗窃了汽车（价值5万元）。

解析：甲作为帮助犯，没有切断自己的帮助行为与盗窃结果之间物理上的原因力，不成立犯罪中止，成立犯罪既遂。

例4 甲、乙二人在河边散步，偶遇朋友丙、丁前往抢劫作案现场，甲、乙受邀加入，后来丙提出参加人太多恐分赃太少，甲、乙自动提出退出。丙、丁抢劫完成，再回原地，驾驶摩托车带着甲、乙离开现场，甲、乙没有参与分赃。

解析：甲、乙作为实行犯，在预备阶段退出，只需要告知对方且对方收到即可，甲、乙成立犯罪中止，属于预备阶段的中止。

例5 元宝承诺给甲10万元让甲杀乙，并先付了5万元。在距离甲杀人还有3小时的时候，元宝后悔，打电话给甲让甲不要杀乙，甲在电话里说了一声"知道了"就挂断电话，3小时后，甲仍然杀了乙，并要元宝支付另外的5万元。

解析：元宝是教唆犯，既没有有效地阻止共同犯罪结果发生，也没有有效地消除自己先前的参与行为对共同犯罪的作用，不成立犯罪中止，成立故意杀人罪既遂。

例6 甲、乙共谋运输毒品，并且约定"如果被查，就开枪拒捕"。后二人在运输毒品时遇到警察抓捕，乙见此情景，当场举手投降，甲看到乙投降，仍决定开枪，打死一名警察。

解析：就拒捕行为而言，甲、乙都是实行犯。预备阶段，乙举手投降，属于实行犯在预备阶段自愿脱离共犯，因为实行犯在预备阶段只需要告知对方自己退出，且对方收到即可，乙"举手投降"就是向甲传达了退出的意思，甲也当场收到该意思，就可认为乙自愿脱离共犯，构成故意杀人罪预备阶段的中止。

第四节 共同犯罪人的量刑情节

一、主犯及其刑事责任

主犯，指组织、领导犯罪集团进行犯罪活动的或者在共同犯罪中起主要作用的犯罪分子。

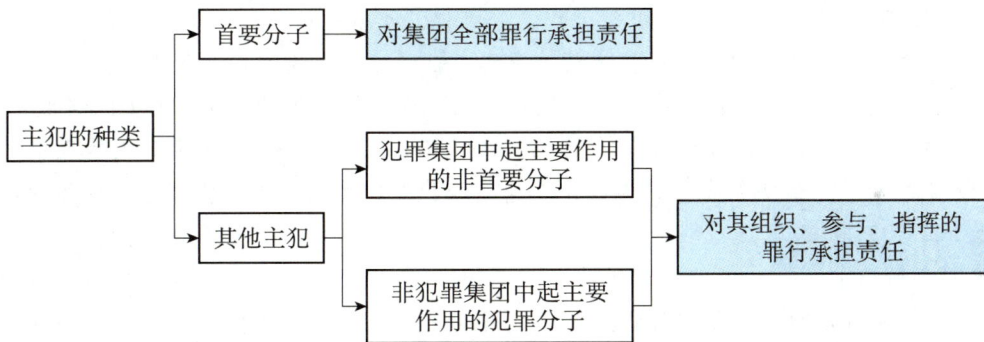

例如，孙某纠集李某等5人组成"天龙会"，自封"大天龙"。孙某要求李某等人"发挥主观能动性，为天龙会创收"。李某等人积极响应，在3个月内抢劫6次，杀死1人，重伤3人，劫得财物若干。上述罪行，有的孙某知道，有的不知道。孙某参加抢劫1次。孙某按照集团的全部罪行承担责任。

二、从犯及其刑事责任

从犯，指在共同犯罪中起次要或者辅助作用的犯罪分子。
1.次要作用：次要实行犯。
2.辅助作用：帮助犯。
对于从犯，应当从轻、减轻处罚或者免除处罚。

三、胁从犯及其刑事责任

胁从犯，指被胁迫参加犯罪的犯罪分子，即犯罪人是在他人的暴力强制或者精神威逼之下被迫参加犯罪的。犯罪人虽有一定程度选择的余地，但并非自愿。

排除胁从犯成立的情形：

1. 身体完全受强制。

例 歹徒将铁路工人甲捆绑起来，不允许其对轨道进行检修，由于甲未能履行职责，导致火车发生倾覆事故。甲身体完全受强制，不成立胁从犯。

2. 完全丧失意志自由。

例 抢劫犯持枪挟持出租车司机乙，令乙将其送往某银行进行抢劫。乙完全丧失意志自由，不成立抢劫罪的胁从犯。

3. 紧急避险。

例 飞机在航行过程中突遇歹徒劫持，机长丙为了避免机毁人亡，不得已将飞机开往歹徒指定地点。丙的行为属于紧急避险，不成立胁从犯。

对于胁从犯，应当按照他的犯罪情节减轻处罚或者免除处罚。

【命题角度】 不结合案情，单独判断一个命题的正误。

例 犯罪集团中的组织者、领导者，其他共同犯罪中的组织者、指挥者，均须对全部罪行负责。（2019年网络回忆版）

解析：错误。犯罪集团的组织者、领导者需要对集团的全部罪行承担责任；其他共同犯罪中的组织者、指挥者只需要对自己参与的或者组织、指挥的全部犯罪承担刑事责任。

【2019年网络回忆版】 关于共犯理论，下列说法正确的有（　　）。[1]

A. 虽然自杀不构成犯罪，但教唆精神病患者自杀应构成故意杀人罪的间接正犯

B. 在共同犯罪中，可能存在部分共犯人成立既遂，部分共犯人成立中止的情形

C. 共犯人中有人产生同一犯罪构成内的认识错误，可能会影响其他共犯人的犯罪形态

D. 犯罪集团中的组织者、领导者，其他共同犯罪中的组织者、指挥者，均须对全部罪行负责

【重点复盘】

1. 共同犯罪的认定：以"客观违法"为重心；以"正犯"为中心；以"因果性"为核心。

2. 正犯包括直接正犯、间接正犯、共同正犯（含共谋共同正犯）。

3. 共犯包括教唆犯与帮助犯。

4. 共同犯罪的特殊形式。

（1）片面的共同犯罪。

"肯定说"全面承认片面共犯（片面实行犯、片面帮助犯、片面教唆犯）。

"否定说"有限承认片面共犯（片面帮助犯）。

（2）承继的共同犯罪。

①后行为人对前行为人的犯罪（罪名）承担责任。

②后行为人对加入前前行为人犯罪的加重结果不承担责任。

③前行为人对后行为人加入后引起的加重结果承担责任。

---

[1] 【答案】ABC

第九章　罪数形态

第一节　一罪

```
        ┌── 实质的一罪 ── 一个行为 ──┬── 继续犯
        │                          ├── 想象竞合犯
        │                          └── 法条竞合犯
        │
一罪 ────┼── 法定的一罪 ── 两个以上行为 ── 结合犯
        │
        │                              ┌── 连续犯
        └── 处断的一罪 ── 两个以上行为 ──┼── 牵连犯
                                       └── 不可罚的事后行为
```

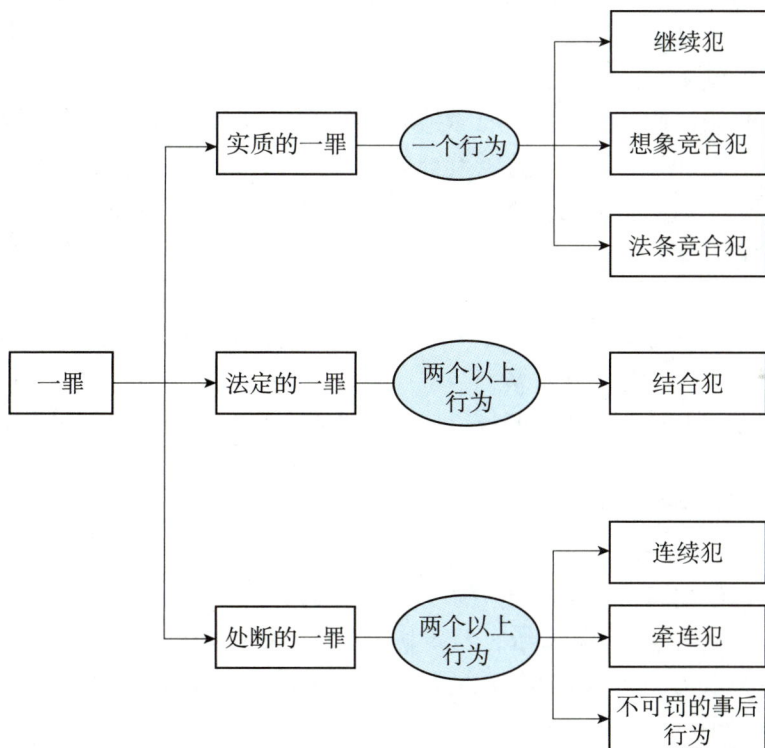

一、实质的一罪

（一）继续犯

1. 继续犯的概念。

继续犯，又称持续犯，是指作用于同一对象的一个犯罪行为从着手实行到实行终了，犯罪行为与不法状态在一定时间内同时处于继续状态的犯罪。最典型的是非法拘禁罪。

2.继续犯的特征。

（1）一个犯罪故意；

（2）侵犯同一法益；

（3）犯罪行为能够对法益形成持续、不间断的侵害；

（4）犯罪既遂后，犯罪行为及其所引起的不法状态同时持续。

例如，非法拘禁罪，行为人一旦着手实行拘禁行为，犯罪行为与（被害人）被非法剥夺自由的不法状态便同时、持续地存在。行为人将被害人非法拘禁之后，犯罪就既遂。如果行为人继续扣押被害人，不仅意味着（被害人）被非法剥夺自由的不法状态持续存在，而且意味着其非法拘禁被害人的行为本身也在继续。

3.继续犯的类型。

（1）持有型犯罪：如非法持有毒品罪，非法持有枪支、弹药、爆炸物罪，非法持有假币罪。

（2）不作为犯罪：如遗弃罪，拒不执行判决、裁定罪，战时拒绝、逃避兵役罪等。

（3）侵犯人身自由的犯罪：如绑架罪，拐卖妇女、儿童罪，非法拘禁罪。

4.继续犯的意义。

（1）追诉期限的起算时间推后，不是从犯罪成立之日起计算，而是从犯罪行为终了之日起计算。一般犯罪，不法状态持续到何时与追诉时效无关，例如盗窃罪，行为人持有赃物5年以后，对其行为的追诉时效仍自犯罪成立之日起算。而继续犯则不同，根据《刑法》第89条规定，犯罪行为有连续或者继续状态的，追诉期限从犯罪行为终了之日起计算。

例如，行为人自2006年12月1日非法拘禁他人，到2007年5月1日释放受害人，则追诉期限自受害人获释之日起算。

（2）正当防卫时机。在犯罪既遂以后，如果犯罪行为继续存在，属于正在进行的不法侵害，允许进行正当防卫。

例如，甲绑架乙，犯罪既遂，但在犯罪既遂之后继续扣押人质期间，人质对甲可实行正当防卫。

（3）犯罪继续期间，其他人加入的可以成立共犯。

例如，甲非法拘禁他人数日后，乙参与进来帮助实施看守行为。

（4）新法溯及力的问题。继续犯的行为持续时间跨越新旧刑法时，应当全案适用新法，依然成立一罪。

5.继续犯的处断原则。

刑法分则对于继续犯设置了专门法条，规定了具体罪名，确定了相应法定刑，对于继续犯应当依据刑法分则的规定论处，不实行数罪并罚。犯罪行为和不法状态持续时间的长短，可以在量刑的时候加以考虑。

（二）想象竞合犯

1.想象竞合犯的概念。

想象竞合犯，指行为人实施一个犯罪行为同时触犯数个罪名的情况。

例如，甲偷盗机场的照明灯，一个偷盗行为同时触犯盗窃罪和破坏交通设施罪。

由于想象竞合犯只有一个行为，从重视行为在确认罪数方面的地位的观点看，以"一行为"而犯数罪，不是实际的数罪，而是观念上的数罪或者想象的数罪，所以想象竞合犯又称观念竞合犯或想象数罪，含有貌似数罪实为一罪的意味。

2.想象竞合犯的特征。

（1）行为人只实施了一个犯罪行为。

（2）行为人同时触犯了数个罪名。

例1 甲想谋杀在博物馆工作的元宝，一天夜里潜入博物馆，开枪向元宝射击，将元宝打死，同时打坏元宝身后的珍贵文物。甲的一个行为，同时触犯故意杀人罪和故意（过失）损毁文物罪。

例2 乙盗窃电力设备，导致电力设备被破坏，因而危害公共安全。乙的一个行为，同时触犯盗窃罪和破坏电力设备罪。

例3 元宝患有一罕见疾病，发病时必须服用一种从国外进口的价格昂贵的药物才能活命。与元宝有仇的丙对此知情。某日，丙在元宝发病时将元宝的药盗走，元宝由于没有服用药物而死亡。丙同时触犯故意杀人罪和盗窃罪。

3.想象竞合犯的处断原则。

想象竞合犯是实际上的一罪，对其采取"从一重罪处罚"的原则。也就是在犯罪人同时触犯的数个罪名中，选择最重的一罪处罚。

4.想象竞合犯与结果加重犯的区别。

	想象竞合犯	结果加重犯
相同点	一个行为	
不同点	无法定性（自然意义）	法定性
	另一结果的出现带有很大的偶然性	另一结果（重结果）是基本行为高度危险的现实化

（三）法条竞合犯

1.概念。

法条竞合是指一个行为，同时符合了数个法条规定的犯罪构成。从数个法条之间的逻辑关系看，只能适用其中一个法条，当然排除其他法条适用的情况。

2.法条竞合的类型。

【类型1】甲罪是乙罪的特别法，例如：

①集资诈骗罪与非法吸收公众存款罪

②贷款诈骗罪与骗取贷款罪

③故意杀人罪与故意伤害罪

④拐卖儿童罪与拐骗儿童罪

⑤强奸罪与强制猥亵侮辱罪

⑥结婚型的破坏军婚罪与重婚罪

⑦ 绑架罪与非法拘禁罪

⑧ 袭警罪与妨害公务罪

【类型 2】 一个罪名的加重构成要件是基本构成要件的特别法。

① "抢劫致人重伤、死亡""入户抢劫""持枪抢劫"相对于普通抢劫，属于特别法条。

② "二人以上轮奸""在公共场所当众强奸妇女"相对于普通强奸，属于特别法条。

③ "将妇女卖往境外"相对于普通拐卖妇女，属于特别法条。

3. 法条竞合的条件。

法条竞合是指法条之间具有竞合关系，而不是犯罪的竞合。当两个法条之间具有包容关系（特别法与一般法）时，才能认定为法条竞合关系。包容关系必须同时符合下列两个条件：

（1）逻辑的包容性

不需要借助具体案件事实的连接，而是通过对于构成要件的解释就可以发现一个犯罪包容的另一个犯罪的全部内容时，就可以肯定包容关系。

例如，滥用职权罪（第 397 条）与私放在押人员罪（第 400 条），私放在押人员是一种特殊的滥用职权行为。不管私放在押人员的行为表现为何种形态，都不影响两个法条之间的包容关系。

（2）法益的同一性

犯罪的本质是侵害法益，即当两个法条的保护法益同一，只适用特别法法条可能充分、全面评价行为的不法内容时，才能形成法条竞合关系，才可以排除其他法条适用。

例如，故意杀人罪与故意伤害罪；强奸罪与强制猥亵罪；绑架罪与非法拘禁罪；袭警罪与妨害公务罪；"二人以上轮奸"与普通强奸法益保护具有同一性，因此属于法条竞合。

但是生产、销售伪劣产品罪与诈骗罪的保护法益分别为<u>经济秩序</u>与<u>财产</u>；使用假币罪与诈骗罪的保护法益分别为<u>货币的公共信用</u>与<u>财产</u>；交通肇事罪与过失致人死亡罪的保护法益分别为<u>公共安全</u>与<u>人的生命</u>；招摇撞骗罪与诈骗罪的保护法益分别为<u>国家机关的公共信赖</u>与<u>财产</u>；盗伐林木罪与盗窃罪的保护法益分别为<u>森林资源</u>与<u>财产</u>。它们之间都不可能成为法条竞合的特别关系，而应认定为想象竞合。[①]

4. 法条竞合犯的处理原则：特别法优于一般法。

【命题角度 1】 近两年反复考察，一个罪名的加重构成要件是基本构成要件的特别法。

例 1 "二人以上轮奸"只是强奸罪的法定刑升格条件，与强奸罪的关系不是特别法条与一般法条的关系。（2019）

解析： 错误。"二人以上轮奸"是强奸罪法定刑升格条件，在满足强奸罪的基本构成要件的基础上，又具有二人以上连续进行的特别之处，属于加重构成要件。相对于普通强奸而言，"二人以上轮奸"并不成立新罪，但仍然属于特别法条。[②]

例 2 抢劫致人死亡和抢劫罪的基本犯不可能是法条竞合。（2022）

解析： 错误。抢劫致人死亡和抢劫罪的基本犯之间具有逻辑的包容性和法益的同一

---

① 参见张明楷《刑法学》（第 6 版），第 628 页

② 参见张明楷《刑法学》（第 6 版），第 625 页

性，属于法条竞合。

【拓展】法条之间可能存在的关系①

对立关系	属于 A 罪的情形不可能也构成 B 罪 例如，盗窃与诈骗	一行为针对同一具体对象不可能同时触犯两个法条 【无竞合】
交叉关系 （如下图）	属于 A 罪的情形中有一部分属于 B 罪 属于 B 罪的情形中有一部分属于 A 罪 例如，虐待罪与虐待被监护、看护人罪；再如招摇撞骗罪与诈骗罪	【想象竞合】
独立关系	两个法条不存在对立、交叉、包容关系，但一个行为可能同时触犯两个法条 例如，故意杀人罪与盗窃罪	
包容关系 法益同一	属于 A 项的所有情形都属于 B 项，但反之则不成立 例如，故意杀人罪与故意伤害罪；二人以上轮奸与普通强奸	【法条竞合】

虐待罪 ← 虐待保姆 / 虐待父母子女 / 虐待养老院老人孤儿院孤儿医院病患 → 虐待被监护、看护人罪

招摇撞骗罪 ← 冒充国家机关工作人员骗取其他利益 / 冒充国家机关工作人员骗取财产 / 以其他方式骗取财产 → 诈骗罪

【命题角度 2】通过法条之间的关系，判断两个法条属于什么竞合？

例 1 即使认为盗窃与诈骗是对立关系，一行为针对同一具体对象（同一具体结果）也完全可能同时触犯盗窃罪与诈骗罪。（2016 年）

解析：错误。两个罪名如果是对立关系，针对一个行为对象或者法益的侵害结果，不可能同时触犯两个罪名。

例 2 贷款诈骗罪必然涉及骗取贷款罪，但骗取贷款罪不必然涉及贷款诈骗罪。因此，贷款诈骗罪与骗取贷款罪不是法条竞合。（2022 年）

解析：错误。"贷款诈骗罪必然涉及骗取贷款罪，但骗取贷款罪不必然涉及贷款诈骗罪"，说明两个法条是包容关系，具有包容关系的两个法条当然是法条竞合。

例 3 即使认为故意杀人与故意伤害是对立关系，故意杀人罪与故意伤害罪也存在法条竞合关系。（2015 年）

解析：错误。法条竞合关系不可能同时出现在两个对立的法条之间，只可能出现在

---

① 参见张明楷《刑法学》，第 6 版，第 623 页

两个具有包容关系的法条中。（故意杀人与故意伤害实际上是什么关系并不重要。）

二、法定的一罪（结合犯）

（一）结合犯的概念

结合犯，指两个以上各自独立成罪的犯罪行为，根据刑法的明文规定，结合成另一独立的新罪的犯罪形态。

（二）结合犯的特征

1. 结合犯中的犯罪行为，是数个可以分别构成其他犯罪的行为结合而来的。

2. 结合的公式：甲罪 + 乙罪 = 甲罪。

例 1 拐卖妇女的过程中，强奸被拐卖的妇女的，成立拐卖妇女罪一罪。（拐卖妇女罪 + 强奸罪 = 拐卖妇女罪）

例 2 拐卖妇女的过程中，强迫被拐卖的妇女卖淫或者将被拐卖的妇女卖给他人迫使其卖淫的，成立拐卖妇女罪一罪。（拐卖妇女罪 + 强迫卖淫罪 = 拐卖妇女罪）

例 3 绑架过程中杀害被绑架人的，成立绑架罪一罪（绑架罪 + 故意杀人罪 = 绑架罪）；故意伤害被绑架人，致其重伤、死亡的，成立绑架罪一罪。[绑架罪 + 故意伤害罪（致人重伤、死亡）= 绑架罪]

例 4 组织、运送他人偷越国（边）境的过程中，以暴力、威胁方法抗拒检查的，定组织、运送偷越国（边）境罪一罪。[组织、运送偷越国（边）境罪 + 妨害公务罪或袭警罪 = 组织、运送偷越国（边）境罪]

例 5 走私、贩卖、运输、制造毒品的过程中，以暴力、威胁方法抗拒检查的，定走私、贩卖、运输、制造毒品罪一罪。（走私、贩卖、运输、制造毒品罪 + 妨害公务罪或袭警罪 = 走私、贩卖、运输、制造毒品罪）

3. 数个独立的犯罪结合成为一个新罪，是根据刑法的明文规定。

（三）结合犯的处断原则

结合犯是法定的一罪，不实行数罪并罚。

【**小结**】结合犯与结果加重犯的界分。

	结合犯	结果加重犯
相同点	法定性	
不同点	两个以上行为	一个行为
倘若取消法律的规定	数罪并罚	想象竞合犯

三、处断的一罪

处断的一罪，指数行为犯数罪按一罪定罪处罚的情况。数罪并罚是一般规则，但是对有些数罪予以并罚会不近情理，所以例外情况下不实行数罪并罚。主要有连续犯、牵连犯、吸收犯。

（一）连续犯

1. 连续犯的概念。

连续犯，指行为人基于同一或者概括的犯罪故意，连续多次实施犯罪行为，触犯相同罪名的犯罪形态。

2. 连续犯的特征。

（1）实施数个犯罪行为。

（2）数个犯罪行为具有连续性。

（3）数个犯罪行为出于同一或概括的故意。

①同一的故意，指行为人主观上具有数次实施同一犯罪的故意；

②概括的故意，指行为人主观上具备只要有条件就实施特定犯罪的故意。

（4）数个犯罪行为触犯相同罪名。

例1 甲基于行凶报复的意思，到乙家一连杀死乙家5口人。甲属于连续犯。

例2 甲基于盗窃的意思，一夜连续撬窃13户人家。甲属于连续犯。

3. 连续犯的意义。

（1）追诉期限起算。犯罪行为有连续状态的，追诉期限从行为终了之日计算。

（2）在刑法的溯及力方面，根据司法解释，犯罪行为由刑法生效前连续到刑法生效后，如果新旧刑法都认为是犯罪的，即使现行刑法规定的处罚较重也适用现行刑法，但是在量刑时可以适当从宽处罚。

4. 连续犯的处断原则。

连续犯实际上是以数行为犯同种数罪。鉴于连续犯只有一个概括或同一的犯罪故意，实施的数行为又具有连续性，在我国一般按一罪处罚。

（二）牵连犯

1. 牵连犯的概念。

牵连犯，指实施某个犯罪，该犯罪的手段行为或结果行为又触犯其他罪的情况。

2. 牵连犯的特征。

（1）有一个最终的犯罪目的。

（2）有两个以上的犯罪行为。

（3）触犯了两个以上不同的罪名。

（4）所触犯的两个以上罪名之间有牵连关系，即方法与目的或原因与结果的关系。

例1 为了实施招摇撞骗罪，伪造国家机关工作人员的证明文件，则会触犯伪造国家机关公文罪，两罪之间具有方法与目的的牵连关系。

例2 非法制造毒品后，再持有该毒品，即属于原因与结果的牵连。

注意 这里的"牵连关系"要具有类型化的特点，即实施A目的行为通常采取B方法行为，或者实施C原因行为，通常会引起D结果行为。如果行为之间不具有类型化的关联，只是在某个案件中偶尔出现原因与结果或者方法与目的的关联，则不成立牵连犯。

例　为驾车冲撞人群（以危险方法危害公共安全罪），采用了抢劫出租车的方法，虽然在具体案件中可有方法和目的的牵连，但这种牵连不具有通常性和稳定性，因此不属于牵连犯，而应当数罪并罚。

【命题角度】不具有类型化的牵连关系的数个行为，应当数罪并罚。

例　丙先后三次侵入军人家中盗窃军人制服，后身穿军人制服招摇撞骗。对丙应按牵连犯从一重罪处罚。

解析：错误。通常情况下，行为人为了招摇撞骗，不会侵入军人家中盗窃制服，丙前后两个行为不具备类型化的关联，应当数罪并罚。

3. 牵连犯的处断原则。

择一重罪处罚。牵连犯实际上是数行为犯数罪，但鉴于数行为间存在上述牵连关系，数罪并罚显得过重，所以一般按择一重罪处罚的原则处理，但是刑法明确规定数罪并罚的，则并罚。

例如，为了实施保险诈骗行为而故意造成财产损失的保险事故或者故意造成被保险人死亡、伤残或者疾病，虽然故意伤害、故意杀人是方法，保险诈骗是目的，两者之间具有方法与目的的牵连关系，但是《刑法》第198条明确规定，应当以故意伤害罪、故意杀人罪与保险诈骗罪数罪并罚。

（三）不可罚的事后行为

在某个犯罪既遂后，又实施了另一个行为，但是不处罚事后行为。不处罚事后行为的原因主要有：

1. 事后行为没有侵犯新的法益。

例如，将盗窃的财物予以毁坏的行为，虽然侵害了他人对财物的所有权，但盗窃罪的保护法益本身就包括所有权，所以，可以将事后行为概括评价在盗窃罪中，不另行认定为故意毁坏财物罪。

2. 事后行为侵犯了法益但缺乏期待可能性。

例1　盗窃犯将赃物出卖给对方时说明真相的，虽然侵犯了新的法益（妨碍了司法），但由于缺乏期待可能性，销赃行为不另行认定为掩饰、隐瞒犯罪所得罪。

例2　犯罪人毁灭、伪造自己的犯罪证据，虽然侵犯了新的法益（妨碍了司法），但由于缺乏期待可能性，不另行认定为帮助毁灭、伪造证据罪。

🔍 注意　如果事后行为侵犯了新的法益，且不缺乏期待可能性，则应认定为数罪。

例1　将盗窃的仿真品（价值数额较大）冒充文物出卖给他人骗取财物的，应将盗窃罪与诈骗罪实行并罚。

例2　盗窃他人生产的伪劣产品后又销售，销售金额达到法定数量的，应当将盗窃罪与销售伪劣产品罪实行数罪并罚。

例3　国有企业收受贿赂（如回扣款）归企业所有后，对此直接负责的主管人员又利用职务上的便利贪污回扣款的，也应当实行数罪并罚。

【命题角度】先判断行为的个数，再判断以一罪论处还是数罪并罚。

例1　乙走私毒品，又走私假币构成犯罪的，以走私毒品罪和走私假币罪实行数罪

并罚。（2016-2-54）

解析： 正确。乙实施了两个行为，侵犯了两个法益，在法律没有特殊规定的情况下，应当数罪并罚。

例2 丁明知黄某在网上开设赌场，仍为其提供互联网接入服务。丁触犯开设赌场罪与帮助信息网络犯罪活动罪，构成想象竞合犯。（2016-2-54）

解析： 正确。丁的一个行为，既构成帮助信息网络犯罪活动罪，又构成开设赌场罪的帮助犯，想象竞合，从一重处罚。

第二节　数罪

一、异种数罪

没有形成连续关系、牵连关系、吸收关系的异种数罪均属于并罚的数罪。

二、同种数罪

（一）原则：数罪并罚

我国司法习惯上仅对异种数罪实行数罪并罚，而对一并审理的同种数罪不实行数罪并罚。但是，根据命题人观点，一人犯同种数罪，原则上应当并罚，尤其是在下列情形下，应当数罪并罚：

1. 犯罪虽有两个以上幅度的法定刑，但不可能将同种数罪作为法定刑升格的情节时，对同种数罪以一罪论处，不符合罪责刑相适应原则的要求，应当实行并罚。

例如，故意伤害罪虽然有3个幅度的法定刑，但不可能将同种数罪作为法定刑升格的情节。即使行为人3次造成3人轻伤且情节严重，也不可能按照"致人重伤"的法定刑处罚，仅以一罪论处就只能处3年以下有期徒刑、拘役或者管制。这样的处罚明显过轻，应当数罪并罚。

2. 当一个罪名包含了两种不同类型的行为，行为人实施了该罪名下的两种不同类型的行为时，应当实行数罪并罚。

例如，甲在一年内，第一次以暴力方法阻碍国家机关工作人员履行职责；第二次阻碍国家安全机关依法执行国家安全工作任务，造成严重后果。两次行为虽然都是妨害公务罪，但是应当数罪并罚。

3. 行为人个人实施某种犯罪，同时作为单位犯罪的直接负责的主管人员或者其他直接责任人员承担刑事责任时，应实行数罪并罚。

例如，甲个人实施了走私犯罪，构成自然人的走私犯罪，甲同时也是单位走私犯罪的直接责任人员，对甲应当实行数罪并罚。

4. 相隔时间长的同种数罪，应当实行并罚。

例如，被告人前后两次实施普通强奸行为，相隔10年，应当数罪并罚。

（二）例外：不实行数罪并罚

1. 刑法分则条文所规定的法定刑升格条件包含了多次犯罪时，不应当并罚。

例如，《刑法》第 236 条将强奸妇女、奸淫幼女多人作为法定刑升格的情节，行为人强奸妇女多人，直接以强奸罪一罪，法定刑升格论处即可；第 263 条将多次抢劫作为法定刑升格的情节，行为人两年内三次抢劫，不需要数罪并罚，直接以"多次抢劫"升级法定刑即可。

2. 刑法分则条文将数额（或数量）较大作为犯罪起点，并针对数额（数量）巨大、数额（数量）特别巨大的情形规定了加重法定刑时，不应当并罚。

例如，对于多次诈骗、多次走私、多次逃税、多次贪污、多次受贿等情形，不管刑法分则条文是否明文规定"累计"犯罪数额，都应当累计犯罪数额，以一罪论处，不实行并罚。

【2019 年网络回忆版】关于罪数的处理，下列说法正确的有（　　　）。[①]

A. "二人以上轮奸"只是强奸罪的法定刑升格条件，与强奸罪的关系不是特别法条与一般法条的关系

B. 甲发现自己盗窃的是一件仿真品（价值 4 000 元），冒充真品以 2 万元卖给他人。甲的变卖行为是不可罚的事后行为

C. 钱某分别实施了一次入户抢劫，一次持枪抢劫。钱某分别触犯了抢劫罪的加重犯，应数罪并罚

D. 周某抢劫了陈某的财物后，担心暴露，杀害了陈某。周某构成抢劫罪致人死亡和故意杀人罪的想象竞合

【重点复盘】

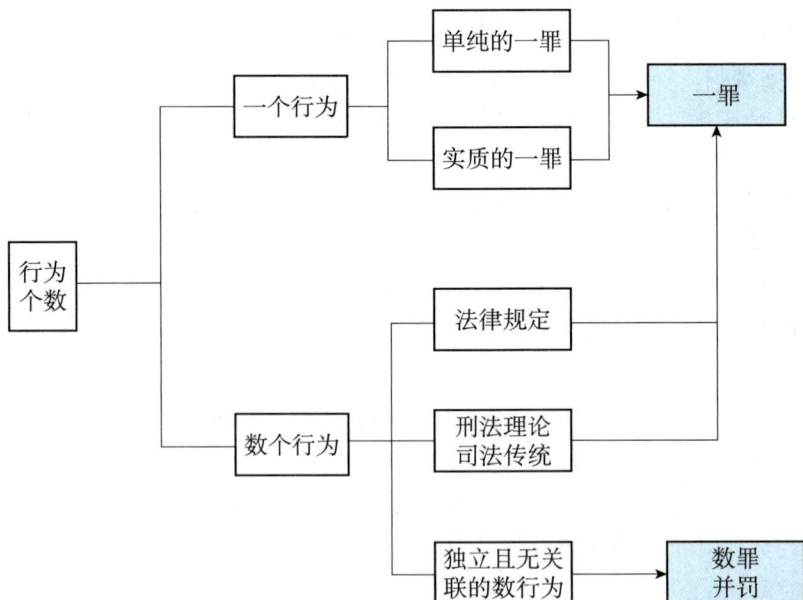

第三编　刑罚论

静态（刑罚的种类）		动态（刑罚的适用）	
主刑	附加刑	量刑	行刑
管制；拘役； 有期徒刑；无期徒刑； 死刑	罚金；没收财产； 剥夺政治权利； 驱逐出境	累犯； 自首、立功、坦白； 数罪并罚；缓刑	减刑；假释

第十章 刑罚种类

第一节 主刑

一、管制（限制自由刑）

1. 概念：对罪犯不予关押，但限制人身自由，并进行社区矫正的刑罚方法。

2. 期限：3个月以上2年以下；数罪并罚不得超过3年。【3-2-3】

3. 起算：从判决执行之日起计算。

4. 执行。

（1）执行方式：社区矫正（司法行政机关—司法局）。

（2）执行期间应当遵守的规定：①遵守法律、行政法规，服从监督；②未经执行机关批准，不得行使言论、出版、集会、结社、游行、示威的权利；③按照执行机关规定报告自己的活动情况；④遵守执行机关关于会客的规定；⑤离开所居住的市、县或者迁居，应当报经执行机关批准；⑥必要时可以禁止从事特定活动，进入特定区域、场所，接触特定的人。

禁止令：禁止犯罪分子在执行期间从事特定活动，进入特定区域、场所，接触特定的人。

1. 特点。

（1）"可有可无"：判处管制或者宣告缓刑的罪犯，"可以"适用禁止令，但不是"必须"。

（2）"因人而异"：禁止令的内容，根据案件的具体性质决定。

（3）"不得强人所难"：不得造成被适用者重大生存利益的剥夺。

2. 期限。

（1）原则：等于或者短于管制（缓刑）期限。

（2）例外：①判处管制，禁止令不少于3个月（由于折抵刑期而使得管制执行刑期少于3个月的，不受此限制）；②宣告缓刑，禁止令不少于2个月。

（3）起算：管制（缓刑）执行之日。

二、拘役（剥夺人身自由）

1. 概念：短期剥夺罪犯人身自由，就近实行劳动改造的刑罚方法。

2. 期限：1—6 个月；数罪并罚不得超过 1 年。【1-6-1】

3. 起算：从判决执行之日。

4. 执行：公安机关就近执行（拘役所或看守所）；每月可回家 1—2 天；参加劳动，发放酌量报酬。

三、有期徒刑

1. 期限：6 个月—15 年（数罪并罚时总和刑期小于 35 年的，数罪并罚不得超过 20 年；总和刑期大于或等于 35 年的，数罪并罚不得超过 25 年）。

2. 起算：从判决执行之日。

3. 执行。

①执行场所：原则上在监狱执行；剩余刑期少于 3 个月的，在看守所执行。

②执行内容：凡有劳动能力的，都应当参加劳动，接受教育和改造。

四、无期徒刑

1. 概念。无期徒刑是剥夺犯罪分子的终身自由，强制其参加劳动并接受教育改造的刑罚方法。它是仅次于死刑的一种严厉的刑罚。

2. 特征。

（1）没有刑期限制，罪犯终身被剥夺自由。

（2）被判处无期徒刑的罪犯在判决执行以前的羁押时间不存在折抵刑期的问题。

【小结】关于折抵刑期。

	管制	拘役	有期徒刑	无期徒刑
判决宣告前先行羁押	1 日	1 日	1 日	不折抵
折抵刑期	2 日	1 日	1 日	

（3）对被判处无期徒刑的犯罪分子，必须剥夺政治权利终身。

3. 执行。被判处无期徒刑的罪犯，除了无劳动能力的以外，都要在监狱或其他执行场所中参加劳动，接受教育和改造。

五、死刑（中国刑法关于适用死刑的规定）

1. 限制死刑适用条件：死刑只适用于罪行极其严重的犯罪分子。

2. 限制死刑适用对象。

```
                  ┌─── 犯罪时不满18周岁 ──────────── "生日"当天视为不满
                  │
                  │                                ┌── "审判时"扩大解释为
                  │                                │   整个羁押期间（执行前）
                  │                                │
  三类人不适用死刑 ─┼─── 审判时怀孕的妇女 ──────────┼── "怀孕"解释为
                  │                                │   包括在羁押期间流产、分娩
                  │                                │
                  │                                └── 流产后又因同一事实交付
                  │                                    起诉、审判，视为"审判
                  │                                    时怀孕的妇女"
                  │
                  │                                ┌── "审判时"扩大解释为整个
                  │                                │   羁押期间
                  └─── 审判时已满75周岁的老人 ──────┤
                                                   └── 以特别残忍手段致人死亡
                                                       的除外（特别残忍不等于
                                                       特别恶劣）
```

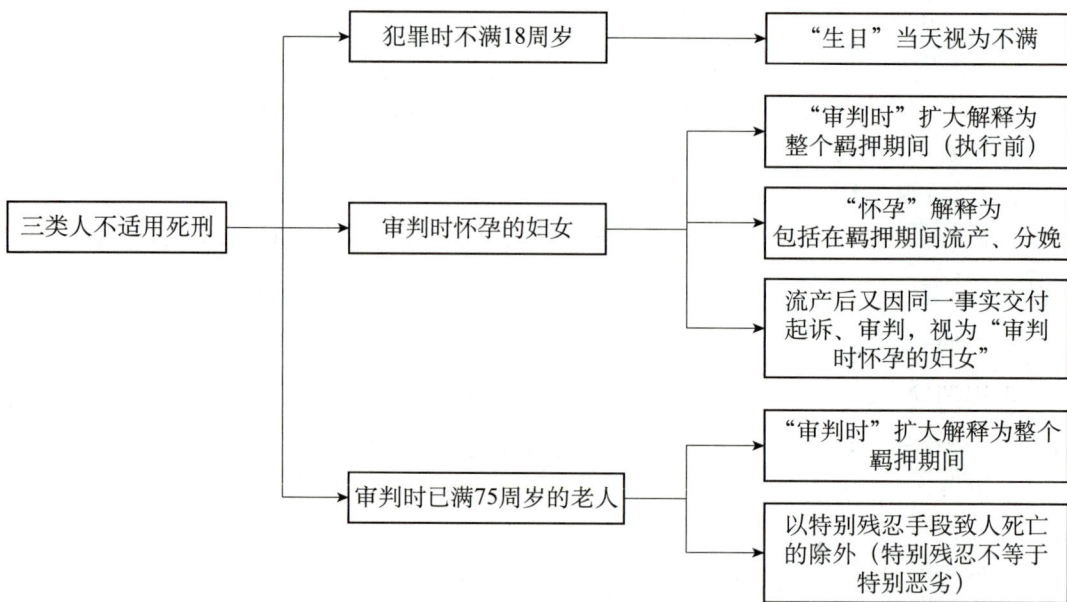

3. 限制死刑适用程序。判处死刑立即执行的，除依法由最高人民法院判决的以外，应当报请最高人民法院核准；判处死刑缓期二年执行的，可以由高级人民法院核准。

4. 限制死刑执行制度。对于应当判处死刑的犯罪分子，如果不是必须立即执行的，可以判处死刑同时宣告缓期二年执行。

死刑缓期二年执行，是执行死刑的一种制度，指对应当判处死刑，但又不是必须立即执行的犯罪分子，在判处死刑的同时宣告缓刑二年执行，实行劳动改造，以观后效。

【命题角度】主要围绕禁止令与死刑。

例1 丙因在公共厕所猥亵儿童被判处缓刑，法院可同时宣告禁止其进入公共厕所。（2012-2-56）

解析：错误。禁止令不能强人所难，不得剥夺一个人基本的生存权利。

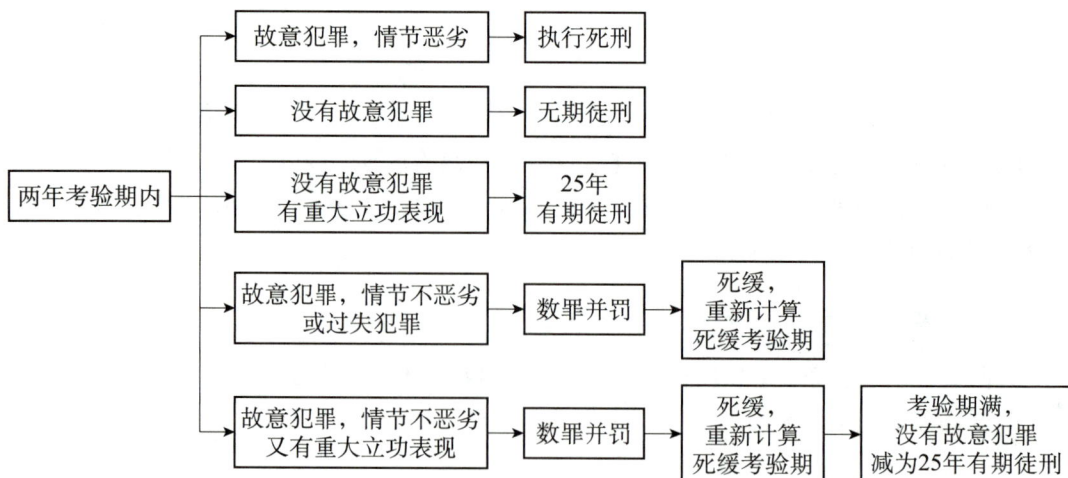

```
                  ┌─── 故意犯罪，情节恶劣 ─── 执行死刑
                  │
                  ├─── 没有故意犯罪 ──────── 无期徒刑
                  │
                  │    没有故意犯罪           25年
                  ├─── 有重大立功表现 ─────── 有期徒刑
  两年考验期内 ────┤
                  │    故意犯罪，情节不恶劣              死缓，
                  ├─── 或过失犯罪 ───── 数罪并罚 ── 重新计算
                  │                                死缓考验期
                  │
                  │    故意犯罪，情节不恶劣              死缓，            考验期满，
                  └─── 又有重大立功表现 ── 数罪并罚 ── 重新计算 ── 没有故意犯罪
                                                    死缓考验期      减为25年有期徒刑
```

例2 甲女因抢劫杀人被逮捕，羁押期间不慎摔伤流产。一月后，甲被提起公诉。（2010-2-9）

解析： 对甲应当视为"审判时怀孕的妇女"，不适用死刑。

第二节 附加刑

一、罚金

（一）缴纳方式

1. 限期一次缴纳。

2. 限期分期缴纳。

3. 强制缴纳：期满不缴纳，强制缴纳。

4. 随时缴纳：不能全部缴纳罚金的，人民法院在任何时候发现被执行人有可以执行的财产，应当随时追缴。

5. 延期缴纳、酌情减少或者免除：由于遭遇不能抗拒的灾祸等原因缴纳确实有困难经人民法院裁定，可以延期缴纳、酌情减少或者免除。

（二）先"民"后"刑"

民事责任与刑事责任竞合时，民事优先。

二、没收财产【只能附加适用】

（一）没收范围

1.【人道主义】保留必需的生活费用（本人及其扶养的家属）。

2.【罪责自负】家属财产不得没收。

（二）以没收财产偿还债务

1. 判决生效以前犯罪分子所负的正当债务。

2. 需要以没收的财产偿还的。

3. 经债权人请求。

🔍 **注意** 财产刑的并罚。

①罚金刑的并罚：并科。

②没收财产的并罚：没收部分财产＋没收部分财产＝并科；没收部分财产＋没收全部财产＝吸收。

③罚金刑与没收财产并罚：分别执行，先执行罚金再执行没收财产。

（三）罚金与没收财产的区别

	罚金	没收财产
内容	金钱（现实或者将来）	现有财产
	不受判决时犯罪人个人合法财产数额的限制	受判决时犯罪人个人合法财产数额的限制
执行方式	一次或分期或减免	一次性没收
并罚	分别执行：先执行罚金刑，再执行没收财产	

三、剥夺政治权利

（一）剥夺的权利内容

1.选举权、被选举权（含村委会）。

2.言论、出版、集会、结社、游行、示威自由的权利。

3.担任国家机关职务的权利。

4.担任国有公司、企业、事业单位和人民团体领导职务的权利。

（二）适用对象

"应当"剥夺：①实施危害国家安全类犯罪的犯罪分子；②被判处死刑、无期徒刑的犯罪分子。

（三）期限

1.死刑、无期徒刑：终身。

2.有期徒刑、拘役、独立适用：1—5 年。

3.死缓减为有期徒刑或者无期徒刑减为有期徒刑：3 —10 年。

4.管制：与管制同期。

（四）起算

1.独立适用：判决执行之日。

2.附加于死刑、无期徒刑：主刑执行之日。

3.附加于有期徒刑、拘役：主刑执行完毕之日（剥夺政治权利的效力及于主刑执行期间）。

4.死缓减为有期徒刑，无期徒刑减为有期徒刑：减刑后的有期徒刑执行完毕之日（剥夺政治权利的效力及于主刑执行期间）。

5.管制：同时起算、同时执行。

6.假释：假释之日。

四、驱逐出境

强迫犯罪的外国人离开中国国（边）境的刑罚方法。

1. 独立适用：从判决确定之日执行。

2. 附加适用：主刑执行完毕之日起执行。

🔍 **注意**　刑期的起算。

刑种	缓刑；死缓；独立适用驱逐出境	其余全部主刑；附加刑	禁止令
起算日	判决确定之日	判决执行之日	管制、缓刑执行之日

（1）**判决确定**之日：判决生效之日。

（2）**判决执行**之日：法院签发执行通知之日。

判决确定与判决执行之间，存在法院将生效判决交付执行机关（如监狱、公安机关）的间隔。

【命题角度】关于附加刑近十年来只考过没收财产。

例　甲受贿 100 万元，巨额财产来源不明 200 万元，被判处死刑并处没收财产。甲被没收财产的总额至少应为 300 万元。（2010–2–56）

解析：错误。甲两罪的涉案金额 300 万元应依法收缴，这是对于违法所得的收缴。而没收财产的数额取决于甲的合法财产数额，如果甲的全部合法财产不到 300 万元，那么甲被没收财产的总额必然少于 300 万元。

第三节　从业禁止与犯罪物品的处理

一、从业禁止

从业禁止，是指因利用职业便利实施犯罪，或者实施违背职业要求的特定义务的犯罪被判处刑罚的，人民法院可以根据犯罪情况和预防再犯罪的需要，禁止其自刑罚执行完毕之日或者假释之日起从事相关职业，期限为 3 年至 5 年。

1. "利用职业便利"：包括利用职务便利，有"职业"不等于有"职务"，"职业"的范畴大于"职务"，因此，利用职务便利一定是利用了职业便利，但利用职业便利则未必利用职务便利。

2. 起算日期：从刑罚执行完毕之日或者假释之日起开始计算。这里的"刑罚"是指主刑，不包括附加剥夺政治权利，即不是从剥夺政治权利执行完毕之日起开始从业禁止。

二、犯罪物品的处理

（一）违法所得的一切财物，应当予以追缴或者责令退赔

1. "违法所得"包括：

（1）违法所得的财物本身，如因受贿收受的贿赂，受雇杀人所得的酬金。

（2）违法所得财物产生的收益，如将收受的贿赂用于放贷所得利息、用于炒股所得的收益。

（3）违法所得及其收益，应扣除成本，是纯的所得收益。

🔍 **注意** 因犯罪而损失的财物不属于"违法所得";共同犯罪的违法所得,为各个共同犯罪人所得之和,不必重复计算。

2."追缴":尚存的违法所得的财物,进行追缴。追缴后,属于被害人的,返还被害人,其余上缴国库。

3."责令退赔":违法所得的财物已被毁坏、挥霍,无法追回的,责令退赔。

(二)没收违禁品

"违禁品":包括毒品、枪支、弹药、假币、淫秽物品等禁止个人持有的物品。

(三)没收供犯罪所用的本人财物

不仅包括一般所称的犯罪工具,而且包括组成犯罪行为之物。前者如杀人用的刀具、走私集团所用的船只、无行医执照的人在行医过程中所使用的器材;后者如聚众赌博的赌资、走私的货物或物品、行贿人用于行贿的财物。

【命题角度】近五年来分别考过一次从业禁止和一次对犯罪物品的处理,都是考查对基本制度的熟识和理解。

例1 利用职务上的便利实施犯罪的,不一定都属于"利用职业便利"实施犯罪。(2016-2-9)

解析:错误。"职业"是大的概念,"职务"是小概念,有职业的人,未必都有职务;"职务"往往是与管理、组织相关的工作,利用职务上的便利实施犯罪,一定都是利用职业便利实施犯罪。

例2 判处有期徒刑并附加剥夺政治权利,同时决定职业禁止的,在有期徒刑与剥夺政治权利均执行完毕后,才能执行职业禁止。(2016-2-9)

解析:错误。职业禁止应当从主刑执行完毕开始计算,而不是从附加刑执行完毕开始计算。

例3 乙挪用公款炒股获利500万元用于购买房产(案发时贬值为300万元),应责令乙退赔500万元。(2016-2-8)

解析:正确。乙挪用公款炒股获利的500万元已经用于购买房产,不复存在,无法追缴,只能责令退赔,而退赔数额应当是挪用公款的炒股获利,即500万元。

第十一章 量刑【刑罚的裁量】

扫描右侧二维码"听课 + 做题",直达最佳学习效果
1. 在线听课:学习本章节核心考点讲解课程。
2. 在线刷题:点击 🏠 进入题库做章节练习。

第一节 累犯

一、一般累犯

(一)概念

一般累犯也称普通累犯,是指因犯罪受过一定的刑罚处罚,刑罚执行完毕或者赦免以后,在法定期限内又犯一定之罪的,刑法规定对其从重处罚。

(二)成立条件

1. 主观条件:前后两罪都是故意犯罪。

2. 刑度条件:前后两罪都被判处或应当判处有期徒刑以上刑罚。

3. 年龄条件:前后两罪都必须是满 18 周岁以后实施的。

4. 时间条件:后罪发生在前罪的刑罚执行完毕或赦免之日起的 5 年内。

所谓"刑罚执行完毕",是指主刑执行完毕,不包括附加刑在内。主刑执行完毕后 5 年内又犯罪,即使附加刑未执行完毕,仍构成累犯。后罪发生在前罪的刑罚执行期间,则不构成累犯,而应适用数罪并罚。

🔍 注意 假释、缓刑与累犯。

1. 假释:(1)在假释考验期内犯新罪,不成立累犯,因为刑罚没有执行完毕,此时要撤销假释,数罪并罚;(2)在假释期满之日起 5 年内犯罪,可以成立累犯,因为成功的假释就视为原判刑罚已经执行完毕。

2. 缓刑:(1)在缓刑考验期内犯新罪,不成立累犯,因为刑罚没有执行完毕,此时要撤销缓刑,数罪并罚;(2)在缓刑考验期满后再犯新罪,也不能成立累犯。因为成功的缓刑,视为原判刑罚不再执行,而非视为原判刑罚已经执行完毕。

二、特别累犯

（一）概念

所谓特别累犯，是指因犯危害国家安全犯罪、恐怖活动犯罪、黑社会性质的组织犯罪受过刑罚处罚，刑罚执行完毕或者赦免以后，在任何时候再犯上述任一类罪的犯罪分子。

（二）成立条件

1.前后两罪均为危害国家安全、恐怖活动、黑社会性质的组织犯罪。如果行为人实施的前后两罪都不是危害国家安全犯罪、恐怖活动犯罪、黑社会性质的组织犯罪的任一类犯罪，或者其中之一不是危害国家安全犯罪、恐怖活动犯罪、黑社会性质的组织犯罪的任一类犯罪，就不能构成特别累犯。

2.前罪被判处的刑罚和后罪应判处的刑罚的种类及其轻重不受限制。即使前后两罪或者其中之一被判处或者应当判处管制、拘役或者单处某种附加刑，不影响特别累犯的成立。

3.因危害国家安全犯罪、恐怖活动犯罪、黑社会性质的组织犯罪的任一类犯罪被判处刑罚，在刑罚执行完毕或者赦免以后的任何时候，再犯危害国家安全罪、恐怖活动犯罪、黑社会性质的组织犯罪的任一类犯罪，就构成特别累犯，不受前后两罪相距时间长短的限制。

🔍 注意 （1）特别累犯也要求主体已满18周岁;（2）特别累犯也要求在前罪执行完毕或者赦免之后，即主刑或附加刑执行完毕。如果前罪被判处主刑，则主刑执行完毕之后;如果前罪单处附加刑，则附加刑执行完毕之后。

三、累犯的法律后果

1.应当从重处罚。

无论具备一般累犯的构成条件者，还是具备特别累犯的构成条件者，都必须对其在法定刑的限度以内，判处相对较重的刑罚即适用较重的刑种或较长的刑期。

2.不适用缓刑。

3.不适用假释。

【命题角度】判断某种情形是否成立累犯（一般累犯、特别累犯）。

例 犯恐怖活动犯罪被判处有期徒刑4年，刑罚执行完毕后的第12年又犯黑社会性质的组织犯罪的，成立累犯。（2015-2-10）

解析：正确。属于特别累犯。

第二节 自首、立功、坦白

一、自首

（一）一般自首

一般自首，是指犯罪分子犯罪以后自动投案，如实供述自己罪行的行为。一般自首的成立条件为：

1. 自动投案。

是指在犯罪事实或者犯罪嫌疑人未被司法机关发觉，或者虽被发觉，但犯罪嫌疑人尚未受到讯问、未被采取强制措施时，主动、直接向公安机关、人民检察院或者人民法院投案。根据司法解释规定，以下情形也属于自动投案：

（1）罪行尚未被司法机关发觉，仅因形迹可疑，被有关组织或者司法机关盘问、教育后，主动交代自己的罪行的；

（2）犯罪后逃跑，在被通缉、追捕过程中，主动投案的；

（3）经查实确已准备去投案，或者正在投案途中，被公安机关捕获的；

（4）犯罪嫌疑人向其所在单位、城乡基层组织或者其他有关负责人员投案的；

（5）先以信电投案的；

（6）犯罪嫌疑人因病、因伤或者为了减轻犯罪后果，委托他人先代为投案的；

（7）并非出于犯罪嫌疑人主动，而是经亲友规劝、陪同投案的；

（8）公安机关通知犯罪嫌疑人的亲友，或者亲友主动报案后，将犯罪嫌疑人送去投案的，也应当视为自动投案。

🔍 **注意** 犯罪嫌疑人被亲友采用捆绑等手段送到司法机关，或者在亲友带领侦查人员前来抓捕时无拒捕行为，并如实供认犯罪事实的，不能认定为自动投案，但可以参照自首的有关规定酌情从轻处罚。

2. 如实供述自己的罪行。

如实供述，即供述自己实施并应由本人承担刑事责任的罪行。

（1）一人犯数罪，仅如实供述了部分罪行的，仅就如实供述的部分罪行成立自首；

（2）共同犯罪，不仅要如实供述自己的罪行，还要供述所知的同案犯才能成立自首；

（3）如实供述了案件事实，但对事实的定性，有不同看法，进行辩解的，仍属于如实供述；

（4）供述的身份与真实情况虽有差别，但不影响定罪量刑的，应认定为如实供述自己的罪行；

（5）自动投案并如实供述自己的罪行后又翻供的，不能认定为自首，但在一审判决前又能如实供述的，应当认定为自首。

（二）特别自首的概念及成立条件

特别自首，亦称准自首，是指被采取强制措施的犯罪嫌疑人、被告人和正在服刑的罪犯，如实供述司法机关还未掌握的本人其他罪行的行为。特别自首的成立条件为：

1. 特别自首的主体必须是被采取强制措施的犯罪嫌疑人、被告人和正在服刑的罪犯。

所谓强制措施，是指我国刑事诉讼法规定的拘传、拘留、取保候审、监视居住和逮捕。所谓正在服刑的罪犯，是指已经人民法院判决、正在执行所判刑罚的罪犯。上述三种人以外的犯罪分子，不能成立特别自首。

2. 如实供述司法机关尚未掌握的本人其他异种罪行。

被采取强制措施的犯罪嫌疑人、被告人和正在服刑的罪犯，如实供述司法机关尚未掌握的罪行，与司法机关已掌握的或者判决确定的罪行属不同罪行的，以自首论；如实供述司法机关尚未掌握的罪行，与司法机关已掌握的或者判决确定的罪行属同种罪行的，可以酌情从轻处罚；如实供述的同种罪行较重的，一般应当从轻处罚。

（1）"尚未掌握"。

①如果该罪行已被通缉，一般应以该司法机关是否在通缉令发布范围内作出判断，不在通缉令发布范围内的，应认定为还未掌握，在通缉令发布范围内的，应视为已掌握。

②如果该罪行已录入全国公安信息网络在逃人员信息数据库，应视为已掌握。

③如果该罪行未被通缉，也未录入全国公安信息网络在逃人员信息数据库，应以该司法机关是否已实际掌握该罪行为标准。

（2）"异种罪行"：原则上指"罪名"不同。

①如果所交代罪行与司法机关掌握的罪行<u>密切相关</u>或者<u>属于选择性罪名</u>，视为"同种罪行"，不成立特别自首。

例1 法官元宝因为收受甲的贿赂被逮捕，侦查阶段交代自己收受甲贿赂后，对甲的刑事案件违法作出无罪判决，由于徇私枉法罪与受贿罪密切相关，则元宝不成立特别自首。

例2 人贩子元宝因为拐卖儿童甲被逮捕后，侦查阶段交代自己另有拐卖妇女乙的事实，由于拐卖妇女、儿童罪属于选择性罪名，则元宝不成立特别自首。

②如果司法机关掌握的罪名证据不足、指控不能成立，在<u>此范围以外</u>交代<u>同种</u>罪行的，视为"异种罪行"，成立特别自首。

例 国家工作人员元宝因涉嫌在 A 工程上贪污公款而被逮捕，侦查机关在法定羁押期间无法搜集到确实、充分的证据，元宝主动交代自己在 B 工程上贪污公款的事实，元宝成立特别自首。

```
                      ┌─ 主体    ┌─ 因为甲罪被采取强制措施的犯罪嫌疑人、
                      │  特别 ──→│   被告人或者正在服刑的罪犯
                      │
                      │                      ┌─ 被通缉：视为已掌握
                      │           ┌─ 司法机关 │
┌─ 特别 ─┤           │  尚未掌握 ──┼──────────────────→ 其余：以是否实际掌握为标准
│  自首  │           │           │
                      │           └─ 被"入库"：视为已掌握
                      │
                      └─ 罪行                          ┌─ 例外1：与甲罪密切相关 ──→ 视为"同种罪行"
                         特别                          │   或者选择性罪名          不成立特别自首
                              ┌─ 本人其他 ──→ 原则：与甲罪 ──┤
                              │  异种罪行     不同种的罪名   │
                              │                          └─ 例外2：甲罪证据不足，──→ 视为"异种罪行"
                                                             在此范围外交代同种罪行   成立特别自首
```

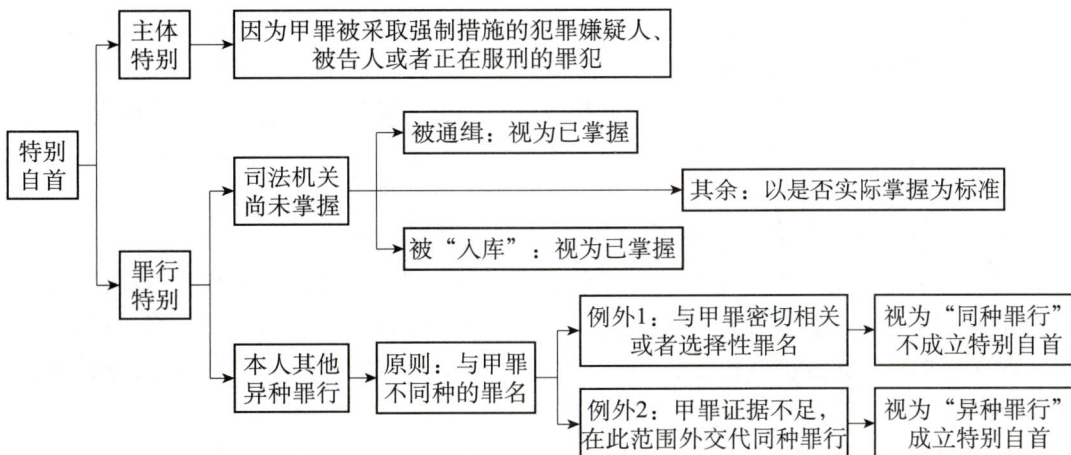

（三）自首的法律后果

对于自首的犯罪分子，可以从轻或者减轻处罚。其中，犯罪较轻的，可以免除处罚。

二、坦白

1. 概念：虽然没有自动归案，但是被动归案后如实供述自己的罪行。

2. 法律后果。

（1）坦白的：可以从轻处罚。

（2）因其如实供述自己罪行，避免特别严重后果发生的：可以减轻处罚。

三、立功

（一）立功的内容

1. 揭发型，是指检举、揭发他人犯罪行为，经查证属实。在共同犯罪中，揭发同案犯共同犯罪以外的犯罪，查证属实的，成立立功。

🔍 **注意** 立功行为虽然是针对犯罪行为的，但不要求立功者检举揭发的是完全符合犯罪构成的犯罪行为。因此下列情形属于立功：

（1）揭发了他人的"犯罪行为"，事后查明他人在实施符合构成要件的不法行为时不具有责任能力；

（2）揭发了他人的"犯罪行为"，但他人在行为时并没有故意与过失，而是意外事件造成的；

（3）揭发了他人的"犯罪行为"，但他人的行为未达到司法解释所规定的犯罪数额的；

（4）揭发了他人的"犯罪行为"，事后查明"他人"已经死亡的；

（5）揭发了他人的"犯罪行为"，但是该犯罪行为已超过规定时效的。

相反，下列几种情形不属于立功：

（1）"揭发"他人正当防卫、紧急避险等排除犯罪的行为的；

（2）揭发的他人犯罪行为，不能适用中国刑法的；

（3）揭发他人实施的告诉才处理的犯罪的。[参见张明楷：《刑法学（上）》（第6版），法律出版社2021年版，第741页。]

2.线索型，提供侦破其他案件的重要线索，经查证属实。根据司法解释规定，以下不属于立功的线索：

（1）犯罪分子通过贿买、暴力、胁迫等非法手段，或者被羁押后与律师、亲友会见过程中违反监管规定，获取他人犯罪线索并"检举揭发"的；

（2）犯罪分子将本人以往查办犯罪职务活动中掌握的，或者从负有查办犯罪、监管职责的国家工作人员处获取的他人犯罪线索予以检举揭发的；

（3）犯罪分子亲友为使犯罪分子"立功"，向司法机关提供他人犯罪线索、协助抓捕犯罪嫌疑人的。

3.协助型，是指协助司法机关抓捕其他犯罪嫌疑人。根据司法解释规定，主要包括以下几种情形：

（1）按照司法机关的安排，以打电话、发信息等方式将其他犯罪嫌疑人（包括同案犯）约至指定地点的；

（2）按照司法机关的安排，当场指认、辨认其他犯罪嫌疑人（包括同案犯）；

（3）带领侦查人员抓获其他犯罪嫌疑人（包括同案犯）的；

（4）提供司法机关尚未掌握的其他案件犯罪嫌疑人的联络方式、藏匿地址的。

🔍**注意** 仅提供同案犯的姓名、住址、体貌特征、联络方式、藏匿地址等基本情况，司法机关据此抓捕同案犯的，不能认定为立功。

4.阻止型，阻止他人犯罪活动。

（二）立功的效果

1.一般立功：可以从轻或者减轻处罚；

2.重大立功：可以减轻或者免除处罚。

重大立功的标准：因检举、揭发、提供线索、协助抓捕而得以惩罚的犯罪嫌疑人、被告人可能判处无期徒刑以上刑罚，或者该案件在本省、自治区、直辖市或者全国范围内有重大影响。

【命题角度1】判断某种情形是否属于自首（一般自首、特别自首）、立功（一般立功、重大立功）。

例1 甲、乙构成共同犯罪，公安机关打电话通知甲到公安局。甲到公安机关后，如实供述自己的犯罪情况，但是并未如实供述同案犯乙的相关情况。（2021）

解析： 共同犯罪中部分共犯人，自动投案后，不但要如实供述自己的犯罪事实，还要如实供述同案犯的共同犯罪事实，才能成立自首。甲未如实供述同案犯乙的相关情况，不构成自首。

例2 甲绑架他人作为人质并与警察对峙，经警察劝说放弃了犯罪。甲是在"犯罪过程中"而不是"犯罪以后"自动投案，不符合自首条件。（2017）

解析：错误。当甲以实力控制人质之时，绑架罪便已经既遂，之后经警察劝说放弃了继续犯罪，属于犯罪（既遂）以后自动投案，可以成立自首。

例 3 甲挪用公款后主动向单位领导承认了全部犯罪事实，并请求单位领导不要将自己移送司法机关。（2015）

解析："不要将自己移送到司法机关"，说明他不愿将自己置于司法机关的控制之下，自首不但要求如实供述，还要自愿将自己置于司法机关的控制之下，所以甲不成立自首。

例 4 甲是唯一知晓同案犯裴某手机号的人，其主动供述裴某手机号，侦查机关据此采用技术侦查手段将裴某抓获。（2012）

解析：犯罪分子提供同案犯姓名、住址、体貌特征等基本情况，或者提供犯罪前、犯罪中掌握、使用的同案犯联络方式、藏匿地址，司法机关据此抓捕同案犯的，不能认定为协助司法机关抓捕同案犯。"因此，甲不成立立功。

【命题角度2】判断自首、立功、坦白是择一适用还是同时适用。[参见张明楷：《刑法学（上）》（第6版），法律出版社2021年版，第742页。]

例 1 甲向国家工作人员乙行贿后，主动投案，向办案机关交待了自己向乙行贿和乙收受甲提供的贿赂的事实。

解析：一个如实供述行为同时符合了自首与立功的条件，只能认定其中一个最有利于行为人的情节。

例 2：A持有数量较大的毒品，但没有证据证明A具有走私、贩卖、运输、制造毒品的故意与行为，司法机关只能认定A的行为构成非法持有毒品罪。

①如果A自动投案后如实供述自己持有毒品的时间、数量、品种，并说明毒品是从他人那里购买的，即使没有说明贩卖者为B，也应认为A如实供述了自己非法持有毒品罪的犯罪事实，成立自首。

②如果A向司法机关说明自己所持毒品是从B处购买，因而揭发了B贩卖毒品事实的，则超出了"如实供述自己的罪行"（非法持有毒品）的范围，宜另认定为立功。

【2023真题】关于立功，下列选项正确的是？（　　　）[①]
A. 赌博犯孙某揭发：马某曾在斗殴中打死一人。经查，马某的行为属于正当防卫。孙某的行为不构成立功
B. 毒贩钱某揭发：警察付某经常给自己通风报信，付某构成帮助犯罪分子逃避处罚罪。钱某的行为不构成立功
C. 走私犯李某揭发：邻居秦某三年前曾将自己打成轻伤，构成故意伤害罪。李某的行为不构成立功
D. 抢劫犯赵某揭发：朋友刘某明知赵某犯抢劫罪之后，仍为其提供住处，刘某构成窝藏罪。赵某构成立功

第三节　数罪并罚

数罪并罚，是指对一行为人所犯数罪合并处罚的制度。

---

① **【答案】**AD

一、中国刑法中的并罚原则

（一）吸收原则

1.判决宣告的数个主刑中有数个死刑或最重刑为死刑的，采用吸收原则，仅应决定执行一个死刑。

2.判决宣告的数个主刑中有数个无期徒刑或最重刑为无期徒刑的，采用吸收原则，只应决定执行一个无期徒刑。

3.数罪中有判处有期徒刑和拘役的，执行有期徒刑，拘役不再执行。

例如，甲犯某罪被判处有期徒刑2年，犯另一罪被判处拘役6个月。对甲只须执行有期徒刑。

（二）并科原则

1.数罪中有判处有期徒刑和管制，或者拘役和管制的，有期徒刑、拘役执行完毕后，管制仍须执行。

2.数罪中有判处附加刑的，附加刑仍须执行，其中附加刑种类相同的，合并执行，种类不同的，分别执行。

例如，乙犯某罪被判处有期徒刑2年，犯另一罪被判处管制1年。对乙应在有期徒刑执行完毕后，继续执行管制。

（三）限制加重原则

被判处有期徒刑、拘役和管制的，应当在总和刑期以下、数罪中最高刑以上，酌情决定执行的刑期。

1.数个管制：数罪中最高刑期以上，总和刑期以下，且不能超过3年。

例如，甲犯ABC三罪，分别被判处管制10个月、18个月、20个月，数罪并罚，应当在20个月以上3年以下酌情决定执行的刑期。

2.数个拘役：数罪中最高刑期以上，总和刑期以下，且不超过1年。

例如，甲犯ABC三罪。分别判处拘役4个月、5个月、6个月，数罪并罚，应当在6个月以上1年以下酌情决定执行的刑期。

3.数个有期徒刑：数罪中最高刑期以上，总和刑期以下，如果总和刑期不满35年的，不超过20年；如果总和刑期35年以上的，不超过25年。

例1　甲犯ABC三罪，分别判处有期徒刑10年、11年、12年。数罪并罚，应当在12年以上20年以下酌情决定执行的刑期。

例2　甲犯ABC三罪，分别判处有期徒刑11年、12年、13年。数罪并罚，应当在13年以上25年以下酌情决定执行的刑期。

二、不同情况下并罚原则的具体适用

1.发现漏罪："先并后减"。

例如，甲犯抢劫罪被判处有期徒刑10年，执行5年后，发现甲在判决宣告前还犯有诈骗罪没有判决，应判 3 年有期徒刑。

（1）先并：10 年和 3 年并罚，假如决定执行 12 年；

（2）后减：12 年减去已经执行的 5 年，再执行 7 年即可。

2.又犯新罪："先减后并"。

例如，甲犯抢劫罪被判处有期徒刑 10 年，执行 5 年后，甲在监狱内又犯故意伤害罪，应判 3 年有期徒刑。

（1）先减：10 年减去已经执行的 5 年；

（2）后并：剩余 5 年和 3 年并罚，即在 5-8 年范围内决定刑罚。

【小结】"追寻时间的脚步"。

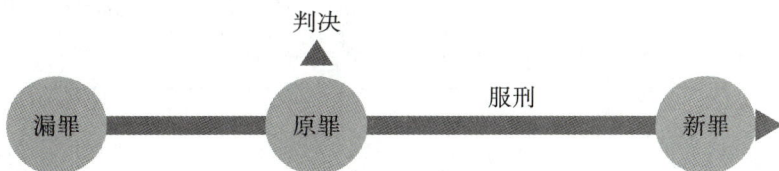

漏罪：原判刑罚 + 漏罪刑罚 − 已经执行的刑期 = 还应执行的刑期

新罪：原判刑罚 − 已经执行的刑期 + 新罪刑罚 = 还应执行的刑期

漏罪、新罪：原判刑罚 + 漏罪刑罚 − 已经执行的刑期 + 新罪刑罚 = 还须执行的刑期

【真题训练（2017）】关于数罪并罚，下列哪些选项是正确的？（　　　　）[1]

A. 甲犯某罪被判处有期徒刑 2 年，犯另一罪被判处拘役 6 个月。对甲只须执行有期徒刑

B. 乙犯某罪被判处有期徒刑 2 年，犯另一罪被判处管制 1 年。对乙应在有期徒刑执行完毕后，继续执行管制

C. 丙犯某罪被判处有期徒刑 6 年，执行 4 年后发现应被判处拘役的漏罪。数罪并罚后，对丙只须再执行尚未执行的 2 年有期徒刑

D. 丁犯某罪被判处有期徒刑 6 年，执行 4 年后被假释，在假释考验期内犯应被判处 1 年管制的新罪。对丁再执行 2 年有期徒刑后，执行 1 年管制

第四节　缓刑

一、概念

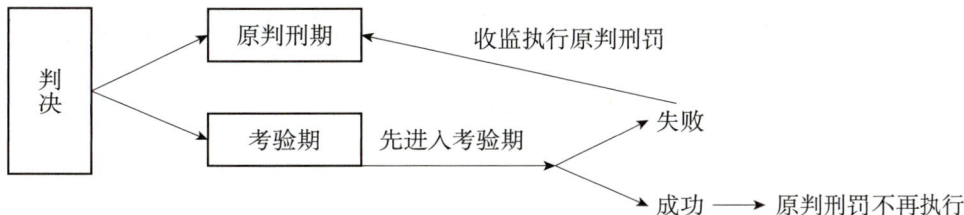

---

[1] 【答案】ABCD

二、缓刑的适用条件

	可以型缓刑	应当型缓刑
实质条件	1. 犯罪情节较轻 2. 有悔罪表现 3. 没有再犯罪的危险 4. 宣告缓刑对所居住社区没有重大不良影响	
对象条件	被判处拘役、三年以下有期徒刑的犯罪分子	被判处拘役、三年以下有期徒刑的不满十八周岁的人、怀孕的妇女和已满七十五周岁的人
禁止条件	对于累犯和犯罪集团的首要分子，绝对不适用缓刑。	

三、缓刑考验期

1. 原判刑罚为拘役：原判刑罚以上 1 年以下（最低不少于 2 个月）。

例 1　甲被判处拘役 6 个月，同时宣告缓刑；甲的缓刑考验期为 6 个月以上 1 年以下。

例 2　乙被判处拘役 1 个月，同时宣告缓刑；乙的缓刑考验期为 2 个月至 1 年。

2. 原判刑罚为有期徒刑：原判刑罚以上 5 年以下（最低不少于 1 年）。

例 1　甲被判处有期徒刑 3 年，同时宣告缓刑；甲的缓刑考验期为 3 年至 5 年。

例 2　乙被判处有期徒刑 8 个月，同时宣告缓刑；乙的缓刑考验期为 1 年至 5 年。

四、执行

1. 执行方式：社区矫正。
2. 执行机关：司法行政机关——司法局、司法所。

五、执行期间应遵守的规定

1. 遵守法律、行政法规，服从监督。
2. 按照考察机关的规定报告自己的活动情况。
3. 遵守考察机关关于会客的规定。
4. 离开所居住的市、县或者迁居，应当报经考察机关批准。
5. 【禁止令】禁止从事特定活动，进入特定区域、场所，接触特定的人。

六、法律后果

```
                      ┌─考验期内发现─→ 撤销缓刑 数罪并罚 ─┐
              发现漏罪─┤                                  │
              ┌       └─考验期满发现─→ 单独对漏罪定罪量刑 ─┤
              │                                           │
              │       ┌─考验期内发现─┐                     │  附
              │ 考验期内             ├─→ 撤销缓刑 数罪并罚 ─┤  加
     法律  ───┼─再犯新罪             │                     │  刑
     后果     │       └─考验期满发现─┘                     │  仍
              │       ┌─考验期内发现─┐                     │  需
              │ 违反相关规定          ├─→ 撤销缓刑           │  执
              ├─情节严重             │   收监执行原判刑罚 ─┤  行
              │       └─考验期满发现─┘                     │
              │                                           │
              └──以上全无───────→ 宣告—原判刑罚不再执行 ─┘
```

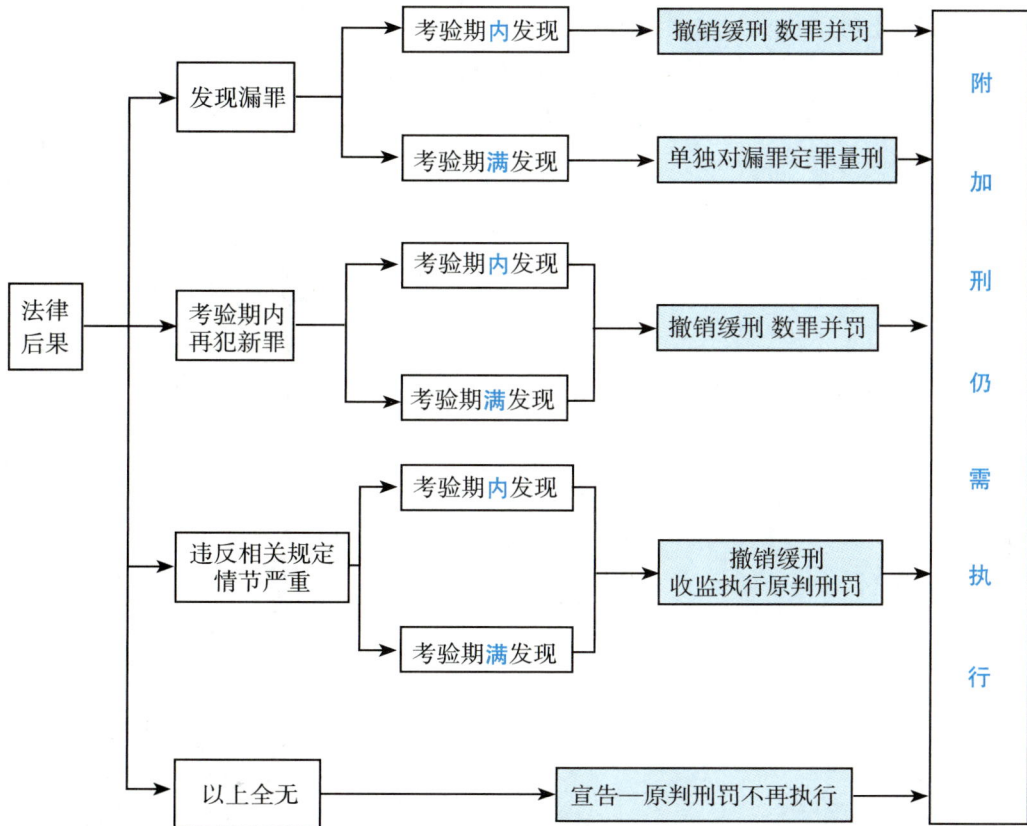

🔍 **注意** 1. 缓刑的效力不及于附加刑，即被宣告缓刑的犯罪分子，如果被判处附加刑，附加刑仍须执行；2. 即便是成功的缓刑，效力只及于刑而不及于罪，仍有刑事前科。

【命题角度】缓刑在个案中的运用。

例1 甲犯抢劫罪，所适用的是"三年以上十年以下有期徒刑"的法定刑，缓刑只适用于被判处拘役或者3年以下有期徒刑的罪犯。故对甲不得判处缓刑。（2017–2–56）

解析：错误。《刑法》第99条规定，本法所称以上、以下、以内，包括本数。如果以抢劫罪判处甲有期徒刑3年，可以宣告缓刑。

例2 丙犯为境外非法提供情报罪，被单处剥夺政治权利，执行完毕后又犯帮助恐怖活动罪，被判处拘役6个月。对丙不得宣告缓刑。（2017–2–56）

解析：正确。为境外非法提供情报罪属于危害国家安全犯罪，帮助恐怖活动罪是恐怖活动犯罪，根据《刑法》第66条和第74条的规定，丙构成特别累犯。

【重点复盘】

1. 累犯：前罪刑罚执行完毕后，再犯新罪。

2. 自首：

（1）一般自首：自动投案 + 如实供述自己罪行。

（2）特别自首：已被羁押 + 如实供述未被掌握的其他异种罪行。

3. 立功：

（1）一般立功："出卖"一般犯罪分子。

（2）重大立功："出卖"重大犯罪分子。

4. 数罪并罚：漏罪刑罚＋原罪刑罚－已执行刑期＋新罪刑罚。

5. 缓刑：对于轻罪犯罪分子，暂缓执行原判刑罚。

第十二章 行刑【刑罚的执行】

扫描右侧二维码"听课 + 做题",直达最佳学习效果
1. 在线听课:学习本章节核心考点讲解课程。
2. 在线刷题:点击 进入题库做章节练习。

第一节 减刑

一、概念

对被判处管制、拘役、有期徒刑或者无期徒刑的犯罪分子,因其在刑罚执行期间认真遵守监规,接受教育改造,确有悔改或者立功表现,而适当减轻其原判刑罚的制度。

二、适用条件

	"可以型"减刑	"应当型"减刑
对象条件	被判处管制、拘役、有期徒刑、无期徒刑的犯罪分子	
实质条件	确有悔改表现或者立功表现	重大立功表现
限度条件	犯罪分子经过减刑以后,应当实际执行的最低刑期: 1. 管制、拘役、有期徒刑:不少于原判刑期的 1/2 2. 无期徒刑:不少于 13 年 3. 死缓:不少于 15 年(死刑缓期执行期间不包括在内)	

(一)悔改表现

根据有关司法解释,同时具备以下四个方面情形的,应当认为是确有悔改表现:
1. 认罪服法。
2. 认真遵守监规、接受教育改造。
3. 积极参加政治、文化、技术学习。
4. 积极参加生产,完成生产任务。

🔍 注意 根据 2016 年《最高人民法院关于办理减刑、假释案件具体应用法律的规定》,对职务犯罪、破坏金融管理秩序和金融诈骗犯罪、组织(领导、参加、包庇、纵容)黑社会性质组织犯罪等罪犯,不积极退赃、协助追缴赃款赃物、赔偿损失,或者服刑期间

利用个人影响力和社会关系等不正当手段意图获得减刑、假释的，不认定其"确有悔改表现"。

（二）立功表现

1. 检举、揭发监狱内外犯罪活动，或者提供重要的破案线索，经查证属实。

2. 阻止他人犯罪活动。

3. 在生产、科研中进行技术革新，成绩突出。

4. 在抢险救灾或者排除重大事故中表现积极。

5. 有其他有利于国家和社会的突出事迹。

（三）重大立功表现

1. 阻止他人重大犯罪活动。

2. 检举监狱内外重大犯罪活动，经查证属实。

3. 有发明创造或者重大技术革新。

4. 在日常生产、生活中舍己救人。

5. 在抗御自然灾害或者排除重大事故中，有突出表现。

6. 对国家和社会有其他重大贡献的。

三、死缓犯的限制减刑

对于被限制减刑的死缓犯，缓期执行期满后依法减为无期徒刑的，今后再减刑，实际执行的刑期不能少于25年；缓期执行期满后依法减为25年有期徒刑的，今后再减刑，实际执行的刑期不能少于20年。

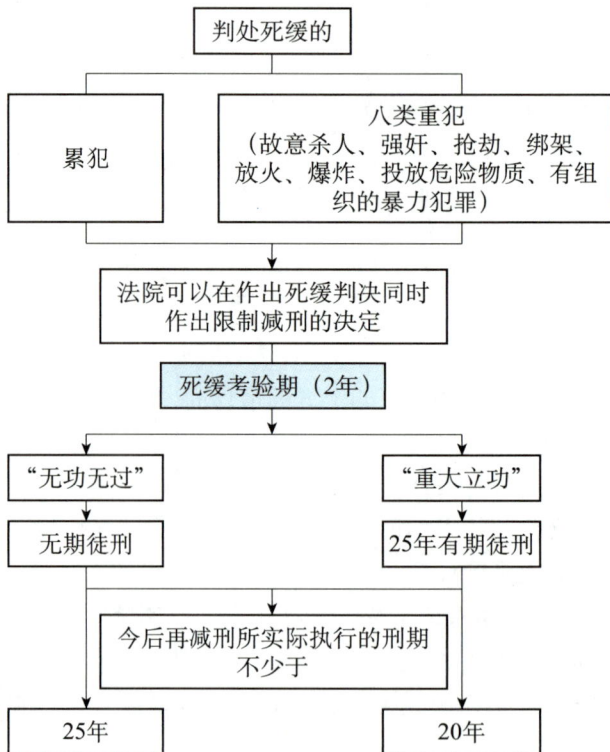

【小专题】普通死缓犯和被限制减刑死缓犯减刑后实际执行刑期比较。

	两年考验期表现	后果	实际服刑期
普通死缓犯	故意犯罪、情节恶劣	执行死刑	死刑
	没有故意犯罪2年期满	减为无期徒刑	不少于 15 年（不含死缓 2 年考验期）
	重大立功表现2年期满	减为 25 年有期徒刑	
被限制减刑的死缓犯	故意犯罪、情节恶劣	执行死刑	死刑
	没有故意犯罪2年期满	减为无期徒刑	不少于 25 年（不含死缓 2 年考验期）
	重大立功表现2年期满	减为 25 年有期徒刑	不少于 20 年（不含死缓 2 年考验期）

【命题角度】判断关于减刑的表述是否正确。

例　减刑只适用于被判处拘役、有期徒刑、无期徒刑和死缓的犯罪分子。（2010-2-10）

解析： 错误。减刑的适用对象是被判处管制、拘役、有期徒刑和无期徒刑的犯罪分子。判处死缓的犯罪分子，死缓考验期满之后，减为无期徒刑或者有期徒刑，虽然实际上减轻了刑罚，但是有特殊性，并不是《刑法》第 78 条所规定的基本减刑制度。而且即便认为死缓犯可以减刑，表述也遗漏了管制犯。

第二节　假释

一、概念

对被判处有期徒刑、无期徒刑的犯罪分子，在执行一定刑期之后，因其认真遵守监规，接受教育改造，确有悔改表现，没有再犯罪的危险，而附条件地将其予以提前释放的制度。

二、适用条件

对象条件	有期徒刑、无期徒刑
实质条件	认真遵守监规，接受教育改造，**确有悔改表现，没有再犯罪的危险** 所谓"**确有悔改表现**"是指同时具备以下四个方面情形：（1）认罪悔罪；（2）遵守法律法规及监规，接受教育改造；（3）积极参加思想、文化、职业技术教育；（4）积极参加劳动，努力完成劳动任务 所谓"**没有再犯罪的危险**"，是指罪犯在刑罚执行期间一贯表现好，确有悔改表现，不致违法、重新犯罪，或是年老、身体有残疾（不含自伤致残），并丧失犯罪能力

限制条件（已经执行一部分刑期）	（1）有期徒刑：已经执行原判刑罚的 1/2 （2）无期徒刑：已经执行 13 年 （3）死刑缓期执行减为无期徒刑或者有期徒刑后，已经执行 15 年

🔍 **注意** 两类人不得假释：

①**累犯**；②**因八类重罪**（故意杀人、强奸、抢劫、绑架、放火、爆炸、投放危险物质、有组织暴力犯罪）被判处 <u>10 年以上</u>有期徒刑、无期徒刑的犯罪分子。

三、假释考验期

1. 有期徒刑的考验期：没有执行完毕的刑期。

2. 无期徒刑的考验期：10 年。

四、考验期应遵守的规定

1. 遵守法律、行政法规，服从监督。

2. 按照考察机关的规定报告自己的活动情况。

3. 遵守考察机关关于会客的规定。

4. 离开所居住的市、县或者迁居，应当报经考察机关批准。

五、执行

1. 执行方式：社区矫正。

2. 执行机关：司法行政机关（司法局）。

六、法律后果

```
                    ┌─ 考验期内发现 ──→ 撤销假释 数罪并罚 ──→ ◇先并后减◇
            发现漏罪 ┤
                    └─ 考验期满发现 ──→ 单独对漏罪定罪量刑

                    ┌─ 考验期内发现 ┐
  法律      考验期内 ┤               ├─→ 撤销假释 数罪并罚 ──→ ◇先减后并◇
  后果      再犯新罪 └─ 考验期满发现 ┘

            违反规定 ┌─ 考验期内发现 ┐    撤销假释
            情节严重 ┤               ├─→ 收监执行剩余刑罚
                    └─ 考验期满发现 ┘

            以上全无 ──→ 宣告          ──→ 如果五年内再犯新罪
                        原判刑罚视为执行完毕    可能成立累犯
```

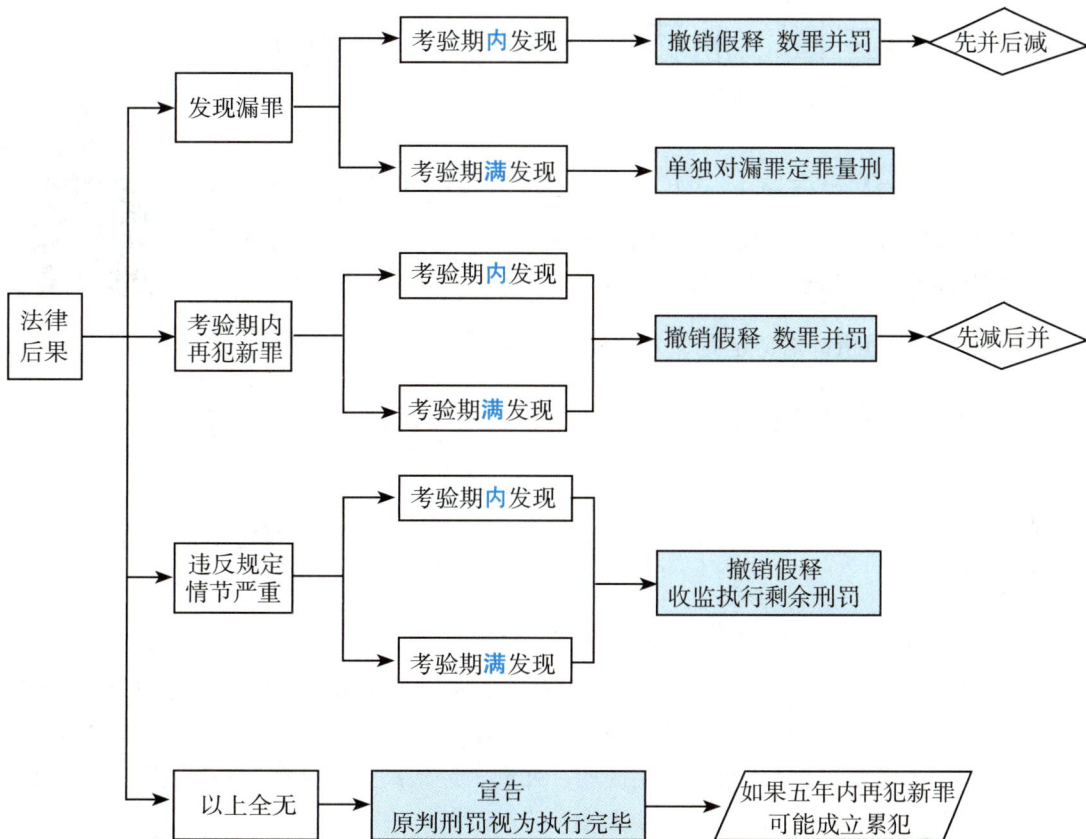

【命题角度】判断个案中的假释适用是否正确。

例 甲因爆炸罪被判处有期徒刑 12 年，已服刑 10 年，确有悔改表现，无再犯危险。对甲可以假释。（2017–2–11）

解析：错误。累犯以及因故意杀人、强奸、抢劫、绑架、放火、爆炸、投放危险物质或者有组织的暴力性犯罪被判处 10 年以上有期徒刑、无期徒刑的犯罪分子，不得假释。

【真题训练（2017）】在符合"执行期间，认真遵守监规，接受教育改造"的前提下，关于减刑、假释的分析，下列哪一选项是正确的？（　　　）[①]

A. 甲因爆炸罪被判处有期徒刑 12 年，已服刑 10 年，确有悔改表现，无再犯危险。对甲可以假释

B. 乙因行贿罪被判处有期徒刑 9 年，已服刑 5 年，确有悔改表现，无再犯危险。对乙可优先适用假释

C. 丙犯贪污罪被判处无期徒刑，拒不交代贪污款去向，一直未退赃。丙已服刑 20 年，确有悔改表现，无再犯危险。对丙可假释

D. 丁因盗窃罪被判处有期徒刑 5 年，已服刑 3 年，一直未退赃。丁虽在服刑中有重大技术革新，成绩突出，对其也不得减刑

---

① 【答案】B

第十三章　刑罚消灭制度【时效】

刑罚消灭,是指针对特定犯罪人的刑罚权因法定事由而归于消灭。

一、时效的概念和意义

(一)时效的概念

时效,是指经过一定的期限,对犯罪不得追诉或者对所判刑罚不得执行的一项、制度。

(二)追诉时效与行刑时效

时效分为追诉时效和行刑时效两种。我国刑法只规定追诉时效,即依法对犯罪分子追究刑事责任的有效期限。在法定的期限内,司法机关有权追究犯罪分子的刑事责任;超过这个期限,除法定最高刑为无期徒刑、死刑,经最高人民检察院特别核准必须追诉的以外,都不得再追究犯罪分子的刑事责任。

二、追诉期限

(一)追诉的期限

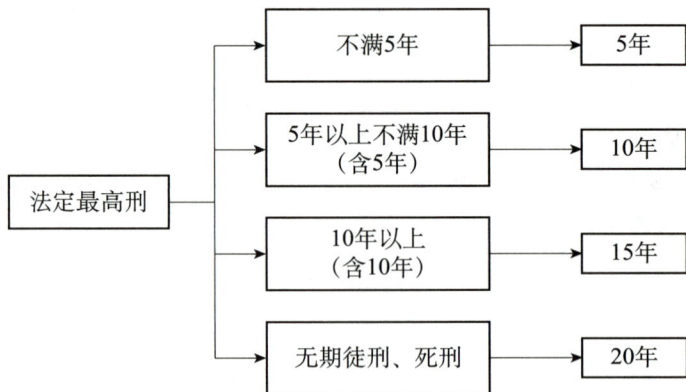

```
                    ┌──────────────┐      ┌──────┐
                ┌──→│   不满5年     │─────→│ 5年  │
                │   └──────────────┘      └──────┘
                │   ┌──────────────┐      ┌──────┐
                ├──→│5年以上不满10年 │─────→│ 10年 │
                │   │   (含5年)     │      └──────┘
┌────────┐      │   └──────────────┘
│法定最高刑│──────┤   ┌──────────────┐      ┌──────┐
└────────┘      ├──→│  10年以上     │─────→│ 15年 │
                │   │   (含10年)    │      └──────┘
                │   └──────────────┘
                │   ┌──────────────┐      ┌──────┐
                └──→│  无期徒刑、死刑 │─────→│ 20年 │
                    └──────────────┘      └──────┘
```

🔍 **注意**

(1)法定最高刑为 5 年,则时效为 10 年;法定最高刑为 10 年,则时效为 15 年。

(2)法定最高刑为无期或者死刑的,如果 20 年以后认为必须追诉的,须报请最高人民检察院核准。

（3）如果针对犯罪的刑法条文有几条或几款，按其罪行应当适用的条或款的法定最高刑计算。

例如，抢劫罪，既有对应普通抢劫罪的3—10年法定刑区间，也有对应入户抢劫、持枪抢劫10年以上至死刑的法定刑区间。如果行为人实施普通抢劫，其法定最高刑为10年，则追诉时效为15年；如果行为人实施入户抢劫，其法定最高刑为死刑，追诉时效为20年。

（二）追诉期限的起算

1.追诉期限从犯罪之日起计算。

所谓"犯罪之日"，应理解为犯罪成立之日。

对预备犯、未遂犯、中止犯，应分别从犯罪预备、犯罪未遂、犯罪中止成立之日起计算。

2.犯罪行为有连续或继续状态的：犯罪行为终了之日。

所谓犯罪行为有连续或者继续状态的，是指连续犯和继续犯，其追诉期限从犯罪行为终了之日起计算。

（三）追诉时效中断的概念及原因

1.概念。

所谓时效中断，是指在追诉期限内，因发生法定事由而使已经过的时效期间归于无效，法定事由消失后重新计算追诉期限的制度。

2.中断的原因。

《刑法》第89条规定：在追诉期限以内又犯罪的，前罪追诉的期限从犯后罪之日起计算。即只要犯罪分子在追诉期限内又犯罪，不论新罪的性质和刑罚轻重如何，前罪所经过的时效期间均归于无效，前罪的追诉期限从犯新罪之日起重新计算。

例 1999年11月，甲（17周岁）因邻里纠纷，将邻居杀害后逃往外地。2004年7月，甲诈骗他人5 000元现金。2014年8月，甲因扒窃3 000元现金，被公安机关抓获。在讯问阶段，甲主动供述了杀人、诈骗罪行。甲的三个罪：

1.故意杀人罪的追诉时效是20年，刚开始是从1999年开始算，到2004年甲再犯新罪（诈骗）时又开始重新计算，到2024年的时候才届满。所以故意杀人罪还在追诉期限内。

2.甲2004年诈骗5 000元，法定最高刑是3年，追诉时效是5年，因此到2009年就届满，但是一直没有追诉，到了2014年才供述，显然诈骗罪已过追诉时效，不能追究。

3.盗窃罪追诉时效是3年，而且盗窃罪是被当场抓获的，所以不存在追诉时效的问题。

当甲被抓的时候故意杀人罪、盗窃罪在追诉时效期间内，诈骗罪已经经过了追诉时效。

（四）追诉时效延长的概念及计算方法

1. 概念。

所谓时效延长，是指在追诉期限内，因发生法定事由而使追究犯罪人的刑事责任不受追诉期限制的制度。延长即无限延长，案件摆脱时效的限制。

2. 延长的理由。

（1）在人民检察院、公安机关、国家安全机关立案侦查或者在人民法院受理案件以后，逃避侦查或者审判的，不受追诉期限的限制。

（2）被害人在追诉期限内提出控告，人民法院、人民检察院、公安机关应当立案而不予立案的，不受追诉期限的限制。

（五）共同犯罪中追诉时效的计算

1. 对于共同犯罪，追诉期限不具有连带性，应独立计算各个共同犯罪人的追诉期限。

2. 共同犯罪中，一个人超过了时效，另一人没超过时效的，只能对后者进行追诉。

3. 共同犯罪后，在追诉期限内又犯罪的共同犯罪人，其前罪的追诉期限发生中断，重新计算；但其他共同犯罪人的追诉期限并不发生中断，继续计算。

例　甲与乙共同实施合同诈骗。在合同诈骗罪的追诉期届满前，乙单独实施抢夺罪。对甲合同诈骗罪的追诉时效，从犯合同诈骗之日起计算；对乙合同诈骗罪的追诉时效，从犯抢夺罪之日起计算。

【命题角度1】考查共同犯罪的时效。

例　追诉期限为15年的共同犯罪案件，有的犯罪人被追究刑事责任，未被立案侦查的共同犯罪人，在追诉期满后可以立案追究其刑事责任。（2018年网络回忆版）

解析：错误。共同犯罪中，各个共同犯罪人之间的追诉时效不具有连带性，每个人按照自己对应的法定刑量刑区间确定追诉时效。例如甲、乙入户盗窃3000元，甲离开后，乙为了抗拒抓捕将物主打成重伤，甲对此不知情，甲构成盗窃罪，追诉时效是5年；乙转化为抢劫罪（致人重伤），追诉时效20年，10年后只能追究乙的刑事责任。

【命题角度2】在个案中判断时效能否延长。

例　丙于2000年故意轻伤李某，直到2008年李某才报案，但公安机关未立案。2014年，丙因他事被抓。不能追诉丙故意伤害的刑事责任。（2015-2-60）

解析：正确。2000年丙故意轻伤李某，法定最高刑是3年有期徒刑，追诉时效是5年。李某到了2008年才报案，公安机关未立案是对的，因为已经过了追诉时效，所以公安机关本来就不应当立案，追诉时效不能延长。2014年丙因他事被抓，不能追究丙故意伤害罪的刑事责任。

【命题角度3】在个案中判断时效能否中断。

例　刘某故意杀人后逃往国外18年，在国外因伪造私人印章（在我国不构成犯罪）被通缉时潜回国内。4年后，其杀人案件被公安机关发现。（2016-2-10）

解析：刘某伪造私人印章的行为在我国不构成犯罪，所以追诉时效不中断，不中断意味着时效连续计算。故意杀人罪法定最高刑为死刑，追诉时效为20年，显然已经过了追诉时效（18+4=22），未经最高人民检察院核准不应当追诉。

第四编　刑法分论

第十四章　刑法分论概说

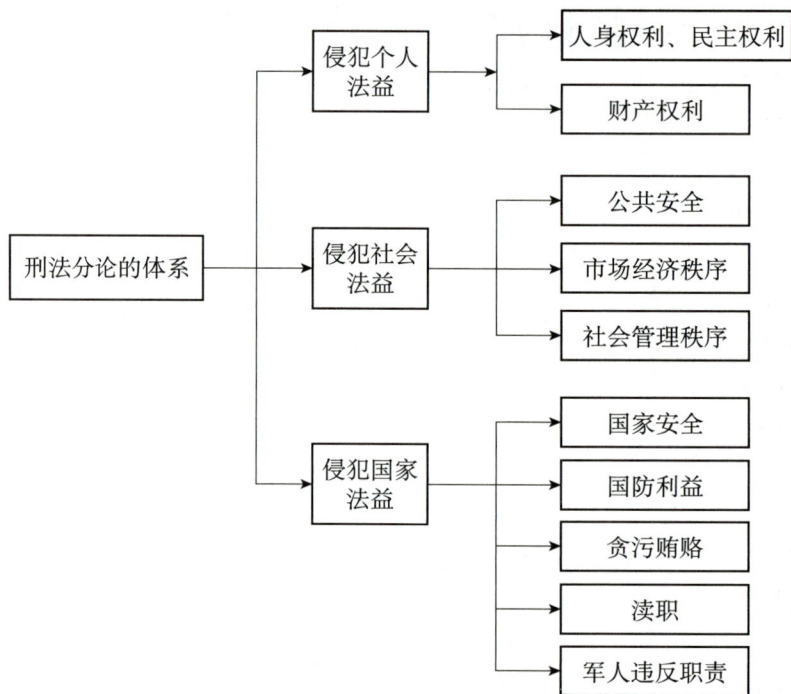

```
刑法分论的体系 ─┬─ 侵犯个人法益 ─┬─ 人身权利、民主权利
                │                └─ 财产权利
                │
                ├─ 侵犯社会法益 ─┬─ 公共安全
                │                ├─ 市场经济秩序
                │                └─ 社会管理秩序
                │
                └─ 侵犯国家法益 ─┬─ 国家安全
                                 ├─ 国防利益
                                 ├─ 贪污贿赂
                                 ├─ 渎职
                                 └─ 军人违反职责
```

第一节　刑法分则条文的结构

一、刑法分则条文的构成

刑法分则的条文由罪状和法定刑两部分组成。

例如，《刑法》第 252 条规定，隐匿、毁弃或者非法开拆他人信件，侵犯公民通信自由权利，情节严重的，处 1 年以下有期徒刑或者拘役。

二、罪状

（一）概念

罪状是指刑法分则条文对某种具体犯罪特征的描述，罪状只存在于刑法分则条文中。

（二）类型

根据刑法分则条文对罪状描述方式的不同，可以把罪状分为简单罪状、叙明罪状、空白罪状、引证罪状。

1. 简单罪状：即在刑法分则条文中只简单描述具体犯罪的基本特征而不作更多的解释。公民完全可以凭借自己的日常生活经验把握犯罪的具体特征。

《刑法》第 170 条规定，伪造货币的，处 3 年以上 10 年以下有期徒刑，并处罚金。

《刑法》第 232 条规定，故意杀人的，处死刑、无期徒刑或者 10 年以上有期徒刑；情节较轻的，处 3 年以上 10 年以下有期徒刑。

《刑法》第 233 条规定，过失致人死亡的，处 3 年以上 7 年以下有期徒刑；情节较轻的，处 3 年以下有期徒刑。

2. 叙明罪状：即在刑法分则条文中详尽描述具体犯罪的基本特征。如果不详细加以描述，有可能难以区分罪与非罪以及此罪与彼罪的界限，必须对其犯罪构成要件详细说明。

《刑法》第 261 条规定，对于年老、年幼、患病或者其他没有独立生活能力的人，负有扶养义务而拒绝扶养，情节恶劣的，处 5 年以下有期徒刑、拘役或者管制。

《刑法》第 305 条规定，在刑事诉讼中，证人、鉴定人、记录人、翻译人对与案件有重要关系的情节，故意作虚假证明、鉴定、记录、翻译，意图陷害他人或者隐匿罪证的，处 3 年以下有期徒刑或者拘役；情节严重的，处 3 年以上 7 年以下有期徒刑。

3. 引证罪状：引证罪状即引用刑法分则的其他条款来说明某种犯罪的特征。引证罪状的条文本身并不描述犯罪的特征，而是引用其他条款已经描述过的某种犯罪的特征来认定该种犯罪。

《刑法》第 107 条规定，境内外机构、组织或者个人资助境内组织或者个人实施本章第 102 条、第 103 条、第 104 条、第 105 条规定之罪的，对直接责任人员，处 5 年以下有期徒刑、拘役、管制或者剥夺政治权利；情节严重的，处 5 年以上有期徒刑。

4. 空白罪状：在刑法分则条文中不直接叙明犯罪的特征，只是指出该犯罪行为所违反的其他法律、法规。

《刑法》第 322 条规定，违反国（边）境管理法规，偷越国（边）境，情节严重的，处 1 年以下有期徒刑、拘役或者管制，并处罚金。

《刑法》第 345 条规定，违反森林法的规定，滥伐森林或者其他林木，数量较大的，处 3 年以下有期徒刑、拘役或者管制，并处或者单处罚金；数量巨大的，处 3 年以上 7 年以下有期徒刑，并处罚金。

三、法定刑

（一）概念

法定刑即刑法分则条文对具体犯罪所规定的量刑标准，包括刑罚种类（即刑种）和刑罚幅度（即刑度）。

（二）类型

根据法定刑中的刑种和刑罚幅度的确定程度，可以把法定刑分为绝对确定的法定刑、相对确定的法定刑和浮动法定刑三种类型。

1. 绝对确定的法定刑： 在刑法分则条文中对某种犯罪规定单一的刑种与固定的刑罚幅度的法定刑。我国刑法中只有极少数犯罪在其加重罪状中规定有绝对确定的法定刑。

《刑法》第 121 条规定，以暴力、胁迫或者其他方法劫持航空器的，处 10 年以上有期徒刑或者无期徒刑；致人重伤、死亡或者使航空器遭受严重破坏的，处死刑。

2. 相对确定的法定刑： 在刑法分则条文中对某种犯罪规定一定的刑种和刑罚幅度的法定刑。我国刑法分则条文所规定的法定刑基本属于相对确定的法定刑。这种法定刑的好处是法官可以根据案件的具体情况，裁量轻重适当的刑罚，有利于实现刑罚的统一和刑罚的个别化。

《刑法》第 133 条规定，违反交通运输管理法规，因而发生重大事故，致人重伤、死亡或者使公私财产遭受重大损失的，处 3 年以下有期徒刑或者拘役；交通运输肇事后逃逸或者有其他特别恶劣情节的，处 3 年以上 7 年以下有期徒刑；因逃逸致人死亡的，处 7 年以上有期徒刑。

3. 浮动法定刑： 法定刑的具体期限或具体数量并非确定的，而是根据一定的标准升降不拘，处于一种相对不确定的游移状态。

《刑法》第 227 条规定，伪造或者倒卖伪造的车票、船票、邮票或者其他有价票证，数额较大的，处 2 年以下有期徒刑、拘役或者管制，并处或者单处票证价额 1 倍以上 5 倍以下罚金；数额巨大的，处 2 年以上 7 年以下有期徒刑，并处票证价额 1 倍以上 5 倍以下罚金。

四、罪名

（一）概念

罪名即犯罪的名称，罪名所体现出来的是对犯罪本质特征的科学概括。

（二）分类

1. 单一罪名： 所包含的犯罪构成的具体内容单一，只能反映一个犯罪行为，不能分解拆开使用的罪名。

例如，故意杀人罪，故意伤害罪，逃避商检罪，非法拘禁罪，诬告陷害罪。

2. 选择性罪名： 所包含的犯罪构成具体内容复杂，反映出多种行为类型，既可以概括使用，也可以拆解分开使用的罪名。选择性罪名既有行为方式的选择，也有行为对象的选择，还有行为方式和行为对象一并选择的。

行为选择	引诱、容留、介绍卖淫罪
对象选择	拐卖妇女、儿童罪
行为、对象同时选择	非法制造、买卖、运输、邮寄、储存枪支、弹药、爆炸物罪

3.概括性罪名：所包含的犯罪构成具体内容复杂，反映出多种行为类型，但是只能概括使用，不可以拆解分开使用的罪名。

例如，信用卡诈骗罪的行为方式包括四种类型，无法在罪名中将四种行为方式全部呈现，因此只能用一个概括性的罪名。

【命题角度】判断分则某个罪状属于何种类型的罪状，是否违反罪刑法定原则。

例1《刑法》第232条规定的罪状为"故意杀人的"，这种简单罪状虽然没有具体描述犯罪特征，但并不违反罪刑法定原则的明确性要求。

解析：正确。简单罪状描述的犯罪特征为众人所知，无须具体描述，具有简单概括、避免烦琐的特点，并未违反罪刑法定原则。

例2《刑法》第340条规定的罪状为"违反保护水产资源法规，在禁渔区、禁渔期或者使用禁用的工具、方法捕捞水产品，情节严重的"，这是空白罪状，它仅规定了部分构成要件要素，剩下的由其他法规规定，违反了罪刑法定原则中的成文化要求。

解析：错误。空白罪状是刑法的立法技巧之一，并不违反罪刑法定原则。

第二节 注意规定与法律拟制

一、注意规定

（一）概念

在刑法已经作出规定的前提下，提示司法人员注意，以免司法人员忽略的规定。

（二）基本特征

1.并不改变基本规定的内容，只是对基本规定内容的重申。

2.只具有提示性，不会导致将原本不符合规定的行为也按照相关规定论处。

《刑法》第156条规定，与走私罪犯通谋，为其提供贷款、资金、账号、发票、证明，或者为其提供运输、保管、邮寄或者其他方便的，以走私罪的共犯论处。

《刑法》第198条第4款规定，保险事故的鉴定人、证明人、财产评估人故意提供虚假的证明文件，为他人诈骗提供条件的，以保险诈骗的共犯论处。

二、法律拟制

（一）概念

将原本不符合某种规定的行为也按照该规定处理。尽管立法者明知T2与T1的事实并非完全相同，但是出于某种目的仍然赋予 T2 与 T1 相同的法律效果，从而向法律适用者指明，将 T2 视为 T1 的一种情形，对 T2 适用 T1 的法律后果。

（二）设置法律拟制的理由

1. 形式：基于法律经济性的考虑，避免重复，即直接规定"对 T2 适用 T1 的法律后果"而不用重复 T1 的法律后果。

2. 实质：两种行为对于法益侵害具有相同性或者相似性，即立法者意识到 T2、T1 之间不同，同时意识到 T2、T1 之间在本质上的类似性。

例如，第 267 条第 2 款规定，携带凶器抢夺的，依照本法第 263 条的规定定罪处罚。携带凶器抢夺，原本并不符合抢劫罪的构成要件（没有对人强制），但是抢夺本身是对于财产法益的侵害，携带凶器又具有侵犯人身的高度危险性，因此"携带凶器抢夺"对人身权和财产权双重法益都带来威胁，与抢劫罪的法益侵害具有相同性。

3. 注意规定与法律拟制核心区别。

	注意规定	法律拟制
倘若取消该条文，遇到这样的法律问题，是否还会如条文所指引的处理	会	不会
	该条文仅具有提示意义，即提示注意	该条文具有创设意义

例 1　《刑法》第 259 条第 2 款规定，利用职权、从属关系，以胁迫手段奸淫现役军人的妻子的，依照本法第 236 条的规定定罪处罚。

解析： 即使没有第 259 条第 2 款的规定，以胁迫手段奸淫现役军人的妻子，也满足强奸罪的构成要件，应当以强奸罪论处。

例 2　《刑法》第 292 条第 2 款规定，聚众斗殴致人重伤、死亡的，依照本法第 234 条、第 232 条的规定定罪处罚。

解析： 如果没有第 292 条第 2 款的规定，聚众斗殴致人重伤、死亡的，就有可能成立过失致人重伤罪、过失致人死亡罪。

【命题角度】判断倘若取消某个条文，是否定罪不同。

例　关于《刑法》分则条文的理解，下列哪些选项是错误的？（　　　　）①（2011-2-58）

A. 即使没有《刑法》第 269 条的规定，对于犯盗窃罪，为毁灭罪证而当场使用暴力的行为，也要认定为抢劫罪

B. 即使没有《刑法》第 267 条第 2 款的规定，对于携带凶器抢夺的行为也应认定为抢劫罪

C. 即使没有《刑法》第 196 条第 3 款的规定，对于盗窃信用卡并在 ATM 取款的行为，也能认定为盗窃罪

D. 即使没有《刑法》第 198 条第 4 款的规定，对于保险事故的鉴定人故意提供虚假的证明文件为他人实施保险诈骗提供条件的，也应当认定为保险诈骗罪的共犯

---

① 【答案】AB

解析：A、B 都属于法律拟制，倘若取消，将不再定抢劫罪；C、D 都属于注意规定，即使取消，也应如此定罪。

【重点复盘】

1.罪状的四种类型简单罪状、叙明罪状、引证罪状、空白罪状，各有千秋，都不违反罪刑法定原则。

2.法定刑的类型：绝对确定的法定刑、相对确定的法定刑和浮动法定刑三种类型。

3.罪名的三种类型：单一罪名、选择性罪名、概括性罪名。其中选择性罪名既有行为方式的选择，也有行为对象的选择，还有行为方式和行为对象一并选择，在选择性罪名内部，不会数罪并罚。

4.注意规定是在刑法已经作出规定的前提下，提示司法人员注意，以免司法人员忽略的规定；法律拟制是将原本不符合某种规定的行为也按照该规定处理的规定。

第十五章　危害公共安全罪

扫描右侧二维码"听课 + 做题"，直达最佳学习效果
1. 在线听课：学习本章节核心考点讲解课程。
2. 在线刷题：点击  进入题库做章节练习。

第一节　危害公共安全罪概述

一、公共

"公共"，即不特定或多数人。

1. **"不特定"**：事前难以预料、事中难以控制，随时可能扩大或增加。

2. **"多数人"**：不是一般意义上的 3 人以上，通常需要人数更多。

🔍 **注意** "不特定"与"多数人"不必同时具备，即特定的多数人或者不特定的少数人都属于公共，当然不特定多数人更加具有公共性。

例如，夜间的长途汽车上仅有特定的 10 人，行为人破坏了汽车的刹车系统，足以导致汽车倾覆的，也会危害公共安全，成立破坏交通工具罪。

二、安全

即生命、健康、财产安全以及生活的平稳、安定。

【重点复盘】

"不特定"或者"多数人"只具其一，就满足"公共"的要求。

第二节　本章要求掌握的具体罪名

一、放火罪

（一）概念

故意放火焚烧公私财物，危害公共安全的行为。

（二）认定

1.客观要件：实施放火焚烧公私财物，危害公共安全的行为。

（1）"放火"是指故意使对象物燃烧、引起<u>火灾</u>的行为。

（2）"火灾"是指在时间上或者空间上失去控制的燃烧状态。

使对象物燃烧的行为是否属于放火行为，关键在于这种燃烧有没有可能变成火灾，这便需要正确判断。

①要将所有<u>客观事实</u>作为判断基础，如行为本身的危险性，对象物本身的性质、结构、价值，对象物周围的状况，对象物与周围可燃物的距离，行为时的气候、气温等。

②要根据<u>客观的因果法则</u>进行判断，对象物燃烧的行为是否足以形成在时间上或空间上失去控制的燃烧状态。

如果行为确实引起了对象物的燃烧，但是综合考察燃烧的具体情状，发现不可能出现燃烧失控的状态，则该行为就不是"放火"，而只是以燃烧的方式故意毁坏财物或者故意杀人的行为。

例如，元宝因与邻居发生口角心生怨恨，意图报复邻居，便趁黑夜将邻居堆放在水泥稻场中央的前一天收割的稻子一把火烧光（稻堆周围 20 米范围内并无易燃易爆物）。元宝的行为并无危害公共安全的具体危险，仅构成故意毁坏财物罪。

2. 犯罪主体：已满 14 周岁、具有辨认和控制行为能力的自然人。

3. 既遂标准：当放火行为产生引起火灾的具体危险时，犯罪既遂。所谓"具体危险"是指，引火物点燃对象物后，将引火物撤离，对象物开始独立燃烧，此时可以认为具体危险出现，放火罪既遂。

（1）使对象物"燃烧"的行为在有可能发展成为"火灾"时，才能评价为"放火"。

（2）"燃烧"只需要达到"独立燃烧"的程度，放火罪就既遂。

（3）如果还没有将对象物点燃，或刚点燃还未能脱离引火物独立燃烧，过后随即熄灭的，不是既遂。

二、投放危险物质罪

（一）概念

故意针对不特定或者多数人或者重大公私财产投放毒害性、放射性、传染病病原体等物质，危害公共安全的行为。

（二）认定

1. 客观方面：投放毒害性、放射性、传染病病原体等物质。

（1）"投放"：

①是将危险物质投放于供不特定或多数人食用／饮用的食品／饮料中；

②将危险物质投放于供人、畜等使用的河流、池塘、水井等中；

③释放危险物质，如将传染病病原体释放于一定场所。

（2）"危险物质"：毒害性、放射性、传染病病原体等危险物质，包括危险气体、液体、固体。

2. 投放危险物质的行为，足以造成不特定或者多数人重伤、死亡以及财产重大损失的，就构成本罪。

三、以危险方法危害公共安全罪

（一）概念

使用与放火、爆炸、决水、投放危险物质危险性相当的其他危险方法，危害公共安全的行为。

（二）认定

客观方面。

（1）使用放火、决水、爆炸、投放危险物质以外的其他危险方法危害公共安全，即仅限于与放火、决水、爆炸、投放危险物质相当的方法，而不是泛指任何危害公共安全的方法。

本书对本罪（以危险方法危害公共安全罪）的构成要件采取严格限制解释的态度。"其他危险方法"应当在行为的危险性质上与放火、决水、爆炸等同类，而放火、决水、爆炸的特点是，一旦发生就无法立即控制结果的数量，行为终了后结果范围还会扩大。换言之，对那些与放火、决水、爆炸等危险方法不相当的行为，即使危害公共安全，也不宜认定为本罪。①

【总结】以危险方法危害公共安全罪判断三部曲

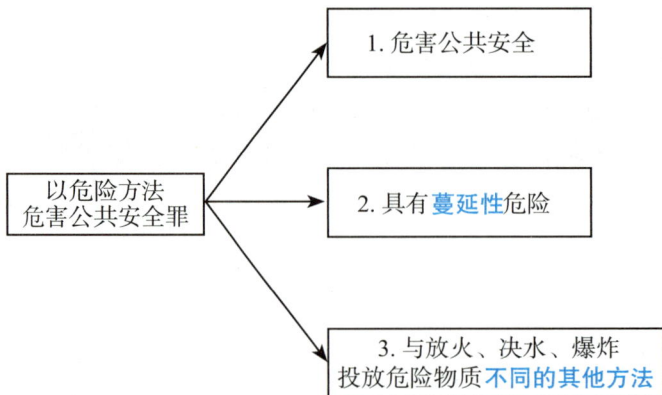

```
                          ┌──────────────────────┐
                    ┌────→│ 1. 危害公共安全         │
                    │     └──────────────────────┘
┌──────────────┐    │     ┌──────────────────────┐
│ 以危险方法      │────┼────→│ 2. 具有蔓延性危险       │
│ 危害公共安全罪  │    │     └──────────────────────┘
└──────────────┘    │     ┌──────────────────────────┐
                    └────→│ 3. 与放火、决水、爆炸        │
                          │ 投放危险物质不同的其他方法    │
                          └──────────────────────────┘
```

（2）根据司法解释，常见的危险方有：

①破坏矿井通风设备，危害公共安全。

②在多人通行的场所私拉电网，危害公共安全。

③在火灾现场破坏消防器材，危害公共安全。

④驾车冲撞人群，危害公共安全。

⑤醉酒后驾驶机动车在高速公路上逆向高速行驶。

⑥故意从高空抛弃物品，足以危害公共安全，且具有瞬间的爆发扩散性。

【命题角度1】高空抛物行为，如果没有带来蔓延性危险，即使危害公共安全，也不成立本罪。

例1 甲从人行天桥往下扔砖头，即使事前不能确定伤亡者是谁，但是该行为只能

---

① 张明楷. 刑法学. 6版. 北京：法律出版社，2021：891.

导致不特定少数人伤亡，不可能随时扩大或者增加被害人的范围，因此不应当构成本罪。①

【命题角度2】故意从高空抛掷燃烧物或者爆炸物，足以或者已经引起火灾或者爆炸，危害公共安全的，应当认定为放火罪、爆炸罪；在高空下有人的情形下，故意实施的高空抛物行为已经致人死亡的，应当认定为故意杀人既遂。②

例2 乙从高空向下扔正在燃烧的蜂窝煤，构成以危险方法危害公共安全罪。（2022）

解析：错误。"正在燃烧的蜂窝煤"，即便认为燃烧的蜂窝煤有引发火灾的蔓延性危险，也应当认定为放火罪而不是以危险方法危害公共安全罪。

四、交通肇事罪

（一）概念

违反交通运输管理法规，在公共交通管理范围内发生重大事故，致人重伤、死亡或者使公私财产遭受重大损失的行为。

（二）认定

1.客观方面：违反交通运输管理法规，在公共交通管理范围内发生重大事故，致人重伤、死亡或者使公私财产遭受重大损失的行为。

（1）有违反交通运输管理法规的行为。

"交通运输管理法规"，主要指公路、水上交通运输中的各种交通规则、操作规程、劳动纪律等。

（2）在公共交通管理范围内（陆路、水路），且在交通过程中以及与交通有直接关系的活动中。

例1 甲在施工场地卸货倒车时，不慎将一装卸工人轧死。甲的行为构成重大责任事故罪，而不是交通肇事罪。

例2 在高速公路上实施拉车门乞讨等行为，造成重大事故的，应认定为交通肇事罪。

例3 在城区或其他行人较多、有机动车来往的道路上违章骑三轮车，造成重大事故的，应认定为交通肇事罪。

（3）发生重大交通事故，致人重伤、死亡或者使公私财产遭受重大损失。

（4）违反交通运输管理法规的行为与结果之间必须具有因果关系。换言之，即使行为人违反了交通运输管理法规，客观上也发生了危害结果，但如果危害结果与行为人违反交通运输管理法规的行为之间没有因果关系，则不能以本罪论处。

例 行为人并未按照交通运输管理法规之规定对车辆进行年检，但车辆并无故障。若因被害人自身横穿马路造成交通事故，行为人不构成交通肇事罪。

2.犯罪主体：一般主体。

（1）交通运输从业人员。

---

① 参见张明楷：《刑法学》，第6版，第893页。
② 参见张明楷：《刑法学》，第6版，第1393页

（2）非交通运输从业人员。

根据 2000 年《关于审理交通肇事刑事案件具体应用法律若干问题的解释》，应注意：

（1）单位主管人员、机动车辆所有人或者机动车辆承包人**指使、强令**他人违章驾驶造成重大交通事故，以**交通肇事罪**定罪处罚。此时，单位主管人员、机动车所有人、承包人与机动车驾驶者分别成立交通肇事罪，他们之间并不成立共同犯罪。

（2）交通肇事后，单位主管人员、机动车辆所有人、承包人或者乘车人指使肇事人逃逸，致使被害人因得不到救助而死亡的，以**交通肇事罪的共犯**论。此时，单位主管人员、机动车辆所有人、承包人、乘车人与机动车驾驶者对于"被害人因得不到及时救助而死亡"这一结果有共同故意，因此以交通肇事罪的共犯论处。

3. 交通肇事罪的基本情形与加重情形。

（1）基本情形。

主观责任		客观后果	法定刑
完全或主要责任	类型一	①死亡 1 人以上；②重伤 3 人以上；③造成公私直接财产损失 30 万元以上并无力赔偿	3 年以下有期徒刑或者拘役
	类型二	重伤 1 人以上并具有下列情形之一：①酒后、吸毒后驾驶；②无驾驶资格；③明知车况不良；④明知是无牌证、报废车辆；⑤严重超载；⑥肇事后逃逸①	
同等责任		死亡 3 人以上	

（2）加重情形。

交通肇事罪	**逃逸**②	**一级加重**	3 年以上 7 年以下有期徒刑
交通肇事	**逃逸且因逃逸**③**致人死亡**	**二级加重**	7 年以上有期徒刑

【一级加重】"交通运输肇事后**逃逸**"的基本要件：

①逃逸前的行为已经构成**交通肇事罪**；

②**行为人明知**发生了交通事故；

③逃逸的**目的**："逃避法律追究"。

【二级加重】"因逃逸致人死亡"的基本要件：

①逃逸前发生了交通事故（不需要构成交通肇事罪）；

②**行为人明知**发生了交通事故；

③逃逸的**目的**："逃避法律追究"；

④被害人死亡原因：得不到及时救助。

例 1　甲违章驾驶，肇事致 1 人重伤，为逃避法律追究而逃逸：交通肇事罪。

例 2　乙酒后开车，肇事致 1 人重伤，为逃避法律追究而逃逸：交通肇事罪（一级加重）。

---

① "逃逸"是交通肇事罪的成立条件，而非法定刑升格条件。

② 以"逃逸"前的行为构成交通肇事罪为前提，属于交通肇事罪一级加重情形。

③ 交通事故发生后，逃逸行为致被害人得不到及时救助而死亡，属于交通肇事罪二级加重情形。

例3 丙酒后开车，肇事致1人重伤，为逃避法律追究而逃逸，被害人因失血过多而死亡：交通肇事罪（二级加重）。

例4 丁超速驾驶，肇事致1人重伤，为逃避法律追究而逃逸，被害人因失血过多而死亡：交通肇事罪（二级加重）。

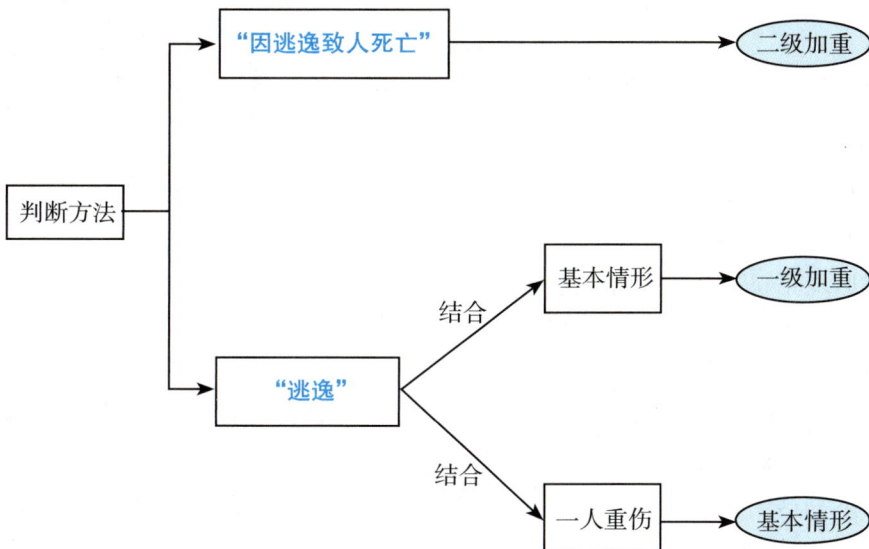

4. 罪数问题。

（1）行为人在交通肇事后，明知被害人伤重，将被害人带离事故现场后隐藏或者遗弃，致使被害人无法得到救助而死亡或者严重残疾的，应当分别以故意杀人罪或者故意伤害罪定罪处罚。

（2）行为人在交通肇事后，以为被害人已经死亡，为了隐匿罪迹，将被害人沉入河流中，事实上被害人溺死，应将后行为认定为过失致人死亡罪；如果前行为已构成交通肇事罪，则应实行数罪并罚。

【命题角度】"被害人事后死亡"的情形下，如何评价行为？

误以为 **当场死亡**	逃逸→没有得到及时救助	"逃逸致人死亡"
	将"尸体"带离事故现场后隐藏或者遗弃→没有得到及时救助	"逃逸致人死亡"
	将"尸体"扔进河中→淹死	过失致人死亡罪（可与前面的交通肇事罪并罚）
明知 **当场未死**	逃逸→没有得到及时救助	"逃逸致人死亡"
	将被害人带离事故现场后隐藏或者遗弃→没有得到及时救助	【不作为】故意杀人罪（可与前面的交通肇事罪数罪并罚）
	倒车再轧或者拔刀捅杀	故意杀人罪（可与前面的交通肇事罪并罚）

五、危险驾驶罪

（一）概念

在道路上驾驶机动车追逐竞驶，情节恶劣的，或者在道路上醉酒驾驶机动车的，或者从事校车业务或者旅客运输，严重超过额定乘员载客，或者严重超过规定时速行驶的，或者违反危险化学品安全管理规定运输危险化学品，危及公共安全的行为。

（二）认定

1. 客观方面。

（1）追逐竞驶且情节恶劣。

① "追逐竞驶" 是指在道路上高速、超速行驶，随意追逐、超越其他车辆，频繁或突然并线，近距离驶入其他车辆之前的危险驾驶行为。

② 可以是 2 人以上，也可由单个人实施。

（2）醉酒驾驶。指在道路上驾驶机动车，血液酒精含量达到 80 毫克 /100 毫升以上。（150 毫克 /100 毫升以上）[①]

（3）从事校车业务或者旅客运输，严重超过额定乘员载客，或者严重超过规定时速行驶。

（4）违反危险化学品安全管理规定运输危险化学品，危及公共安全。

2. 犯罪主体：一般主体。

机动车所有人、管理人对第（3）（4）项中的行为负有直接责任的，同样构成本罪。

3. 罪数问题。

（1）危险驾驶致使发生交通事故，又构成交通肇事罪的：以交通肇事罪从重处罚；

（2）危险驾驶致使发生交通事故，又构成交通肇事罪，且行为人不顾周围群众拦截继续驾车行驶，又撞死撞伤多人的：以危险方法危害公共安全罪从重处罚。

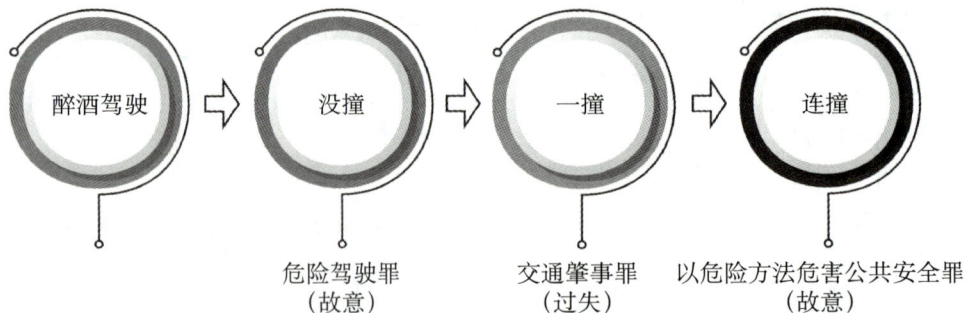

醉酒驾驶 ➡ 没撞 ➡ 一撞 ➡ 连撞

危险驾驶罪　　　交通肇事罪　　以危险方法危害公共安全罪
（故意）　　　　（过失）　　　　　（故意）

如果危险驾驶，但是在驾驶过程中由于其他原因导致发生事故，则与危险驾驶罪数

[①] 根据 2023 年 12 月 13 日《最高人民法院最高人民检察院公安部司法部关于办理醉酒危险驾驶刑事案件的意见》血液酒精含量达到 80 毫克 /100 毫升以上，属于醉酒驾驶。当行为人血液酒精含量达到 80 毫克 /100 毫升，且具有一些严重情节（如未取得机动车驾驶证；严重超员、超载、超速驾驶；在高速公路上驾驶；驾驶重型载货汽车；驾驶机动车从事客运活动且载有乘客的；驾驶机动车从事校车业务且载有师生等），应当依法追究刑事责任；如果行为人只是最纯粹的醉酒驾驶机动车，不具有其他严重情节，则认定危险驾驶罪的标准为血液酒精含量 150 毫克 /100 毫升。

罪并罚。例如:

（1）醉酒驾驶，但是由其他与醉酒无关的违反交通运输管理法规的行为（如闯红灯、超速）引发交通事故，构成交通肇事罪:危险驾驶罪与交通肇事罪数罪并罚;

（2）违规运输危险化学品，危及公共安全，构成危险驾驶罪;又由于闯红灯等原因造成交通事故，构成交通肇事罪:危险驾驶罪与交通肇事罪数罪并罚。

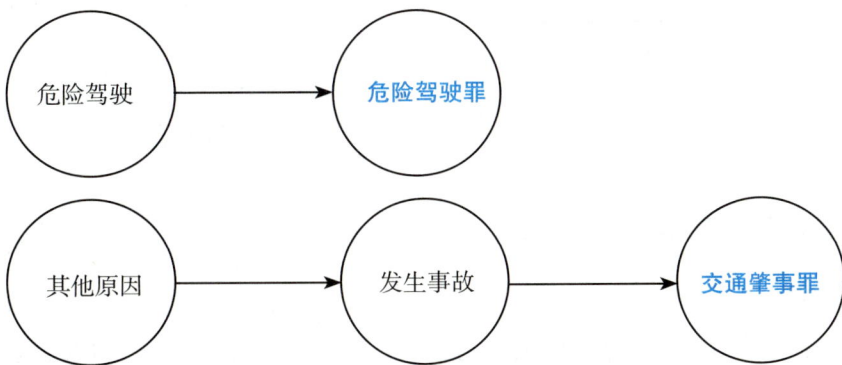

【命题角度】 判断危险驾驶行为中发生事故的罪数问题。

例 醉酒驾驶机动车，误将红灯看成绿灯，撞死 2 名行人。（2015）

解析: 行为人醉酒驾驶机动车，构成危险驾驶罪，同时由于醉酒导致违章，撞死行人，构成交通肇事罪，最终应以交通肇事罪论处。

六、妨害安全驾驶罪

（一）概念

对行驶中的公共交通工具的驾驶人员使用暴力或者抢控驾驶操纵装置，干扰公共交通工具正常行驶，或者驾驶人员在行驶的公共交通工具上擅离职守，与他人互殴或者殴打他人，危及公共安全的行为。

（二）认定

1. 实行行为包括两种类型。

（1）乘客对行驶中的公共交通工具的驾驶人员使用暴力或者抢控驾驶操纵装置，干扰公共交通工具正常行驶，危及公共安全;

（2）驾驶人员在行驶的公共交通工具上擅离职守，与他人互殴或者殴打他人，危及公共安全。

2. 如果因为实施本罪行为，给交通运输安全带来现实、紧迫、具体的危险，如导致公共交通工具发生剧烈晃动，严重偏离线路，足以发生倾覆、毁坏的后果或者造成严重交通事故致人伤亡，则同时成立以危险方法危害公共安全罪，依照处罚较重的规定定罪处罚。

```
┌──────────────┐      ┌─────────────────────────┐
│   严重后果    │─────▶│  以危险方法危害公共安全罪  │
└──────────────┘      │    （10—死刑）          │
       ▲              └─────────────────────────┘
┌──────────────────┐  ┌─────────────────────────┐
│ 现实、紧迫、直接危险│─▶│  以危险方法危害公共安全罪  │
└──────────────────┘  │    （3—10）            │
       ▲              └─────────────────────────┘
┌──────────────────┐  ┌─────────────────────────┐
│拉拽、抢夺、殴打、互殴│─▶│       妨害安全驾驶罪      │
└──────────────────┘  └─────────────────────────┘
```

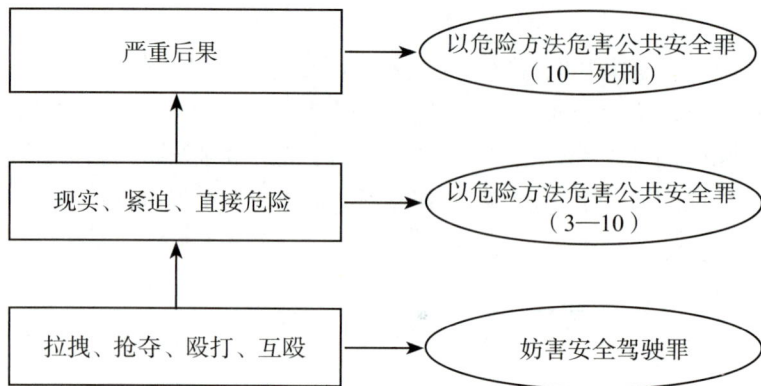

七、帮助恐怖活动罪

（一）概念

资助恐怖活动组织、实施恐怖活动的个人，资助恐怖活动培训，以及为恐怖活动组织、实施恐怖活动或者恐怖活动培训招募、运送人员的行为。

（二）认定

1. 实行行为。

（1）资助恐怖活动组织、实施恐怖活动的个人：提供物质帮助，解决经济困难。

（2）资助恐怖活动培训：为恐怖活动培训募集、提供经费、物资、场所或其他物质便利条件。

（3）为恐怖活动组织、实施恐怖活动或者恐怖活动培训招募、运送人员。

①招募：宣传、介绍、推荐、鼓动；

②运送：利用各种交通手段接收、运输、中转。

2. 行为主体：自然人、单位。

3. 既遂标准：提供的资助被恐怖活动组织或者人员接收或者招募、运送完成。

🔍 **注意** 本罪的立法模式是帮助犯的正犯化，"帮助行为"本身就是本罪的正犯行为。因此：

（1）定罪：独立定罪，不必遵守共犯从属性原则，即本罪的成立不以恐怖活动组织或者人员实施具体的恐怖活动犯罪为前提。

（2）量刑：不属于共犯中的帮助犯，不适用从犯的规定。

（3）未完成形态：有自己独立的未完成形态（预备、未遂、中止）。

（4）共犯：有自己的帮助犯、教唆犯。

八、准备实施恐怖活动罪

（一）概念

为本人或者他人实施恐怖活动进行准备的行为。

（二）认定

1.实行行为。

（1）为实施恐怖活动准备凶器、危险物品或者其他工具。

"准备"：购买、制造、租用等。准备凶器、危险物品或者其他工具的目的必须是为实施恐怖活动。

（2）组织恐怖活动培训或者积极参加恐怖活动培训。

"恐怖活动培训"，既包括传授、灌输恐怖主义思想、主张的培训，也包括实施具体恐怖活动的方法、技能的培训，如当面讲授、开办培训班、举办论坛、组织收听收看相关音视频资料等。

（3）为实施恐怖活动与境外恐怖活动组织或者人员联络。

"与境外恐怖活动组织或者人员联络"，既包括利用各种通讯方式（如电话、电子邮件、短信等）联络，也包括直接见面联络；联络的目的是"实施恐怖活动"，其内容既可以是参加境外恐怖活动组织或者具体恐怖活动，也可以是向对方提供相关情报，还可以是寻求支持、支援与帮助等。

（4）为实施恐怖活动进行策划或者其他准备。

为实施恐怖活动进行策划，是指就实施恐怖活动的时间、地点、目标、方法等进行筹划、谋划。

2.罪数。

准备实施恐怖活动同时构成其他犯罪的，依照处罚较重的规定定罪处罚，如非法买卖枪支、弹药、爆炸物罪，故意杀人罪犯罪预备。

🔍 **注意**　本罪的立法模式是预备行为实行化，"准备实施恐怖活动"的行为就是本罪的实行行为。因此：

（1）定罪：独立定罪，即本罪的成立不以本人或者他人着手实施恐怖活动犯罪为前提。

（2）量刑：不属于犯罪预备，不适用预备犯的规定。

（3）未完成形态：有自己独立的未完成形态（预备、未遂、中止），如为购买实施恐怖活动的枪支而筹钱的行为，为策划实施恐怖活动而与相关人员联系的行为。此类行为如能被证实，应当以准备实施恐怖活动罪（预备）处罚。

（4）共犯：有自己的帮助犯、教唆犯。

【真题训练（2021）】《刑法》第120条之二（准备实施恐怖活动罪）规定，为实施恐怖活动准备凶器、危险物品或者其他工具构成准备实施恐怖活动罪。关于这一规定，下列理解正确的是（　　　）。①

---

　　①【解析】A选项：准备实施恐怖活动罪法定最高刑为15年有期徒刑，同时构成非法买卖爆炸物罪（法定最高刑为死刑），想象竞合，择一重罪论处。（参见张明楷．刑法学．6版．北京：法律出版社，2021：706）；B选项：本罪属于预备行为实行化（预备犯的既遂化），行为人完成了本罪的行为，即构成犯罪既遂，不适用刑法总则关于预备犯的规定；C选项：本罪的实行行为并没有要求必须为自己实施恐怖活动做准备，因此为他人实施恐怖活动而准备凶器的，也成立本罪；D选项：本罪是目的犯，准备凶器、危险物品或者其他工具，必须是为实施恐怖活动。答案为D。

A. 为实施恐怖活动而非法购买爆炸物的，应依本罪论处

B. 本罪属于预备犯，应比照既遂犯从轻、减轻或免除处罚

C. 为他人实施恐怖活动而准备凶器的，不能依本罪论处

D. 本罪为目的犯，如果不是为实施恐怖活动而准备凶器的，不成立本罪

第十六章　破坏社会主义市场经济秩序罪

第一节　生产、销售伪劣商品罪

抽象危险犯	生产、销售、提供假药罪	第 141 条：**生产、销售假药的**，处 3 年以下有期徒刑或者拘役，并处罚金
	生产、销售有毒、有害食品罪	第 144 条：在生产、销售的食品中**掺入有毒、有害的非食品原料的**，或者**销售明知掺有有毒、有害的非食品原料的食品的**，处 5 年以下有期徒刑，并处罚金
具体危险犯	生产、销售不符合安全标准的食品罪	第 143 条：生产、销售不符合食品安全标准的食品，**足以造成严重食物中毒事故或者其他严重食源性疾病**的，处 3 年以下有期徒刑或者拘役，并处罚金
结果犯	生产、销售伪劣产品罪	第 140 条：生产者、销售者在产品中掺杂、掺假，以假充真、以次充好或者以不合格产品冒充合格产品，**销售金额 5 万元**以上不满 20 万元的，处 2 年以下有期徒刑或者拘役
	生产、销售、提供劣药罪	第 142 条：生产、销售劣药，**对人体健康造成严重危害的**，处 3 年以上 10 年以下有期徒刑

一、本节犯罪概述

（一）犯罪主体

本节全部罪名都可由**单位**构成。

（二）法条竞合

《刑法》第 149 条 【生产、销售伪劣商品行为的法条适用原则】生产、销售本节第 141 条至第 148 条所列产品，不构成各该条规定的犯罪，但是销售金额在 5 万元以上的，依照本节第 140 条的规定定罪处罚。

生产、销售本节第 141 条至第 148 条所列产品，构成各该条规定的犯罪，同时又构成本节第 140 条规定之罪的,依照**处罚较重**的规定定罪处罚。

1. 生产、销售《刑法》第 141 — 148 条所列产品,如果不构成各该条规定的犯罪,但是销售金额在 5 万元以上,成立**生产、销售伪劣产品罪**。

例如,生产、销售劣药,没有给人体健康造成严重危害则不成立生产、销售劣药罪,但是如果销售金额在 5 万元以上,则以生产、销售伪劣产品罪定罪。

2. 构成**各该条规定的犯罪,同时**又构成**生产、销售伪劣产品罪,依照**处罚较重**的规定定罪处罚。

例如,生产、销售劣药,已经给人体健康造成严重危害,成立生产、销售劣药罪,但是如果销售金额在 5 万元以上,也成立生产、销售伪劣产品罪,则依照**处罚较重**的规定定罪处罚。

(三)共犯

明知他人实施本节犯罪,而为其提供贷款、资金、账号、发票、证明、许可证件、生产经营场所,运输、仓储、保管、邮寄、网络销售条件,制假生产技术,食品原料、食品添加剂,广告宣传等**直接帮助的,以共犯论处**。

(四)罪数

1. 犯本节之罪,同时又构成**侵犯知识产权**、**非法经营**、**合同诈骗**等犯罪,属于想象竞合,依照处罚较重的犯罪处罚。

2. 犯本节之罪,同时以暴力、威胁方法抗拒检查,构成**妨害公务罪**的,数罪并罚。

二、生产、销售伪劣产品罪

(一)概念

生产者、销售者在产品中掺杂、掺假,以假充真,以次充好或者以不合格产品冒充合格产品,销售金额达 5 万元以上的行为。

(二)认定

1. 实行行为:在产品中掺杂、掺假,以假充真,以次充好或者以不合格产品冒充合格产品。

(1)"在产品中掺杂、掺假",即在产品中掺入杂质或者异物,致使产品不符合质量要求,降低、失去应有使用性能。如在芝麻中掺沙子,在磷肥中掺入颜色相同的泥土等。

(2)"以假充真",即以不具有某种使用性能的产品冒充具有该种使用性能的产品,如将党参冒充人参、将猪皮鞋冒充牛皮鞋等。

(3)"以次充好",即以低等级、低档次产品冒充高等级、高档次产品,或者以残次、废旧零配件组合、拼装后冒充正品或者新产品。

(4)以不合格产品冒充合格产品。"不合格产品",即不符合产品质量法规定的质量要求的产品。

上述四种行为有时很难绝对地区分,也没有必要硬性区分某种行为属哪一类。只要实施其中一种行为便可能构成生产、销售伪劣产品罪,同时实施多种行为的,也只以一罪论处。

2. 结果：销售金额达 5 万元以上的行为。

（1）"销售金额"，是指生产者、销售者出售伪劣产品后所得和应得的全部违法收入。

（2）多次实施生产、销售伪劣产品行为，未经处理的，伪劣产品的销售金额或货值金额累计计算。

（3）伪劣产品尚未销售，货值金额达到 15 万元的，以生产、销售伪劣产品罪（未遂）定罪处罚。

3. 犯罪主体：生产者与销售者。

（1）生产者、销售者是否取得了有关产品的生产许可证或营业执照，不影响本罪的成立。

（2）生产者与销售者既可以是自然人，也可以是单位。

4. 主观要件：故意。

明知自己生产、销售伪劣产品的行为会发生破坏国家产品质量监管秩序、侵害用户、消费者合法权益的危害结果，并且希望或者放任这种结果发生。

🔍 注意 行为人减价销售伪劣产品（价格与伪劣产品的价值相当），销售金额 5 万元以上的，应当如何处理？对此，可通过判断行为是否具有欺骗性、行为人是否具有本罪的故意来解决。

如果销售者将真相告诉消费者，其行为就不可能符合以假充真、以次充好的构成要件，不能认定行为人希望或者放任发生破坏市场经济秩序、侵害消费者权益的结果，因而不具有本罪的故意，不成立本罪。如果不说明真相，只是单纯减价销售的，不影响本罪的成立。[①]

【2022 年网络回忆版（延考）】食品公司甲公司有一批过期食品，准备进行销毁处理。李某得知后，表示希望购买该批产品作为公司员工福利发放，甲公司称该批食品已经过期，虽然不会引起不良反应，但是仍不能进行销售，拒绝购买要求。李某多次向甲公司提出购买该批产品，甲公司同意，销售金额共计 6 万元。李某作为公司福利发放给公司员工后，没有收到不良反应。[②]

三、生产、销售、提供假药罪

（一）概念

生产、销售、提供假药罪是指生产者、销售者违反国家药品管理法规，生产、销售假药或者药品使用单位的人员明知是假药而提供给他人使用的行为。

（二）认定

1. 实行行为：生产、销售、提供假药的行为。

（1）"生产"：以生产、销售、提供假药为目的，合成、精制、提取、储存、加工炮

---

① 张明楷．刑法学．6 版．北京：法律出版社，2021：947.

② 甲公司与李某都无罪

制药品原料，或者在将药品原料、辅料、包装材料制成成品过程中，进行配料、混合、制剂、储存、包装。

（2）"销售"：一切有偿提供假药的行为，都是销售假药的行为。

根据司法解释，为出售而购买、储存的行为，应当认定为《刑法》第141、142条规定的"销售"。

（3）"提供"：药品使用单位的人员明知是假药而提供给他人使用。

（4）"假药"：根据药品管理法的规定，有下列情形之一的为假药：

①药品所含成份与国家药品标准规定的成份不符；

②以非药品冒充药品或者以他种药品冒充此种药品；

③变质的药品；

④药品所标明的适应症或者功能主治超出规定范围。

例如，某企业将面粉和白糖的混合物冒充避孕药予以销鲁，属于生产、销鲁假药。

🔍 **注意** "假药"的关键问题是成分不符，没有疗效。

2. 结果。

本罪属于抽象危险犯（行为犯），只要实施生产、销售、提供假药的行为，犯罪就成立。如果生产、销售、提供的假药对人体健康造成严重危害或者有其他严重情节，则是本罪法定刑升格的条件。

四、生产、销售、提供劣药罪

（一）概念

生产、销售、提供劣药罪是指违反国家药品管理制度，生产、销售劣药或者药品使用单位的人员明知是劣药而提供给他人使用，对人体健康造成严重危害的行为。

（二）认定

1. 实行行为：生产、销售、提供劣药的行为。

有下列情形之一的为"劣药"：

（1）药品成份的含量不符合国家药品标准；

（2）被污染的药品；

（3）未标明或者更改有效期的药品；

（4）未注明或者更改产品批号的药品；

（5）超过有效期的药品；

（6）擅自添加防腐剂、辅料的药品；

（7）其他不符合药品标准的药品。

例如，某企业在其生产的六味地黄丸中擅自添加黄色着色剂并予以销售，属于生产、销售劣药。

【注意1】"劣药"的关键问题是轻微瑕疵，可能不影响疗效。

2. 结果：对人体健康造成严重危害。

本罪属于结果犯（实害犯），需要对人体健康造成严重危害，犯罪才成立。所谓"严重危害"，指轻伤以上伤害、轻度以上残疾或者器官组织损伤导致一般功能障碍。

【注意2】2022年司法解释：根据民间传统配方私自加工药品或者销售上述药品，数量不大，且未造成他人伤害后果或者延误诊治的，或者不以营利为目的实施带有自救、互助性质的生产、进口、销售药品的行为，不应当认定为犯罪。

五、妨害药品管理罪

（一）概念

违反药品管理法规，实施法定行为，足以严重危害人体健康的情形。

（二）认定

1. 实行行为。

（1）生产、销售国务院药品监督管理部门禁止使用的药品的。

（2）未取得药品相关批准证明文件生产、进口药品或者明知是上述药品而销售的。

（3）药品申请注册中提供虚假的证明、数据、资料、样品或者采取其他欺骗手段的。

（4）编造生产、检验记录的。

2. 本罪是具体危险犯，实施上述行为，足以严重危害人体健康的，犯罪才成立。

3. 实施本罪，同时又构成生产、销售、提供假药罪，生产、销售、提供劣药罪或者其他犯罪的，依照处罚较重的规定定罪处罚。

🔍 **注意** 未取得药品相关批准证明文件生产、进口的药品，不是"假药"；国务院药品监督管理部门禁止使用的药品，不是"假药"。

【2021年网络回忆版】关于药品犯罪的认定，下列说法正确的是（　　　　）。[①]

A. 生产、销售、提供假药罪是抽象危险犯，生产、销售、提供劣药罪是具体危险犯

B. 生产、销售国务院药品监督管理部门禁止使用的药品的，构成生产、销售假药罪

C. 药品使用单位或者单位的人员销售、提供假药给他人的，成立销售、提供假药罪

D. 擅自进口有疗效的药品在国内销售，不成立销售假药罪，但可能成立妨害药品管理罪

六、生产、销售不符合安全标准的食品罪

（一）概念

违反国家食品卫生安全管理法规，生产、销售不符合安全标准的食品，足以造成严重食物中毒事故或者其他严重食源性疾病的行为。

---

① 【解析】A选项：生产、销售、提供假药罪是抽象危险犯，生产、销售、提供劣药罪是结果犯，需要对人体健康造成严重危害，犯罪才成立。B选项：生产、销售国务院药品监督管理部门禁止使用的药品，足以严重危害人体健康的，构成妨害药品管理罪。C选项：根据《刑法》第141条的规定，药品使用单位或其人员销售、提供假药给他人的，成立销售、提供假药罪。D选项：根据《药品管理法》的规定，未取得药品相关批准证明文件生产、进口的药品，不属于假药。但是根据《刑法》第142条之一的规定，未取得药品相关批准证明文件生产、进口药品或者明知是上述药品而销售，足以严重危害人体健康的，构成妨害药品管理罪。答案为CD。

（二）认定

1. 实行行为：生产、销售不符合安全标准的食品。

"不符合安全标准的食品"，是指不符合食品安全法规定的安全标准的食品。

2. 结果内容。

本罪是具体危险犯，因此生产、销售不符合食品安全标准的食品，足以造成严重食物中毒事故或者其他严重食源性疾病的，犯罪才成立。

根据《最高人民法院、最高人民检察院关于办理危害食品安全刑事案件适用法律若干问题的解释》，具有下列情形之一的，应当认定"足以造成严重食物中毒事故或者其他严重食源性疾病"：

（1）含有**严重超出标准限量**的致病性微生物、农药残留、兽药残留、生物毒素、重金属等污染物质以及其他严重危害人体健康的物质的；

（2）属于**病死、死因不明**或者**检验检疫不合格**的畜、禽、兽、水产动物肉类及其制品的；

（3）属于国家为**防控疾病**等特殊需要明令禁止生产、销售的；

（4）**特殊医学用途配方食品、专供婴幼儿的主辅食品**营养成分严重不符合食品安全标准的；

（5）在食品生产、销售、运输、贮存等过程中，违反食品安全标准，超限量或者超范围滥用**食品添加剂**，足以造成严重食物中毒事故或者其他严重食源性疾病的；

（6）在食用农产品种植、养殖、销售、运输、贮存等过程中，违反食品安全标准，超限量或者超范围滥用**添加剂、农药、兽药**，足以造成严重食物中毒事故或者其他严重食源性疾病的；

（7）其他足以造成严重食物中毒事故或者严重食源性疾病的情形。

🔍 **注意** "不安全的食品"，关键在于"**滥用**"和"**不足**""病死猪"。

例 甲明知病死猪肉有害，仍大量收购病死猪肉并冒充合格猪肉在市场上销售，法院以销售有毒、有害食品罪定罪处罚。（2014-2-58）

解析：错误。甲销售病死猪肉，成立销售不符合安全标准的食品罪。

七、生产、销售有毒、有害食品罪

（一）概念

违反国家食品安全管理法律法规，在生产、销售的食品中掺入有毒、有害的非食品原料的，或者销售明知掺有有毒、有害的非食品原料的食品的行为。

（二）认定

1. 实行行为：生产、销售的食品中掺入有毒、有害的非食品原料，或者销售明知掺有有毒、有害的非食品原料的食品的行为。

（1）在生产的食品中**掺入**有毒、有害的非食品原料；

（2）在销售的食品中**掺入**有毒、有害的非食品原料；

例如，将工业用酒精勾兑成散装白酒出售给他人，将工业用猪油冒充食用油出售给他人的，成立生产、销售有毒食品罪。

（3）明知是掺有有毒、有害的非食品原料的食品而销售。

例如，行为人将自己打捞的有毒鱼虾拿到市场上出卖，没有经过任何加工的，可以成立销售有毒、有害食品罪。

此外，根据《最高人民法院、最高人民检察院关于办理危害食品安全刑事案件适用法律若干问题的解释》，下列行为成立本罪：

①在食品生产、销售、运输、贮存等过程中，掺入有毒、有害的非食品原料，或者使用有毒、有害的非食品原料生产食品的；

②在食用农产品种植、养殖、销售、运输、贮存等过程中，使用禁用农药、食品动物中禁止使用的药品及其他化合物等有毒、有害的非食品原料；

③在保健食品或者其他食品中非法添加国家禁用药物等有毒、有害的非食品原料的。

【注意1】对于"有毒、有害"的理解，关键在于非食品原料和禁用。只要掺入的物质是不能用做食品的原料或者国家明令禁止在食品中使用的，就属于"有毒、有害"，至于该物质对人体究竟有多少直接损害，并不是定罪需要考虑的问题。

【注意2】关于"瘦肉精"（盐酸克仑特罗）：在饲料和动物饮用水中使用该药品或者使用含有该类药品的饲料养殖供人食用的动物，或者销售明知是使用该类药品或者含有该类药品的饲料养殖的供人食用的动物的，以本罪论处。明知是使用该药品或者含有该类药品的饲料养殖的供人食用的动物，而提供屠宰等加工服务，或者销售其制品的，成立本罪。即不能使用"瘦肉精"饲养供人食用的动物，不能卖、屠宰用"瘦肉精"养殖的动物。

2. 结果：本罪是抽象危险犯（行为犯），只要实施生产、销售有毒、有害食品的行为，即构成本罪（既遂）。如果生产、销售的有毒、有害食品对人体健康造成严重危害或者有其他严重情节，则是本罪法定刑升格的条件。

第二节　走私罪

本节重点讲述走私普通货物、物品罪。

一、走私普通货物、物品罪的概念

违反海关法规，逃避海关监管，非法运输、携带、邮寄国家禁止进出口的武器、弹药、核材料、假币、珍贵动物及其制品、珍稀植物及其制品、淫秽物品以及国家禁止出口的文物、金银和其他贵重金属以外的其他货物、物品进出境，偷逃应缴纳关税数额较大或者一年内曾因走私被给予两次行政处罚后又走私的行为。

二、走私普通货物、物品罪的认定

1. 实行行为：违反海关法规，走私普通货物、物品，数量较大的行为。具体方式如下：

（1）**"绕关走私"**：未经国务院或国务院授权的部门批准，不经过设立海关的地点，非法运输、携带依法应当缴纳关税的货物、物品进出国（边）境。

（2）**"瞒关走私"**：虽然通过设立海关的地点进出国（边）境，但采取隐匿、伪装、假报等欺骗手段，逃避海关监管、检查，非法盗运、偷带或者非法邮寄依法应当缴纳关税的货物、物品。

（3）**"变相走私"**：即国家基于特定事由，允许特定种类的货物、物品免税或者减税进境，但是行为人违反规定未将减免税进口的货物、物品用于特定事项上，而是在境内销售牟利，实质上是变相掠取了国家的关税利益。

变相走私又有两种行为方式：

①**【特定的保税货物、物品】**未经国务院批准或者海关许可并补缴关税，擅自将批准进口的来料加工、来件装配、补偿贸易的原材料、零件、制成品、设备等保税货物或者海关监管的其他货物、进境的海外运输工具等，非法在境内销售牟利的。

"保税货物"，是指经海关批准，未办理纳税手续进境，在境内储存、加工、装配后应予复运出境的货物，包括通过加工贸易、补偿贸易等方式进口的货物，以及在保税仓库、保税工厂、保税区或者免税商店内等储存、加工、寄售的货物。

"销售牟利"，是指行为人主观上为了牟取非法利益而擅自销售海关监管的保税货物、特定减免税货物，偷逃税额在 10 万元以上。

②**【特定的减免税货物、物品】**假借捐赠名义进口货物、物品，或者未经海关许可并补缴关税，擅自将减税、免税进口捐赠货物、物品或者其他特定减税、免税进口用于特定企业、特定地区、特定用途的货物、物品，非法在境内销售牟利的。

（4）**"间接走私"**：直接向走私人非法收购走私进口的货物、物品，数额较大的；在内海、领海、界河、界湖运输、收购、贩卖走私进口的货物、物品，数额较大，没有合法证明的。

2. 刑事可罚性起点。成立本罪要求偷逃应缴税额较大（10 万元）或者一年内曾因走私被给予二次行政处罚后又走私的。

3. 共犯：与走私罪犯通谋，为其提供贷款、资金、账号、发票、证明、运输、保管、邮寄等直接帮助，以走私罪的共犯论处。

4. 武装掩护走私，从重处罚。

5. 以暴力、威胁方法抗拒缉私，以本罪与妨害公务罪并罚。

6. 混合走私：走私的普通货物、物品中，藏匿武器弹药、核材料、假币、文物、贵重金属、珍贵动物、珍贵动物制品、国家禁止进出口的货物物品、淫秽物品、毒品、制毒物品的，数罪并罚。

7.本罪与其他走私类犯罪的关系。

禁止进出境	禁止出境	禁止进境	不禁止但要交税
走私武器、弹药罪	走私文物罪	走私废物罪	走私普通货物、物品罪
走私核材料罪			
走私假币罪			
走私珍贵动物、珍贵动物制品罪	走私贵重金属罪		
走私淫秽物品罪			
走私国家禁止进出口的货物、物品罪			

（1）禁止进出境的货物、物品：①武器、弹药；②核材料；③假币；④珍贵动物、珍贵动物制品；⑤淫秽物品；⑥国家禁止进出口的其他货物、物品。

违反规定运输、邮寄、携带此类货物、物品进出境，成立相应犯罪。

（2）禁止出境的货物、物品：①文物；②贵重金属。

违反规定运输、邮寄、携带文物或者贵重金属出境，成立走私文物罪、走私贵重金属罪。

（3）禁止进境的货物、物品：废物。

违反规定运输、邮寄、携带废物进境，成立走私废物罪。

（4）普通货物、物品：国家禁止进出境、国家限制进出境物品以外的货物、物品。

运输、邮寄、携带普通货物、物品进出境，偷逃关税在10万元以上的，成立走私普通货物、物品罪。

🔍注意 将文物、贵重金属进口，将废物出口，偷逃关税在10万元以上的，成立走私普通货物、物品罪。

【命题角度】走私普通货物、物品罪与逃税罪存在法条竞合关系，前罪是特别法，后罪是一般法。

【真题训练（2017）】甲系外贸公司总经理，在公司会议上拍板：为物尽其用，将公司以来料加工方式申报进口的原材料剩料在境内销售。该行为未经海关许可，应缴税款90万元，公司亦未补缴。关于本案，下列哪一选项是正确的？（　　　）[①]

A.虽未经海关许可，但外贸公司擅自销售原材料剩料的行为发生在我国境内，不属于走私行为

B.外贸公司的销售行为有利于物尽其用，从利益衡量出发，应认定存在超法规的犯罪排除事由

C.外贸公司采取隐瞒手段不进行纳税申报，逃避缴纳税款数额较大且占应纳税额的

---

① 【解析】将公司以来料加工方式申报进口的原材料剩料在境内销售，属于变相走私的行为，触犯了走私普通货物、物品罪。走私行为的本质就是逃避关税，本身也符合逃税罪的犯罪构成，但如税务机关（海关）下达补缴通知后，外贸公司补缴应纳税款，缴纳滞纳金，接受行政处罚，那么根据《刑法》的规定，不再追究外贸公司逃税罪的刑事责任，但是走私普通货物、物品罪的责任仍然要追究，因此，A、B、D选项错误，C选项正确。

10% 以上，构成逃税罪

D. 如海关下达补缴通知后，外贸公司补缴应纳税款，缴纳滞纳金，接受行政处罚，则不再追究外贸公司的刑事责任

第三节　破坏金融管理秩序罪

一、伪造货币罪

（一）概念

伪造货币罪是指违反国家货币管理法规，仿照货币的形状、色彩、图案等特征，使用各种方法非法制造出外观上足以乱真的假货币，破坏货币的公共信用，破坏金融管理秩序的行为。

（二）认定

1. 实行行为：制造外观上足以使一般人误认为是货币的假货币，即伪造货币的行为。

（1）"货币"：流通中的人民币（含纪念币，面额以初始发售价格记）和境外货币（含在我国尚无法兑换的境外货币）。

（2）"伪造"，是指制造外观上足以使一般人误认为是货币的假货币的行为。伪造的方法包括机器印制、影印、复印、手描等；同时采用伪造和变造手段，制造真伪拼凑货币的，以伪造货币罪定罪处罚。

根据司法解释，伪造货币必须是仿照真币的图案、形状、色彩等特征非法制造假币来冒充真币，因此必须存在与伪造的货币相对应的（或相当的）真币。

（3）伪造的货币：包括伪造正在流通的中国货币、外国货币，包括硬币（含普通纪念币和贵金属纪念币）与纸币。

（4）伪造的程度，应在外观上足以使一般人误认为是货币，即对于所伪造的货币必须特别加以注意，或者具有一定检测手段、具有专业知识方能发现。如果行为人制造出来的物品完全不可能被人们误认为是货币的，不成立伪造货币罪；如果实施了伪造行为，客观上可能制造出足以使一般人误认为真币的假币，但是没有完成全部印制工序，则成立犯罪未遂。

2. 犯罪主体：没有货币发行权的自然人。

3. 伪造货币罪与变造货币罪。

	伪造货币罪	变造货币罪
原材料	非货币材料或者真币	真币
实行方法	对非货币材料进行加工或者对真币进行大改	对真币小改（不伤害同一性）：剪贴、挖补、揭层、涂改、移位、重印 所谓"小改"：①改面值（增加或者减少），不改基本形态；②不改面值，只改非基本形态

下列行为，由于对基本形态造成破坏，因此全部成立伪造货币罪。

（1）将金属货币熔化后，制作成较薄的、更多的金属货币；

（2）以货币碎片为材料，加入其他纸张，制作成假币；

（3）将日元改成美元。

4.伪造货币罪与出售、运输假币罪，持有、使用假币罪属于各自独立的罪名，能否成立吸收犯，则要看是否针对同一批货。伪造货币并出售、运输或者持有、使用自己伪造的货币的，以伪造货币罪从重处罚，不另成立出售、运输假币罪，持有、使用假币罪，属于重行为吸收轻行为，但这仅限于行为人出售、运输或持有、使用自己伪造的假币的情形；如果行为人不仅伪造货币，而且出售、运输或者持有、使用他人伪造的货币，即伪造的假币与出售、运输的假币或持有、使用的假币不具有同一性时，应当数罪并罚。

🔍 注意　针对同一批货币，伪造货币罪可以吸收一切货币犯罪。

【命题角度】在多个货币犯罪行为中，让考生判断属于一罪还是数罪。

例　根据刑法规定，伪造货币并出售或者运输伪造的货币的，依照伪造货币罪从重处罚。据此，行为人伪造美元，并运输他人伪造的欧元的，应按伪造货币罪从重处罚。（2013-2-14）

解析：错误。存在吸收关系必须是针对同一批假币。如果甲伪造货币之后，运输了乙伪造的货币，或者使用丙伪造的货币，则要数罪并罚。

二、非法吸收公众存款罪

（一）概念

违反国家金融管理法规非法吸收公众存款或变相吸收公众存款，扰乱金融秩序的行为。

（二）认定

1.实行行为：非法吸收公众存款或者非法变相吸收公众存款的行为。根据司法解释，无论是非法吸收还是变相吸收，都需要具备下列四个特性：

（1）非法性：未经有关部门依法许可或者借用合法经营的形式吸收资金。

（2）公开性：通过网络、媒体、推介会、传单、手机信息等途径向社会公开宣传。

（3）利诱性：承诺在一定期限内以货币、实物、股权等方式还本付息或者给付回报。

（4）社会性：向社会公众即社会不特定对象吸收资金。

①未向社会公开宣传，在亲友或者单位内部针对特定对象吸收资金的，不属于非法吸收或者变相吸收公众存款。

②在向亲友或者单位内部人员吸收资金的过程中，明知亲友或者单位内部人员向不特定对象吸收资金而予以放任的，或者以吸收资金为目的，将社会人员吸收为单位内部人员，并向其吸收资金的，属于向社会公众吸收资金。

🔍 注意　犯罪数额以吸收的资金全额计算。案发前后已归还的数额，可以作为量刑情节酌情考虑。

例如，甲在 5 月份吸收 50 万元，6 月份吸收 200 万元，并以 6 月吸收资金偿还 5 月份借款。非法吸收公众存款的数额为 250 万元，而不是 150 万元。

2. 宽恕事由。

非法吸收或者变相吸收公众存款，主要用于正常的生产经营活动，能够在提起公诉前清退所吸收资金，可以免予刑事处罚；情节显著轻微危害不大的，不作为犯罪处理。

3. 共犯。

广告经营者、广告发布者明知他人从事欺诈发行证券，非法吸收公众存款，擅自发行股票、公司、企业债券，集资诈骗或者组织、领导传销活动等集资犯罪活动，为其提供广告等宣传的，以相关犯罪的共犯论处。

4. 罪数。

通过传销手段向社会公众非法吸收资金，构成非法吸收公众存款罪或者集资诈骗罪，同时又构成组织、领导传销活动罪的，依照处罚较重的规定定罪处罚。

三、洗钱罪

（一）概念

明知是毒品犯罪、黑社会性质的组织犯罪、恐怖活动犯罪、走私犯罪、贪污贿赂犯罪、破坏金融管理秩序犯罪、金融诈骗犯罪的违法所得及其产生的收益，而采用掩饰、隐瞒其来源和性质的方法，从而使其"合法化"的行为。

（二）认定

1. 实行行为：为法定的七类犯罪的犯罪所得及其产生的收益实施洗钱行为。

（1）"法定的七类犯罪"：毒品犯罪、黑社会性质的组织犯罪、恐怖活动犯罪、走私犯罪、贪污贿赂犯罪、破坏金融管理秩序犯罪、金融诈骗犯罪。

（2）"犯罪所得及其产生的收益"，是指由上述七类犯罪行为所获取的非法利益以及利用该非法利益所产生的经济利益。

【注意 1】洗钱罪应当以上游犯罪事实成立为认定前提。上游犯罪尚未依法裁判，但查证属实的，不影响对洗钱罪的审判；上游犯罪事实可以确认，因行为人死亡等原因依法不予追究刑事责任的，不影响洗钱罪的认定；上游犯罪事实可以确认，依法以其他罪名定罪处罚的，也不影响洗钱罪的认定。

（3）"洗钱行为"：

①提供资金账户。

②协助将财产转换为现金、金融票据、有价证券。

③通过转账或者其他支付结算方式转移资金的。

④跨境转移资产的。

⑤以其他方法掩饰、隐瞒犯罪所得及其收益的来源和性质。

2. 主观要件：故意，行为人必须明知是法定的七类犯罪的犯罪所得及其产生的收益。

如果行为人将此种上游犯罪的犯罪所得及其收益误认为是上游犯罪范围内的彼种犯罪所得及其收益，不影响本罪"明知"的认定。

【注意2】如果行为人就是上游犯罪人，为自己的犯罪所得实施洗钱行为，即自洗钱行为，同样构成洗钱罪。

【2021年网络回忆版】关于洗钱罪，下列说法正确的是（　　　）。^①

A. 甲协助康康将贩毒所得转移到国外，甲构成洗钱罪与转移毒赃罪的想象竞合

B. 国家工作人员乙将受贿所得转移到国外，应以洗钱罪与受贿罪数罪并罚

C. 丙贩毒后将毒赃转移到国外，构成洗钱罪，不构成转移毒赃罪

D. 丁向国家工作人员乐某某行贿，乐某某让丁直接将款项打入其在国外的账户，丁照办。丁构成洗钱罪与行贿罪的想象竞合

第四节　金融诈骗罪

本节重点讲述信用卡诈骗罪。

一、信用卡诈骗罪的概念

以非法占有为目的，使用法定方法进行信用卡诈骗活动，数额较大的行为。

二、信用卡诈骗罪的认定

（一）实行行为：利用信用卡进行诈骗活动

1. 根据《刑法》第196条的规定，信用卡诈骗罪的具体方式包括以下几种。

（1）使用伪造的信用卡或者使用以虚假的身份证明骗领的信用卡。

"使用"，是指按照信用卡的通常使用方法，将伪造的信用卡作为真实有效的信用卡予以利用。将伪造的信用卡予以出售的行为不属于使用。

此外，使用"变造的信用卡"（如磁条内的信息被变更的信用卡）的，应认定为使用伪造的信用卡。

（2）使用作废的信用卡。（同样是按照信用卡的通常使用方法加以使用）

（3）冒用他人信用卡。

"冒用"，是指非持卡人以持卡人名义使用合法持卡人的信用卡骗取财物。包括：拾得他人信用卡后使用的；骗取他人信用卡后使用的；窃取、收买、骗取或者以其他非法方式获取他人信用卡信息资料，并通过互联网、通讯终端等使用等。

【2019年网络回忆版】乙在某银行领取银行卡及配套的U盾，U盾中有银行卡信息资料。银行大厅经理甲假意指导乙使用U盾，借机偷换了乙的U盾，并欺骗乙说：只能在一周后使用U盾。乙信以为真。后甲利用乙的U盾在网上将乙银行卡账户内的3万元转入自己的银行卡账户。^②

（4）恶意透支。根据相关司法解释，持卡人以非法占有为目的，超过规定限额或者

规定期限透支，并且经发卡银行两次有效催收后超过 3 个月仍不归还的，应当认定为恶意透支。

"有效催收"，需要同时符合下列条件：在透支超过规定限额或者规定期限后进行；催收应当采用能够确认持卡人收悉的方式，但持卡人故意逃避催收的除外；两次催收至少间隔 30 日；符合催收的有关规定或者约定。

【2019 年网络回忆版】甲伪造身份证，身份信息是虚假的，用该身份证申领了信用卡，持该信用卡到商场透支消费 4 万元，并在一周内还款。银行误以为甲信用良好，遂将甲的信用额度提高至 10 万元。甲透支消费 10 万元后，立即注销电话号码，后经银行两次催收后超过 3 个月仍不还款。①

2. 法律及司法解释的特别规定（不以信用卡诈骗罪论处的情况）。

（1）盗窃信用卡并使用的，定盗窃罪。

①"使用"可以分为本人使用，利用不知情的第三人使用以及按照信用卡通常的方法使用（不包括出售）。

例如，张某窃得同事银行借记卡及身份证，向丈夫何某谎称路上所拾。张某与何某根据身份证号码试出了借记卡密码，持卡消费 5 000 元。张某成立盗窃罪，何某成立信用卡诈骗罪。

②明知是他人盗窃的信用卡而使用的，也成立盗窃罪。

例如，甲盗窃信用卡后交给乙，乙知道真相后仍然使用，甲、乙均成立盗窃罪。

【命题角度】 对于行为人以盗窃罪定罪处罚，但不能忽视在事实上可能存在的信用卡诈骗行为。

【2021 年网络回忆版】甲盗窃他人的银行卡，然后在银行柜台冒用该银行卡，欺骗柜员，将卡中资金 50 万元转入自己银行账户。次日，甲来到另一银行柜台，向柜员乙告知真相，指示乙将该 50 万元汇往境外。下列说法正确的有（　　　　）。②

A. 甲构成盗窃罪

B. 乙仅构成掩饰、隐瞒犯罪所得罪

C. 由于甲实施了信用卡诈骗罪的行为，所以乙构成洗钱罪

D. 如果对乙以洗钱罪论处，那么必须对甲以信用卡诈骗罪论处，否则违反罪刑法定原则

（2）抢劫信用卡并使用的，定抢劫罪。

①数额认定：以行为人实际使用、消费的数额为抢劫数额；

②抢劫信用卡并以实力控制被害人，当场提取现金的，成立抢劫罪；

③一方抢劫信用卡后控制被害人，知情的另一方帮助取款的，成立抢劫罪共犯。

3. 支付宝、蚂蚁花呗、蚂蚁借呗大总结。

（1）支付宝账户内的余额或余额宝（或微信的钱包）。

①盗窃他人手机，进入没有绑定信用卡的支付宝或者微信钱包。

第一类行为：直接将钱转出。

---

① 甲触犯信用卡诈骗罪，属于"使用以虚假的身份证明骗领的信用卡"，不属于"恶意透支"。

② 【答案】AC

例如，甲盗窃乙的手机，乙手机微信钱包里有 1 万元，甲将乙微信钱包里的 1 万元转入自己微信。

【结论】甲成立盗窃罪。

第二类行为：商场消费。

例如，甲盗窃乙的手机，乙手机微信钱包里有 1 万元，甲持乙的手机到商场购物，并用乙的微信钱包向收银员支付 1 万元。

结论：甲成立盗窃罪。商家无须识别甲的身份，不存在错误认识，甲的行为属于盗刷他人微信钱包，成立盗窃罪。

②盗窃他人手机，进入绑定信用卡的支付宝或者微信钱包。[①]

第一类行为：直接将钱转出。

例如，盗窃他人手机，破解其微信账户、支付宝账户密码，发现手机上的微信、支付宝中没有钱，但是微信、支付宝绑定了银行卡，于是通过微信、支付宝将银行卡里的钱**转入行为人自己的微信、支付宝**。

结论：（命题人）使被害人遭受财产损失的是行为人从微信、支付宝转出"钱"的行为，该行为并没有使用信用卡账号和密码，故不能认定为信用卡诈骗罪，成立盗窃罪。认定财产犯罪取决于行为符合哪个罪的构成要件，而不是取决于财产最终源于何处。

第二类行为：商场消费。

例如，盗窃他人手机后，**使用他人手机**在商场购物，由于微信、支付宝余额不足，需要选择绑定的银行卡付款，行为人选择某一张银行卡付款。

结论：（命题人）商场不需要对消费者身份进行识别，不存在冒用的问题，行为人盗刷他人信用卡，成立盗窃罪。

③自己的支付宝、微信，绑定他人的信用卡（信息资料）。

第一类行为：直接将卡里的钱转出。

例如，甲窃取乙的信用卡信息资料，将乙信用卡与自己的微信、支付宝绑定，然后通过微信、支付宝将乙信用卡里的钱转入甲自己的微信、支付宝。

结论：甲将乙的信用卡与自己的微信、支付宝绑定，虽然使用了信用卡账号、密码，但是绑定行为不会转移被害人的财产，通过微信、支付宝将乙银行卡里的钱转入甲自己的微信、支付宝，并没有使用信用卡账号、密码，不构成信用卡诈骗罪，只能成立盗窃罪。

第二类行为：商场消费。

例如，甲为无户籍人员，借用同名同姓堂兄乙的户口信息，在公安局办理了身份证，随后用该身份证办理银行卡，并绑定支付宝，甲同时发现，该支付宝还可以绑定另外一张**非自己的银行卡**，甲猜到该银行卡应该是堂兄乙的（该卡未绑定支付宝），遂将该卡绑定至自己的支付宝。某日，甲前往某商场购物时支付宝消费 3 万元，致使乙的银行卡内被扣款 3 万元。

结论：甲的支付宝虽然绑定的是乙的银行卡，但是支付宝的账号、密码都是甲自己的，不存在非法取得他人信用卡信息资料并使用的问题。甲的行为，实质是在乙不知情

[①]　张明楷.刑法学.6 版.北京：法律出版社，2021：1253.

的情况下，盗刷其银行卡，属于将他人财物不法转移为自己占有的行为，构成盗窃罪。

【命题视角】让被害人遭受财产损失的那一刻，是否使用了信用卡信息资料，如果没有使用，根据命题人观点，一律定<u>盗窃罪</u>。

（2）蚂蚁花呗、蚂蚁借呗。

①蚂蚁花呗。

蚂蚁花呗是蚂蚁金服公司为支付宝账户所有人提供的在线消费金融服务，通常是花呗服务商向支付宝账户所有人提供仅限于日常消费用途的融资服务和分期功能，花呗服务商属于金融机构。

第一，行为人冒用他人名义通过支付宝认证，开通花呗进而骗取借款的，符合贷款诈骗罪的条件。

第二，行为人冒用他人已经认证的蚂蚁花呗骗取贷款的行为，则需要分情形讨论。

例如，被告人何某趁吴某不备，秘密窃取吴某手机 SIM 卡，后使用该 SIM 卡登录吴某支付宝账户并擅自变更密码。何某登录吴某支付宝账户，通过花呗购买手机 1 部，消费 6 000 余元，又通过花呗在大众点评网消费 187 元。就该行为的定性，需要分情形探讨：

【观点 1】如果被告人的上述行为不需要通过阿里巴巴公司的工作人员，而是直接通过机器非法占有阿里巴巴公司的资金，成立盗窃罪。

【观点 2】如果上述行为需要对阿里巴巴公司的工作人员实施欺骗行为，进而使工作人员基于认识错误处分了财产，则属于对于花呗服务商的诈骗行为，成立贷款诈骗罪。

②蚂蚁借呗。

蚂蚁借呗是蚂蚁金服公司为支付宝账户所有人提供的借贷服务，申请人申请贷款，蚂蚁借呗批准后，将款项打入申请人的指定账户，申请人日后还款。借呗服务商属于金融机构，因此同蚂蚁花呗一样，欺骗借呗服务商处分资金，构成贷款诈骗罪。

例如，甲偷到乙的手机，破解了乙手机上的支付宝账户密码，使用里面的"蚂蚁借呗"申请贷款 3 万元，借呗服务商审核批准后，将款项打入甲的指定账户。

解析：甲冒用乙的蚂蚁借呗账户，欺骗借呗公司，借呗服务商将贷款打给甲，因此遭受财产损失，借呗服务商属于其他金融机构，甲构成贷款诈骗罪。

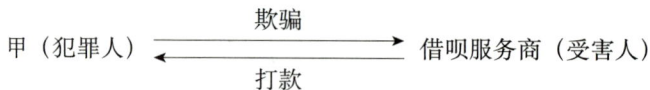

$$甲（犯罪人） \xrightarrow{\text{欺骗}} 借呗服务商（受害人）$$
$$\xleftarrow{\text{打款}}$$

【电子支付复盘】

1. 电子账户

	他人电子账户，没有绑卡	他人电子账户，绑卡	自己电子账户绑定他人的信用卡
直接转出 去商场购物	盗窃罪	盗窃罪	盗窃罪

2. 蚂蚁花呗、蚂蚁借呗

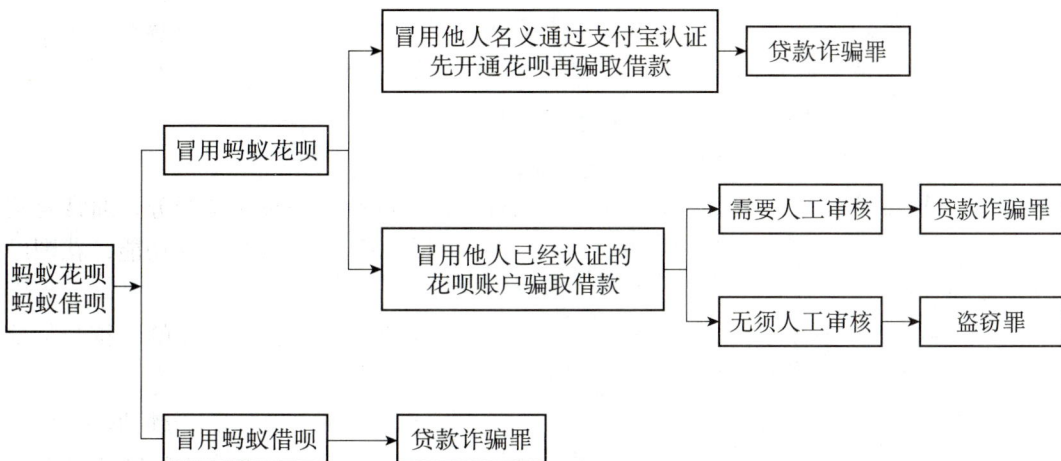

【真题训练（2021）】关于财产犯罪的认定，下列哪些选项是正确的（不考虑数额和情节）？（　　　）[①]

A. 甲未经孙某同意，将孙某的银行卡与孙某的微信绑定，后甲在自己的手机上登录孙某的微信，从孙某的微信中，将 5 000 元转入自己的微信。甲的行为构成信用卡诈骗罪

B. 乙趁钱某熟睡时，将钱某银行卡中的 5 000 元转入钱某的微信中，后从钱某的微信中将 5 000 元转入自己的微信。乙的行为构成盗窃罪

C. 家长将小学生的生活费发到某个微信群里，在班主任接收该红包前，丙"抢"走了其中的 5 000 元红包，事后群内的家长纷纷谴责丙。丙的行为构成抢夺罪

D. 丁趁赵某熟睡时，将赵某微信中的 5 000 元转入自己的微信中。丁的行为构成盗窃罪

第五节　危害税收征管罪

一、逃税罪

（一）概念

纳税人采取欺骗、隐瞒手段进行虚拟的纳税申报或者不申报，逃避缴纳税款数额较大并且占应纳税额 10% 以上，或者扣缴义务人采取欺骗、隐瞒手段，不缴或少缴已扣、已收税款，数额较大的行为。

（二）认定

1. 犯罪主体：纳税人、扣缴义务人。

（1）"纳税人"：法律、行政法规规定的负有纳税义务的单位或者个人。

---

① 【答案】BD

（2）"扣缴义务人"：法律、行政法规规定的负有代扣代缴、代收代缴税款义务的单位或者个人，既可以是各种类型的企业，也可以是机关、社会团体、民办非企业单位、部队、学校和其他单位，或者是个体工商户、个人合伙经营者和其他自然人。例如个人所得税中，个人所得税以支付所得的单位或者个人为扣缴义务人。

2.实行行为：采取欺骗、隐瞒手段进行虚假纳税申报或者不申报（手段行为），逃避缴纳税款（目的行为）。

（1）"虚假纳税申报"：可以通过伪造、变造、隐匿、擅自销毁账簿或记账凭证的方法进行虚假纳税申报，也可以通过在账簿上多列支出或者不列、少列收入的方式进行虚假纳税申报进。

（2）"不申报"：经税务机关通知申报而拒不申报，即拒绝按税务机关的通知申报纳税。

3.犯罪结果。

（1）纳税人逃税：逃避缴纳税款数额较大（5万元）并且占应纳税额10%以上。

（2）扣缴义务人逃税：不缴或少缴已扣、已收税款，数额较大（5万元）。

4.针对纳税人的处罚阻却事由及例外。

有逃税行为，经税务机关依法下达追缴通知后，补缴应纳税款，缴纳滞纳金，已受行政处罚的，不予追究刑事责任；但是5年内因逃避缴纳税款受过刑事处罚或者被税务机关给予二次以上行政处罚的除外。

二、抗税罪

（一）概念

抗税罪是指纳税人以暴力、威胁方法拒不缴纳税款的行为。

（二）认定

1.实行行为：以暴力、威胁方法拒不缴纳税款。

（1）方法行为：暴力或者威胁。

①"暴力"：包括对人暴力（对履行税收职责的税务人员的人身不法行使有形力，使其不能正常履行职责）和对物暴力（冲击、打砸税务机关，使税务机关不能从事正常的税收活动）。

②"威胁"：对履行税收职责的税务人员实行精神强制，使其不敢正常履行税收职责。

（2）目的行为：拒不缴纳税款。

2.犯罪主体：自然人。

3.罪数。

（1）实施抗税行为，致人轻伤：抗税罪与故意伤害罪（轻伤）想象竞合，以抗税罪从重处罚。

（2）实施抗税行为，致人重伤、死亡：抗税罪与故意伤害罪（重伤）或者故意杀人罪想象竞合，以故意伤害罪、故意杀人罪从重处罚。

【命题角度】处罚阻却事由只适用于逃税罪，不适用于抗税罪。

例 纳税人以暴力方法拒不缴纳税款，后主动补缴应纳税款，缴纳滞纳金，已受行政处罚的，不予追究刑事责任。（2012–2–61）

解析：错误。

第十七章　侵犯公民人身权利、民主权利罪

一、故意杀人罪

（一）概念

故意杀人罪是指故意非法剥夺他人生命的行为。

（二）认定

1. 实行行为：非法剥夺他人生命的行为。

（1）"非法"，即剥夺他人生命的行为必须具有非法性。依法执行命令枪决罪犯、符合法定条件的正当防卫杀人等行为，不构成故意杀人罪。

（2）"他人"，首先必须是自己以外之人，自杀行为不成立本罪；其次必须是人，尸体不能成为故意杀人罪的对象。

2. 犯罪主体。

（1）已满 14 周岁，具有辨认、控制能力的自然人。

（2）已满 12 周岁不满 14 周岁的人，犯故意杀人罪，致人死亡或者以特别残忍手段致人重伤，造成严重残疾，情节恶劣，经最高人民检察院核准追诉的，应当负刑事责任。

3. 主观要件。

故意，即明知自己的行为会发生他人死亡的危害结果，并且希望或者放任这种结果的发生。

🔍 注意　刑法中很多故意犯罪，尤其是暴力犯罪，往往存在侵害他人生命的行为和结果，对此，要根据不同情况区别对待。

（1）法定的以故意杀人罪处理的情形【法律拟制】。

①非法拘禁过程中，使用暴力致人死亡的，认定为故意杀人罪；

②刑讯逼供、暴力取证过程中，致人死亡的，认定为故意杀人罪；

③虐待被监管人过程中，致人死亡的，认定为故意杀人罪；

④聚众斗殴，致人死亡的，认定为故意杀人罪；

⑤聚众"打砸抢"，致人死亡的，认定为故意杀人罪。

（2）某些暴力性犯罪中的"暴力"并不包括故意杀人内容，那么行为人实施此种犯罪过程中故意将被害人杀害的，应该按照想象竞合犯的原则处理。

例如抗税罪、妨害公务罪中都包括使用暴力的内容，如果使用的暴力导致被害人死亡的，则属于抗税罪或妨害公务罪与故意杀人罪的想象竞合，从一重罪论处。

（3）某些暴力性犯罪的构成要件或者处罚情节中已经包括故意杀人内容的，行为人实施该犯罪并杀害被害人的，直接按照该种犯罪定罪处罚。

例如，抢劫致人死亡的，绑架过程中杀害被绑架人的，强奸致人死亡的，拐卖妇女、儿童致人死亡的，都不再单独处罚其杀人的行为。但是，如果行为人在实施上述暴力犯罪之后，为了灭口、逃避侦查等杀害被害人的，按照故意杀人罪和有关的暴力犯罪进行并罚。

二、故意伤害罪

（一）概念

故意非法伤害他人身体的行为。

（二）认定

1. 实行行为：非法损害他人身体健康的行为。

（1）"非法"，即没有合法依据损害他人身体。因正当防卫、紧急避险而伤害他人，因治疗上的需要为病人截肢，体育运动项目中规则所允许的伤害等，都属于阻却违法的事由，都不构成犯罪。

（2）"伤害"，即侵害他人生理机能的行为。常规的伤害行为通常是使用暴力殴打、行凶等方法致人伤害，非常规的伤害如用传染疾病的方式伤害。

🔍 **注意** 用传染疾病的方式伤害，根据疾病本身性质的不同，可能成立不同的犯罪。

行为方式	疾病特性	定罪
故意传染淋病、梅毒、艾滋病	不具备高度扩散性	故意伤害罪
故意传染鼠疫、霍乱	具备高度扩散性	以危险方法危害公共安全罪
明知自己有性病而卖淫、嫖娼的	传播性病罪	

2. 犯罪结果。

根据我国刑法规定，伤害结果的程度分为轻伤、重伤与伤害致死。这三种情况直接反映伤害行为的罪行轻重，因而对量刑起重要作用。

3. 犯罪主体。

（1）故意伤害致人轻伤的主体：已满 16 周岁，并具有辨认、控制能力的自然人。

（2）故意伤害致人重伤或者死亡的主体：已满 14 周岁，具有辨认、控制能力的自然人。

（3）已满 12 周岁不满 14 周岁的人，犯故意伤害罪，致人死亡或者以特别残忍手段致人重伤造成严重残疾，情节恶劣，经最高人民检察院核准追诉的，应当负刑事责任。

4. 主观要件。

故意，对伤害结果具有认识，并希望或放任伤害结果的发生。

5.罪数问题。

（1）**结果加重犯**："故意伤害致人死亡"属于故意伤害罪典型的结果加重犯。

①客观上：伤害行为与死亡结果之间具有因果关系。

②主观上：行为人对死亡没有故意，但具有预见可能性（过失）。

【命题角度】结果加重犯的考察，往往与因果关系的判断结合。

例1 丈夫甲在卧室对妻子使用严重暴力，妻子高度紧张逃到阳台呼救时不慎从阳台摔下身亡的，甲该当何罪？[①]

解析：甲的行为构成故意伤害罪（致人死亡）。行为人实施伤害行为后，被害人介入作用较大的异常行为导致死亡的，不能认定为故意伤害致死。但是，被害人的正常介入导致死亡的，以及介入行为异常但对死亡结果所起作用较小的，均属于被告人的行为致人死亡危险的直接现实化，可以认定为故意伤害致死。

例2 甲为了泄愤反复用枪支击打被害人头部，其间因枪支走火导致被害人死亡的，甲是否构成故意伤害罪（致人死亡）？[②]

解析：甲构成故意伤害罪（致人死亡）。行为人在实施伤害行为的过程中，介入了自身并不异常的过失致死行为的，不影响故意伤害致死的认定。

（2）**法条竞合**：故意杀人罪与故意伤害罪。

故意杀人罪与故意伤害罪之间具有法条竞合关系。前罪是特别法，后罪是一般法，杀人是最严重的伤害行为，属于结果具有特殊性的伤害行为。

【命题角度】考察杀人行为降级评价为伤害行为。

甲以伤害故意砍乙两刀，随即心生杀意又砍两刀，但四刀中只有一刀砍中乙并致其死亡，且无法查明由前后四刀中的哪一刀造成死亡。故意伤害罪与故意杀人罪不是绝对的对立关系，就可以说杀害是一种伤害，是最高级别的伤害，此时前后的行为就可以变成一个故意伤害行为，死亡结果归结于这一个故意伤害行为，成立故意伤害（致死）。

三、强奸罪

（一）概念

强奸罪是指违背妇女意志，以暴力、胁迫或者其他手段，强行与其发生性交或者奸淫不满14周岁的幼女的行为。

（二）认定

强奸罪分为两种类型：一类是强奸妇女型，即违背妇女意志，使用暴力、胁迫或者其他手段，强行与妇女发生性交的行为；另一类是奸淫幼女型，即与不满14周岁的幼女发生性交的行为。两种类型的强奸行为，最终定罪是一致的，即强奸罪。

【类型一】**强奸妇女型**

1.客观要件。

（1）实行行为：违背妇女意志，采用暴力、胁迫或者其他手段，强行与妇女发生

---

① 参见张明楷：《刑法学》，第6版，第1120页
② 参见张明楷：《刑法学》，第6版，第1120页以下

性交。

①"违背妇女意志",即要求事实上妇女对于与行为人发生性关系是不自愿的。

强奸罪的法益是妇女性的自主决定权,性的自主决定权的内容既包括是否发生性关系,也包括发生性关系的附随条件。

例 甲男使用 B 品牌的安全套,但妇女坚持要求使用 A 品牌的安全套,甲男以暴力、胁迫等手段强行使用 B 品牌安全套与妇女性交的,甲男能否成立强奸罪?

解析:可以成立强奸罪。因为强奸罪的保护法益是性行为自己决定权(性行为自主权)。具体而言,性行为自己决定权是指性交行为自己决定权,其中不仅包括是否与他人性交的决定权,也包括性交对象、时间、地点、方式等各方面的决定权。无论妇女基于何种原因不同意性交,行为人采取暴力、胁迫或者其他手段与之性交的,均成立强奸罪。①

②手段行为:采用暴力、胁迫或者其他方法,压制妇女的反抗。

第一,"暴力":对被害妇女行使有形力,即直接对被害妇女采取殴打、捆绑、堵嘴、卡脖子、按倒等方式压制妇女的反抗。暴力不能达到直接杀害的程度,如果故意杀死被害人之后奸淫尸体,则成立故意杀人罪与侮辱尸体罪,数罪并罚。

🔍 **注意** 行为人为了强奸妇女,不仅对被害妇女实施暴力,而且对阻止其实施强奸行为的第三者实施暴力时,对第三人的暴力应当另外评价为故意伤害罪。

第二,"胁迫":以恶害相通告的方式,引起被害妇女的恐惧心理,实现对被害妇女的精神强制,使被害人不敢反抗。胁迫的内容有很多,既可以以暴力相威胁,也可以以非暴力的恶害相威胁,如揭发隐私、毁坏名誉,只要能够产生压制妇女反抗的效果都属于这里的"胁迫"。

第三,"其他手段":暴力、胁迫以外的使被害妇女不知抗拒、不敢反抗或者不能抗拒的手段,具有与暴力、胁迫相同的强制性质。常见的其他手段,包括用酒灌醉或者用药物麻醉、利用妇女熟睡、患病之机,冒充妇女的丈夫,组织和利用会道门、邪教组织或者利用迷信奸淫妇女等。

③目的行为:奸淫妇女,即强行与妇女发生性交。

2. 犯罪主体:已满 14 周岁,具有辨认、控制能力的自然人,通常是男子,其中直接正犯只能是男子。妇女既可以成为强奸罪的教唆犯、帮助犯,也可以成为间接正犯与共同正犯。

3. 主观要件:故意,即明知自己的行为违背妇女意志,仍然决意强行实施奸淫行为。

【类型二】奸淫幼女型

1. 客观方面。

(1)实行行为:与不满 14 周岁的幼女发生性交的行为。

由于幼女身心发育不成熟,缺乏辨别是非的能力,不理解性行为的后果与意义,也没有抗拒能力,故不论行为人采用什么手段,亦不论幼女事实上是否愿意,只要与幼女发生性交,就属于奸淫幼女,成立强奸罪。因此,支付钱款后,与卖淫的幼女性交即嫖宿幼女的,同样构成强奸罪。

---

① 张明楷.刑法学.6 版.北京:法律出版社,2021:1132.

（2）行为对象：不满 14 周岁的幼女。

（3）行为主体：已满 14 周岁，具有辨认、控制能力的自然人，通常是男子，其中直接正犯只能是男子。妇女既可以成为强奸罪的教唆犯、帮助犯，也可以成为间接正犯与共同正犯。

2. 主观方面：故意，必须明知奸淫对象是不满 14 周岁的幼女。

"明知"包括明知对方一定是幼女，或者明知对方可能是幼女。

（1）对于不满 12 周岁的被害人实施奸淫等性侵害行为的，应当认定行为人"明知"对方是幼女。即只要客观上是不满 12 周岁的幼女，无须任何证明，直接认定行为人为"明知"。

（2）对于已满 12 周岁不满 14 周岁的被害人，从其身体发育状况、言谈举止、衣着特征、生活作息规律等观察可能是幼女，而实施奸淫等性侵害行为的，应当认定行为人"明知"对方是幼女；无法判断，则认定行为人是"不明知"。

此外，根据司法解释，已满 14 周岁不满 16 周岁的人偶尔与幼女发生性关系，情节轻微、未造成严重后果的，不认为是犯罪。这种情形是指已满 14 周岁不满 16 周岁的男少年，与幼女交往密切，双方自愿发生性交的，不认为是犯罪。

（三）强奸罪的加重情形

所谓加重情形，是在强奸罪基本法定刑 3 年以上 10 年以下有期徒刑的基础上，升级为 10 年以上有期徒刑、无期徒刑或者死刑的情形。根据《刑法》第 236 条的规定，包括下列情形：

1. 强奸妇女、奸淫幼女情节恶劣的。

2. 强奸妇女、奸淫幼女多人的。

3. 在公共场所当众强奸妇女、奸淫幼女的。"当众强奸"是指明知能够为多数人或不特定人知晓或可能知晓仍实施强奸。"众"不要求必须是 3 人或以上，但不包括共犯人。

4. 二人以上轮奸的。（1）轮奸是指强奸罪的共同正犯。（2）时间上要求具有连续性，但空间上不要求是同一地点。

5. 奸淫不满 10 周岁的幼女或者造成幼女伤害的。

6. 致使被害人重伤、死亡或者造成其他严重后果的。（强奸罪的结果加重犯）"致使被害人重伤、死亡"，是指压制被害人反抗的暴力行为致使被害人重伤、死亡，也可以是奸淫行为本身导致被害人性器官严重损伤，或者造成其他严重伤害，甚至当场死亡或者经抢救无效死亡。

🔍 注意　被害人已满 14 周岁，属于强奸罪的基本情形；被害人已满 10 周岁不满 14 周岁，属于强奸罪从重处罚情形；被害人不满 10 周岁，属于强奸罪加重处罚情形。

四、负有照护职责人员性侵罪

（一）概念

对已满 14 周岁不满 16 周岁的未成年女性负有监护、收养、看护、教育、医疗等特殊职责的人员，与该未成年女性发生性关系的行为。

（二）认定

1.实行行为：负有监护、收养、看护、教育、医疗等特殊职责的行为人对处于特定照护关系的已满14周岁不满16周岁的未成年女性发生性关系的行为。

🔍 **注意** 本罪行为方式并不要求采取暴力、胁迫，如果同时使用暴力、威胁方法构成强奸罪的，依照处罚较重的规定定罪处罚。

2.犯罪主体：是对未成年女性负有监护、收养、看护、教育、医疗等特殊职责的人员。

五、非法拘禁罪

（一）概念

非法拘禁他人或者以其他方法非法剥夺他人人身自由的行为。

（二）认定

1.实行行为：非法剥夺他人身体自由的行为。

（1）非法，即没有合法依据。司法机关根据法律规定，对于有犯罪嫌疑的人，依法拘留、逮捕，不成立本罪；公民将正在实行犯罪或犯罪后及时被发觉的、通缉在案的、越狱逃跑的、正在被追捕的人，依法扭送至司法机关的，不成立本罪；依法收容精神病患者的，不成立本罪。

（2）拘禁。

①直接拘禁，即直接拘束他人的身体，剥夺其身体活动自由，如以监禁、扣押、绑架等方式将被害人拘禁在封闭空间。

②间接拘禁，即虽然不将被害人关押在封闭空间，但是采用一些无形方法，使其难以离开。

例如，将进入浴池的妇女的衣服抱走，使其基于羞耻心不敢离开；驾驶汽车高速行驶，使被害人不敢跳车；取走双腿残疾者的拐杖、轮椅，使其无法离开；电梯工人欺骗乘梯者电梯坏了，需要检修，使其无法走出电梯。

2.行为对象：他人，即具有身体活动自由的自然人。

例如，将已入睡的人反锁在房间，其醒来前又将锁打开的，不成立非法拘禁罪。因为非法拘禁罪不是危险犯，只有当行为侵犯了他人的现实自由时，才宜认定为非法拘禁罪。

3.**非法拘禁过程中发生重伤、死亡的结果的情形。**

（1）**非法拘禁所需的基本暴力导致重伤、死亡，属于非法拘禁罪的结果加重犯。**

例如，捆绑过紧导致被害人血流不畅、脑供血不足而死亡。对此应适用《刑法》第238条第2款的规定，即非法拘禁致人重伤的，处3年以上10年以下有期徒刑；致人死亡的，处10年以上有期徒刑。

（2）**超出非法拘禁所需的基本暴力导致重伤、死亡结果，直接拟制为故意伤害罪、故意杀人罪。**

例如，将被害人捆绑起来，并用棍棒"教训"被害人，不慎将其打死，就是使用了超出非法拘禁本身所需的基本暴力而致人死亡的情形，直接拟制为故意杀人罪。

（3）在非法拘禁过程中另起犯意，又实施伤害、杀害的行为的，非法拘禁罪与故意伤害罪、故意杀人罪数罪并罚。

总结	行为	结果	主观
致人重伤、死亡【结果加重犯】	非法拘禁本身的暴力	重伤、死亡	过失
使用暴力致人重伤、死亡【法律拟制为故意伤害罪、故意杀人罪】	非法拘禁之外的暴力	重伤、死亡	过失
另起犯意【数罪并罚】	独立的新行为	重伤、死亡	故意

六、绑架罪

（一）概念

以勒索财物为目的绑架他人，或者绑架他人作为人质，或者以勒索财物为目的偷盗婴幼儿的行为。在认定绑架罪时，要注意区分绑架罪与非法拘禁罪的界限。

（二）认定

1. 实行行为：控制人质＋向第三人提出不法要求。

（1）控制人质：以暴力、胁迫或者麻醉方法控制他人，剥夺他人的人身自由。

（2）向第三人提出不法要求。

①第三人：人质的近亲属或者其他可能对人质的安全产生担忧的人。

【注意1】如果控制人质直接向人质本人索要财物的，构成抢劫罪。

②不法要求：不限于勒索财物，也包括提出其他不法要求，例如要求释放罪犯。

【注意2】绝大多数绑架罪，控制人质都是为了勒索财物，因此绑架罪可以总结为：非法拘禁 A＋敲诈勒索 B。

【注意3】如果控制人质是为了索要债务，则构成非法拘禁罪。

2. 行为对象：任何他人，包括妇女、儿童、婴幼儿乃至行为人的子女或者父母。对于缺乏或者丧失行动能力的被害人，行为人采取偷盗、引诱等方法使其处于行为人或第三者实力支配下的，也可能成立绑架罪。例如，以勒赎为目的偷盗婴幼儿的，成立绑架罪。

3. 行为主体：已满 16 周岁，具有辨认、控制能力的自然人。已满 14 周岁不满 16 周岁的人实施绑架行为，故意杀害被绑架人的，应认定为故意杀人罪。

4. 既遂标准：以勒索财物或取得其他非法利益为目的劫持、控制他人。

5. 结合犯。《刑法》第 239 条第 2 款规定，犯前款罪，杀害被绑架人的，或者故意伤害被绑架人，致人重伤、死亡的，处无期徒刑或者死刑，并处没收财产。即指在绑架行为持续过程中故意杀人（既遂）、故意伤害致人重伤、死亡，直接认定为绑架罪一罪，属于结合犯。公式如下：

【公式 1】绑架罪 + 故意杀人罪（既遂）= 绑架罪

【公式 2】绑架罪 + 故意伤害罪（致人重伤、死亡）= 绑架罪

【2020 年网络回忆版】《刑法》第 239 条第 2 款规定："犯前款罪，杀害被绑架人的，或者故意伤害被绑架人，致人重伤、死亡的，处无期徒刑或者死刑，并处没收财产。"下列情形中，属于"杀害被绑架人"的是（　　　）。①

A. 绑架并控制被绑架人后，故意伤害被绑架人，致被绑架人死亡

B. 为勒索钱财而控制被绑架人，因害怕其出声，用毛巾塞住其嘴巴，被绑架人窒息而死

C. 为勒索钱财而绑架被绑架人，取得赎金后释放被绑架人，因害怕其报警，又开车追了三公里，追上后撞死被绑架人

D. 绑架被绑架人时遭到其激烈反抗，用绳子勒死被绑架人

6. 绑架罪过程中过失导致重伤、死亡结果。

（1）绑架行为**本身**的暴力致人重伤、死亡：绑架罪与过失致人重伤（死亡）罪，想象竞合，从一重处罚。

（2）绑架行为**之外**的暴力过失致人重伤、死亡：绑架罪与过失致人重伤（死亡）罪，数罪并罚。

【小结】非法拘禁罪与绑架罪的重伤、死亡。

	非法拘禁罪	绑架罪
本身的暴力过失致人重伤、死亡	结果加重犯（"致人重伤、死亡"）	绑架罪与过失致人重伤（死亡）罪，想象竞合，从一重处罚
之外的暴力过失致人重伤、死亡	拟制为故意伤害罪、故意杀人罪	绑架罪与过失致人重伤（死亡）罪，数罪并罚
另起犯意的**故意伤害、杀害**	数罪并罚	结合犯【公式 1、2】

7. 绑架罪与非法拘禁罪的界分。

（1）绑架罪与非法拘禁罪之间是法条竞合关系，绑架罪是特别法，非法拘禁罪是一般法，绑架罪在非法拘禁罪的基础上，增加了特殊的目的，即勒索财物或者满足其他方面的非法利益。

（2）在**索取债务**的场合。

①**原则：**根据刑法及司法解释的规定，为索取债务非法扣押、拘禁他人的，构成**非法拘禁罪**，其中"债务"既包括合法债务，也包括高利贷、赌债等法律不予保护的债务。

②**例外 1【法益溢出】**　如果行为人为了索取**法律不予保护的债务或者单方面主张的债务**，以实力支配、控制被害人后，以**杀害、伤害**被害人向**利害关系人**威胁的，宜认定为**绑架罪**。

③**例外 2【殃及无辜】**　为了索取债务，使用**暴力、胁迫或者麻醉**方法将与债务人**没有共同财产关系、扶养、抚养关系的第三者**作为人质的，不管债务正当与否，均应认定

---

① **【答案】**D

为绑架罪。①

【命题角度 1】判断索取债务的场合，究竟是非法拘禁罪还是绑架罪。

【2014-2-59】甲为要回 30 万元赌债，将乙扣押，但 2 天后乙仍无还款意思。甲等 5 人将乙押到一处山崖上，对乙说："3 天内让你家人送钱来，如今天不答应，就摔死你。"乙勉强说只有能力还 5 万元。甲刚说完"一分都不能少"，乙便跳崖。众人慌忙下山找乙，发现乙已坠亡。②

【命题角度 2】非法拘禁罪与绑架罪重合在非法拘禁罪。

【真题训练（2016）】甲为勒索财物，打算绑架富商之子吴某（5 岁）。甲欺骗乙、丙说："富商欠我 100 万元不还，你们帮我扣押其子，成功后给你们每人 10 万元。"乙、丙将吴某扣押，但甲无法联系上富商，未能进行勒索。三天后，甲让乙、丙将吴某释放。吴某一人在回家路上溺水身亡。关于本案，下列哪一选项是正确的？（　　　）③

A. 甲、乙、丙构成绑架罪的共同犯罪，但对乙、丙只能适用非法拘禁罪的法定刑

B. 甲未能实施勒索行为，属绑架未遂；甲主动让乙、丙放人，属绑架中止

C. 吴某的死亡结果应归责于甲的行为，甲成立绑架致人死亡的结果加重犯

D. 不管甲是绑架未遂、绑架中止还是绑架既遂，乙、丙均成立犯罪既遂

七、拐卖妇女、儿童罪

（一）概念

以出卖为目的，拐骗、绑架、收买、贩卖、接送、中转妇女、儿童的行为。

（二）认定

1. 实行行为：实施了拐骗、绑架、收买、贩卖、接送、中转妇女、儿童之一的行为。

（1）拐骗：以欺骗、利诱等方法将妇女、儿童拐走；

（2）绑架：使用暴力、胁迫或者麻醉方法劫持、控制妇女、儿童；

（3）收买：以金钱或其他财物买取妇女、儿童；

（4）贩卖：出卖妇女、儿童以获取非法利益；

（5）接送：为拐卖妇女、儿童的罪犯接收、运送妇女、儿童；

（6）中转：为拐卖妇女、儿童的罪犯提供中途场所或机会。

2. 行为对象：妇女，以及不满 14 周岁的男童、女童。

3. 行为主体：已满 16 周岁，具有辨认、控制能力的自然人（包括有血缘或者婚姻关系的人，以及医疗机构、社会福利机构的工作人员）。

已满 14 周岁不满 16 周岁的人在拐卖妇女、儿童的过程中强奸妇女或者奸淫幼女的，以强奸罪论处。

4. 主观方面：故意，而且必须以出卖为目的。

5. 根据司法解释，下列行为也成立本罪：

---

① 张明楷. 刑法学. 6 版. 北京：法律出版社，2021：1163.

② 甲成立非法拘禁，但不属于非法拘禁致人死亡。

③ 【答案】D

（1）以出卖为目的强抢儿童，或者捡拾儿童后予以出卖；

（2）以出卖为目的的偷盗婴儿；

（3）以非法获利为目的，出卖亲生子女或者其他女性亲属的；

（4）以贩卖牟利为目的"收养"子女的；

（5）医疗机构、社会福利机构等单位的工作人员以非法获利为目的，将所诊疗、护理、抚养的儿童贩卖给他人的。

6. 以介绍婚姻为名，与被介绍妇女串通骗取他人钱财，数额较大的，应当以诈骗罪追究刑事责任。

例如，甲向乙表示自己愿意出高价"买"妻，乙与其妻丙商量，让丙假扮为被拐卖妇女，并将丙"出卖"给甲，三天后，乙协助丙逃离甲家。乙、丙构成诈骗罪。

（三）加重构成要件

拐卖妇女、儿童有下列情形之一的，处10年以上有期徒刑或者无期徒刑，并处罚金或者没收财产；情节特别严重的，处死刑，并处没收财产：

（1）拐卖妇女、儿童集团的首要分子。

（2）拐卖妇女、儿童3人以上的。

（3）奸淫被拐卖的妇女。

此规定属于结合犯，即拐卖妇女罪＋强奸罪＝拐卖妇女罪。

根据司法解释，拐卖妇女的犯罪分子在拐卖过程中，与被害妇女发生性关系的，不论行为人是否使用了暴力或者胁迫手段，也不论被害妇女是否有反抗行为，都应当按照该项规定处罚。

（4）诱骗、强迫被拐卖的妇女卖淫或者将被拐卖的妇女卖给他人迫使其卖淫的。

此规定属于结合犯，即拐卖妇女罪＋引诱卖淫罪、强迫卖淫罪＝拐卖妇女罪。

（5）以出卖为目的，使用暴力、胁迫或者麻醉方法绑架妇女、儿童的。

（6）以出卖为目的，偷盗婴幼儿的。

"偷盗"，不限于通常的盗窃婴幼儿，对婴幼儿采取欺骗、利诱等手段使其脱离监护人或者看护人的，视为偷盗婴幼儿。

（7）造成被拐卖的妇女、儿童或者其亲属重伤、死亡或者其他严重后果的。

即犯罪分子拐卖妇女、儿童的行为，直接、间接造成被拐卖的妇女、儿童或者其亲属重伤、死亡或者其他严重后果。例如，犯罪分子采取拘禁、捆绑、虐待等手段，致使被害人重伤、死亡或者造成其他严重后果的；拐卖行为以及拐卖中的侮辱、殴打等行为引起被害人或者其亲属自杀、精神失常的，可以评价为"其他严重后果"。

（8）将妇女、儿童卖往境外的。

【命题角度】行为人是否真正获利，不是本罪成立的要件；如果根本不存在"被拐卖"的幼女，则不能成立本罪。

【2021年网络回忆版】关于拐卖妇女、儿童罪，以下选项正确的是（　　　）。①

A. 甲以拐卖妇女为目的，将妇女带至外省，后没人收买，便以夫妻名义与该妇女生活。甲构成拐卖妇女罪

B. 乙以拐卖妇女为目的，将妇女带至外省，后没人收买，还搭上了好几天的食宿费用。乙构成拐卖妇女罪

C. 妇女小孟不愿意在农村生活，便上街跪着，谎称"卖身葬母"。丙男便用50万元将妇女买回。丙构成收买被拐卖的妇女罪

D. 丁收买妇女乐某，后因经济困难，又将乐某卖出。丁构成拐卖妇女罪

八、收买被拐卖的妇女、儿童罪

（一）概念

不以出卖为目的，收买被拐卖的妇女、儿童的行为。

（二）认定

1. 实行行为：以金钱或财物收买被拐卖的妇女、儿童的行为。

"收买"：用金钱或者其他财物，作为被拐卖的妇女、儿童的代价，将妇女、儿童买归自己占有或支配。

2. 行为对象：被拐卖的妇女、儿童。

3. 主观方面：故意，明知是被拐卖的妇女、儿童。

成立本罪不能以出卖为目的，如果行为人具有出卖的目的，则成立拐卖妇女、儿童罪；如果收买被拐卖的妇女、儿童后，产生出卖的意图并出卖妇女、儿童的，以拐卖妇女、儿童罪论处。

4. 罪数问题：收买被拐卖的妇女、儿童后，又有强奸、非法拘禁、故意伤害、侮辱等行为的，数罪并罚。

5. 从宽处罚的规定。

对妇女：按照其意愿，不阻碍其返还原地	对儿童：无虐待行为，不阻碍对其进行解救
可以从轻或者减轻处罚	可以从轻处罚

🔍 **注意** "从宽处罚"只针对收买被拐卖的妇女、儿童罪，如果又有强奸、非法拘禁、故意伤害、侮辱等犯罪行为的，不适用从宽处罚的规定。

九、拐骗儿童罪

（一）概念

拐骗不满14周岁的未成年人，使其脱离家庭或者监护人的行为。

---

① **【解析】**拐卖妇女罪只要以出卖为目的，将妇女控制，犯罪就既遂，并不需要实际贩卖出手。A、B选项都正确。C选项：收买被拐卖的妇女罪，是指明知是被拐卖的妇女而予以收买的行为。妇女小孟是自己在卖自己，并不存在被拐卖的妇女，因此不成立收买被拐卖的妇女罪。D选项：根据刑法的规定，收买被拐卖的妇女、儿童又出卖的，依照拐卖妇女、儿童罪定罪处罚。本题选ABD。

（二）认定

1. 实行行为：采用蒙骗、利诱或其他方法，使不满 14 周岁的未成年人脱离家庭或者监护人的行为。

2. 行为对象：不满 14 周岁的未成年人。

3. 主观方面：故意，并具有收养为子女或者提供奴役性劳动的目的。

【小结】刑法中的偷盗婴幼儿行为：

（1）如果以出卖为目的，构成拐卖儿童罪；

（2）如果以抚养为目的，构成拐骗儿童罪；

（3）如果以勒索财物为目的，构成绑架罪；

（4）如果以索取债务为目的，偷盗婴儿（1岁以内），构成拐骗儿童罪；偷盗幼儿（1～6岁），构成非法拘禁罪。

十、诬告陷害罪

（一）概念

捏造犯罪事实诬告陷害他人，意图使他人受刑事追究，情节严重的行为。

（二）认定

1. 实行行为：捏造他人犯罪的事实，向国家机关或有关单位告发，或者采取其他方法足以引起司法机关的追究活动。

（1）捏造犯罪事实。包括：

①无中生有，捏造犯罪事实陷害他人；

②栽赃陷害，在发生了某种犯罪事实的情况下，捏造证据陷害他人；

③借题发挥，将不构成犯罪的事实夸大为犯罪事实，进而陷害他人；

④歪曲事实，将轻罪的事实、一罪的事实杜撰为重罪的事实、数罪的事实。

捏造他人一般违法事实的，不成立诬告陷害罪。因为刑法明文要求行为人主观意图必须是"使他人受刑事追究"。

（2）向国家机关或有关单位告发，或者采取其他方法足以引起司法机关的追究活动。告发方式多种多样，如口头、书面、署名、匿名、直接、间接等。

（3）必须诬告特定的他人。

【命题角度】考查各种特殊情形下的"捏造+告发"是否构成诬告陷害罪。例如：

① 由于本罪的法益是公民的人身权利，故征得他人同意或者经他人请求而诬告他人犯罪的，不成立本罪；同样向司法机关虚告自己犯罪的，不成立诬告陷害罪。

② 所诬告的对象应当是特定、实在的人，否则就不可能导致司法机关追究某人的刑事责任，因而不会侵犯他人的人身权利。

③ 诬陷没有达到法定年龄或者没有辨认或控制能力的人犯罪，仍构成诬告陷害罪。虽然司法机关查明真相后不会对这些人科处刑罚，但将他们作为侦查的对象，使他们卷入刑事诉讼，就侵犯了其人身权利。

④ 形式上诬告单位犯罪，但所捏造的事实导致可能追究自然人刑事责任的，也成立本罪。

【真题训练（2017）】关于诬告陷害罪的认定，下列哪一选项是正确的（不考虑情节）？（   ）①

A. 意图使他人受刑事追究，向司法机关诬告他人介绍卖淫的，不仅触犯诬告陷害罪，而且触犯侮辱罪

B. 法官明知被告人系被诬告，仍判决被告人有罪的，法官不仅触犯徇私枉法罪，而且触犯诬告陷害罪

C. 诬告陷害罪虽是侵犯公民人身权利的犯罪，但诬告企业犯逃税罪的，也能追究其诬告陷害罪的刑事责任

D. 15 周岁的人不对盗窃负刑事责任，故诬告 15 周岁的人犯盗窃罪的，不能追究行为人诬告陷害罪的刑事责任

2. 成立本罪要求情节严重，所谓"情节严重"，即足以引起司法机关的追究活动。

3. 既遂：公安司法机关收到诬告材料，准备启动调查程序时就既遂

4. 犯罪主体：一般主体。国家机关工作人员实施本罪，从重处罚。

5. 主观要件：故意，明知自己所告发的是虚假的犯罪事实，并具有使他人受到刑事追究的目的。

🔍**注意**　主观上不具有陷害意图，由于其他原因在客观上夸大事实，不成立诬告陷害罪。

【2013-2-59】乙盗窃甲价值 4 000 余元财物，甲向派出所报案被拒后，向县公安局告发乙抢劫价值 4 000 余元财物。公安局立案后查明了乙的盗窃事实。对甲的行为不应以诬告陷害罪论处。

---

① **【解析】**A 选项：侮辱罪要求具有"公然性"，行为人向司法机关诬告他人介绍卖淫，不具有"公然性"，不成立侮辱罪。B 选项：法官并未实施捏造事实并向司法机关告发的行为，所以法官不构成诬告陷害罪。C 选项：由于我国刑法中所有的单位犯罪都会处罚自然人，故行为人诬告单位犯罪的，也可能使自然人受到刑事追究（能侵犯他人的人身权利），所以可能成立诬告陷害罪。D 选项：只要行为人的诬告陷害行为达到可能使得被害人受到刑事责任追究的程度，即可成立本罪。不要求司法机关事实上采取了刑事追究活动，更不要求被害人被判处刑罚。因此，D 选项是错误的。

第十八章　侵犯财产罪

一、抢劫罪

（一）概念

以非法占有为目的，当场使用暴力、胁迫或者其他方法，强行劫取公私财物的行为。

（二）认定

1. 实行行为。

（1）方法行为：暴力、胁迫、其他方法。

第一，"暴力"：不法行使有形力，使被害人不能反抗的行为，如殴打、捆绑、伤害、禁闭等。

①暴力的目的：为当场劫取财物而排除、压制被害人的反抗。

②暴力的对象：财物的持有者、保管者以及其他具有保护占有的意思的人。

例如，对有权处分财物的人、财物的辅助占有者、财物占有者的家人以及其他协助占有、管理财物的人，对于具有一定看守能力的儿童，实施暴力强取财物的，同样成立抢劫罪。

🔍 **注意**　对于无关的第三人使用暴力取得财物的，不成立抢劫罪。

例　乙将摩托车（价值数额较大）停在楼下后，没有取走钥匙就上楼取东西，路人丙站在摩托车旁。路经此地的甲误以为丙是车主，使用暴力将丙推倒在地致丙轻伤，骑着摩托车逃走。

解析：不能因为甲具有所谓抢劫的故意就认定其行为构成抢劫罪。换言之，甲的客观行为并不符合抢劫罪的构成要件，对摩托车仅成立盗窃罪。对丙造成伤害的行为，则应认定为故意伤害罪，与盗窃罪并罚。[①]

③暴力的程度：足以压制被害人反抗。

🔍 **注意**　抢劫中的"杀人"行为如何评价？

①为劫取财物而预谋故意杀人，或者在劫取财物过程中，为制服被害人反抗而故意杀人，成立抢劫罪一罪。[②]

---

① 张明楷.刑法学.6版.北京：法律出版社，2021：1269.

② 最高人民法院 2001 年 5 月 23 日《关于抢劫过程中故意杀人案件如何定罪问题的批复》。

②抢劫后，为灭口而故意杀人的，抢劫罪与故意杀人罪数罪并罚。

第二，"胁迫"： 即以当场立即使用暴力相威胁，使被害人产生恐惧心理因而不敢反抗。抢劫罪中的胁迫具有下列两个特性：

①暴力性，即胁迫的内容是使用暴力的恶害相加。

②当场性，即以<u>当场</u>使用暴力相威胁要求对方<u>当场</u>交付财物。

第三，"其他方法"： 除暴力、胁迫以外的造成被害人不能反抗的强制方法。例如使用麻醉、灌醉、催眠等方法，使被害人暂时丧失自由意志，然后劫走财物。

①直接针对人身实施。

②其他方法与被害人不能反抗的状态之间有因果关系；如果只是单纯利用被害人不能反抗的状态取走财物的，成立盗窃罪，而非抢劫罪。

（2）目的行为：当场劫取财物。

①"当场"：犯罪现场时间、空间不间断地延续；如对被害人实施暴力，迫使被害人交付财物，但被害人身无分文，行为人令被害人立即从家中取来财物，或者一道前往被害人家中取得财物的，也应认定为抢劫罪。

②"劫取"：违背被害人的意志将财物转移至自己或第三人占有。

③"财物"：包含财产性利益。

（3）方法行为与目的行为之间要有因果关系，否则难以成立抢劫罪既遂。

例 1　行为人实施暴力、胁迫行为，导致被害人逃跑时失落财物，行为人在追赶时拾得该财物。"被害人逃跑时失落财物"中断因果关系，暴力、胁迫行为与取得财物之间没有因果关系，只能成立抢劫罪未遂。（拾得财物的行为单独评价为侵占罪）

例 2　行为人实施的暴力、胁迫等行为虽然足以压制反抗，但实际上没有压制对方的反抗，对方基于怜悯而交付财物，只能成立抢劫罪未遂。

2.犯罪主体：已满 14 周岁，具有辨认、控制能力的自然人。

3.主观要件：故意，且具有非法占有目的。

4.既遂标准：抢劫罪既侵犯财产权利又侵犯人身权利，具备劫取财物或者造成他人轻伤以上后果两者之一的，均属抢劫罪既遂；既未劫取财物，又未造成他人人身伤害后果的，属抢劫罪未遂。据此，《刑法》第 263 条规定的八种处罚情节中除"抢劫致人重伤、死亡的"这一结果加重情节之外，其余七种处罚情节同样存在既遂、未遂问题，属抢劫罪未遂的，应当根据刑法关于加重情节的法定刑规定，结合未遂犯的处理原则量刑。

【真题训练（2021）】 下列哪些行为成立抢劫（不考虑前一行为定性）？（　　　）①

A.甲基于报复动机将赵某打成重伤，后赵某要求甲将自己送去医院。甲要求赵某给自己 1 万元，否则不送赵某去医院。赵某出于无奈，遂给甲 1 万元

B.乙基于报复动机伤害孙某，孙某为避免身受重伤，提出给乙 5 000 元，但乙要求孙某给 1 万元才可以不实施伤害行为，孙某遂给乙 1 万元，乙得款后离开

---

①　解析：B 选项：乙要求孙某给他 1 万元，否则还要伤害，即以"继续伤害"相威胁，要求孙某给钱，这种行为已经属于"以暴力相胁迫"的行为，成立抢劫罪。D 选项：李某处于未失去知觉的状态，丁取走钱包时，李某敢怒不敢言意味着之前的暴力所产生的压力和胁迫感依然在起作用，使得李某处于不敢反抗的状态，因此丁成立抢劫罪。本题选 BD。

C. 丙基于报复动机殴打钱某，导致钱某倒地昏迷不醒。丙离开时发现钱某手机掉在地上，便顺手拿走该手机

D. 丁基于报复动机伤害李某，李某因受重伤倒地，手刚好放在口袋上。丁以为李某在保护口袋里的钱包，遂将李某手移开。李某敢怒不敢言，丁取走了该钱包

5. 抢劫罪与绑架罪的界分。

	抢劫罪	绑架罪
本质	自赎	他赎
第三人	通常没有（也可能有）	必须有

🔍 **注意** 在出现第三人的场合，如何区分两罪？

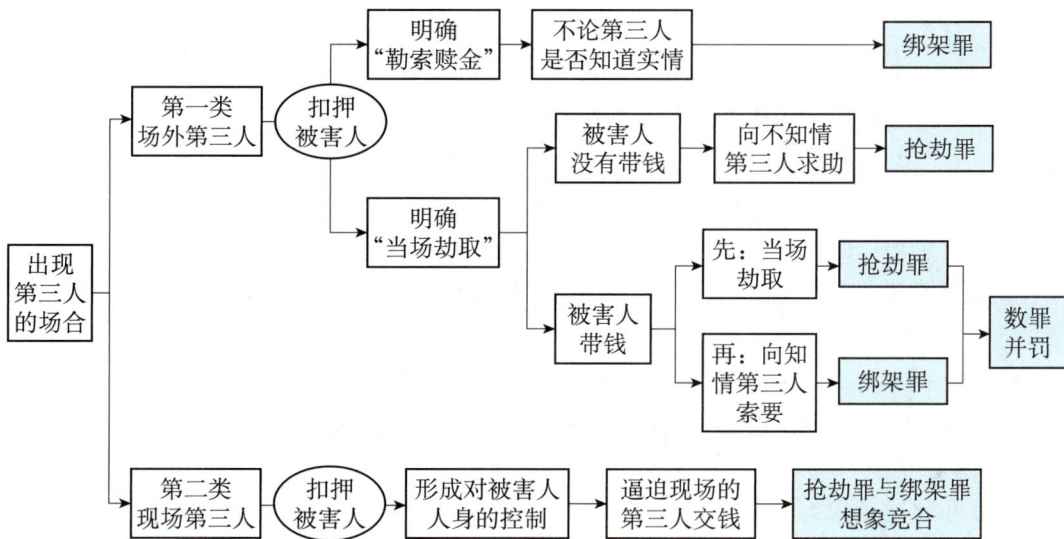

例1 A、B为了劫取Z的财物，使用暴力将Z拖入面包车，然后在面包车上劫取Z的财物。由于Z身上仅有100余元人民币，A、B二人觉得不划算，于是继续以暴力手段控制Z，逼着Z说出亲属的电话号码，然后向Z的亲属打电话索要赎金。在本案中，A、B二人的抢劫行为已经既遂，后来又实施了绑架行为，应当数罪并罚。[①]

例2 乙女带着幼儿行走时，甲男突然抱住幼儿，将刀架在幼儿脖子上，威胁乙女交付财物，否则杀害幼儿。应当认为，甲的行为同时触犯绑架罪与抢劫罪，但由于只有一个行为，故应认定为想象竞合，从一重罪处罚。[②]

（三）转化型抢劫

1. 事后抢劫【法律拟制】。

第269条【抢劫罪】犯盗窃、诈骗、抢夺罪，为窝藏赃物、抗拒抓捕或者毁灭罪证而当场使用暴力或者以暴力相威胁的，依照本法第263条的规定定罪处罚。

---

① 张明楷. 刑法学.6版.北京: 法律出版社，2021: 1286.
② 张明楷. 刑法学.6版.北京: 法律出版社，2021: 1164.

（1）前提：犯盗窃、诈骗、抢夺罪。

①具有盗窃、诈骗、抢夺的犯罪故意。

②开始盗窃、诈骗、抢夺的实行行为（不要求既遂）。

既然盗窃罪、诈骗罪、抢夺罪是转化为抢劫罪的前提，则应当达到一定的程度，这个"程度"除了具有三罪的犯罪故意以及进入实行阶段以外，根据司法解释还要求达到数额较大标准，或者具有下列情节之一：①盗窃、诈骗、抢夺接近"数额较大"标准的；②入户或在公共交通工具上盗窃、诈骗、抢夺后在户外或交通工具外实施上述行为的；③使用暴力致人轻微伤以上后果的；④使用凶器或以凶器相威胁的；⑤具有其他严重情节的。

🔍**注意** 行为人所实施的实质是盗窃、诈骗、抢夺行为，且对象物具有财产属性的，就可以成为转化抢劫罪的前提。

例 行为人以非法占有为目的盗伐林木（数额较大），为窝藏赃物、抗拒抓捕或者毁灭罪证而当场使用暴力或者以暴力相威胁。

解析：成立抢劫罪。由于林木属于财物，故盗伐林木的行为一般符合盗窃罪的犯罪构成。因此，应适用《刑法》第269条认定为事后抢劫。[①]

（2）目的：为了窝藏赃物、抗拒抓捕或者毁灭罪证。

①窝藏赃物，即保护已经取得的赃物不被恢复应有状态。

②抗拒抓捕，是指拒绝司法人员的拘留、逮捕和一般公民的扭送。

③毁灭罪证，是指毁坏、消灭本人犯罪证据。

🔍**注意** 如果行为人在实行盗窃、诈骗、抢夺过程中，尚未取得财物时被他人发现，为了非法取得财物，而使用暴力或者以暴力相威胁的，应直接认定为抢劫罪，不适用《刑法》第269条。

（3）当场使用暴力或者以暴力相威胁。

①"当场"是指行为人实施盗窃、诈骗、抢夺行为的现场以及行为人刚离开现场即被他人发现并被其追捕的整个过程与现场。

②使用暴力或者以暴力相威胁，是指对抓捕者或者阻止其窝藏赃物、毁灭罪证的人使用暴力或者以暴力相威胁。这里的暴力和以暴力相威胁，也应达到足以抑制他人反抗的程度；以摆脱的方式逃脱抓捕，暴力强度较小，未造成轻伤以上后果的，不认定为"使用暴力"，不以抢劫罪论处。

例 甲在街头出售报纸时发现乙与一摊主因买东西发生纠纷，乙携带的箱子（内有贵重物品）放在身旁的地上，甲便提起该箱子悄悄溜走。乙发现后紧追不舍。为摆脱乙的追赶，甲将手中的几张报纸卷成一团扔向乙，击中乙脸，乙受惊吓几乎滑倒。乙随之又追，终于抓住甲。甲"将手中的几张报纸卷成一团扔向乙，击中乙脸"的行为，不足以压制被害人的反抗，不能评价为"使用暴力"，只能认定为盗窃罪。

【命题角度1】 如果暴力出现打击错误，如何处理？

例 丁抢夺张某财物后逃跑，为阻止张某追赶，丁出于杀害故意向张某开枪射击。子弹未击中张某，但击中路人汪某，致其死亡。（2017-2-60）

---

① 张明楷.刑法学.6版.北京：法律出版社，2021：1500.

解析：丁抢夺张某财物后，为阻止张某追赶而开枪，转化为抢劫罪，如果将张某打死，即为抢劫致人死亡；击中路人汪某属于打击错误，按照"法定符合说"丁对汪某的死亡是故意，构成抢劫（故意）致人死亡；按照"具体符合说"丁对汪某的死亡是过失，构成抢劫（过失）致人死亡；而抢劫致人死亡既包括故意致人死亡也包括过失致人死亡，因此虽然存在打击错误，但不影响丁抢劫致人死亡的认定。

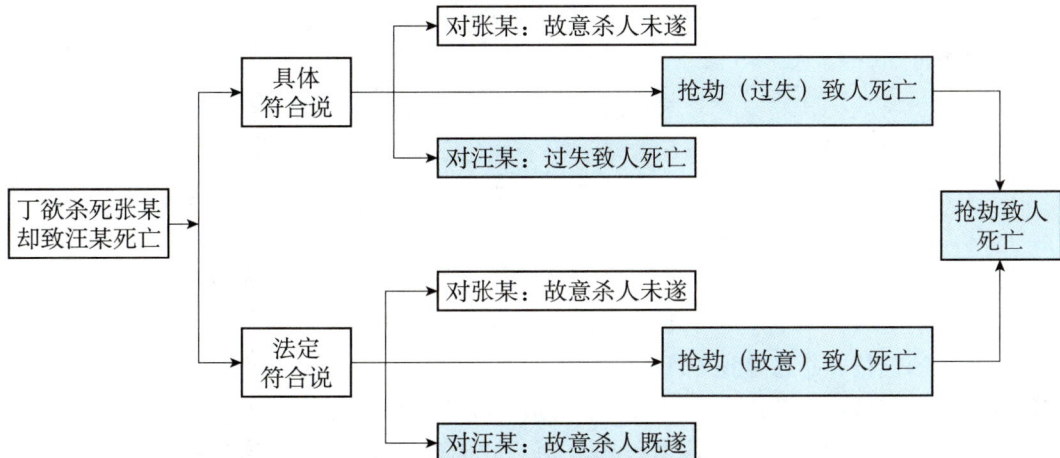

【命题角度2】转化型抢劫中，出现加重结果如何评价？

例 刘某在公交车到站时，抢夺了乘客陈某的提包，刚下车，即被路过的民警王某发现，王某抓捕刘某，刘某为抗拒抓捕对王某实施暴力，将王某打倒在地。刘某趁机跑向马路对面。王某起身追赶，也跑向马路对面，不幸被过往车辆撞死。（2019年网络回忆版）

解析：刘某在抢夺过程中，为了抗拒抓捕而当场使用暴力，应当转化为抢劫罪，刘某的抢劫行为与王某的死亡结果之间不具有刑法上的因果关系，刘某的行为不属于抢劫致人死亡的情形。

（4）时空条件：当场，即实施盗窃、诈骗、抢夺行为的当时当地，追击的过程视为"当场"。

🔍 **注意** 入户、在公共交通工具上盗窃（诈骗、抢夺）被发现，又为窝藏赃物、抗拒抓捕、毁灭罪证而使用暴力或以暴力相威胁，属于普通抢劫还是入户抢劫、在公共交通工具上抢劫？

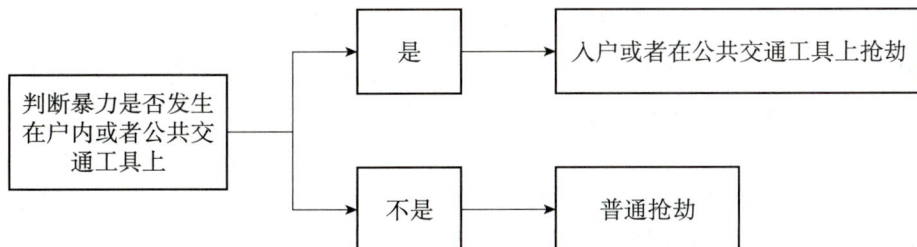

例1 元宝在公交车上盗窃甲的财物，被甲发现，元宝跳下车甲也下车追赶，在追赶途中元宝将甲打成轻伤，元宝的行为转化为普通抢劫。

例2 元宝在公交车上盗窃乙的财物，被乙发现，乙要将元宝扭送到公安机关，元宝在车上将乙打成轻伤，元宝的行为转化为<u>在公共交通工具上抢劫</u>。

【真题训练（2022）】关于抢劫罪，下列说法正确的是（　　）。①

A. 甲在某小区入户盗窃珠宝，刚走出被害人家门就被保安发现，保安追赶甲，甲便殴打保安，后被保安制服并扣押了珠宝。甲的行为成立转化型抢劫

B. 甲在道路上盗窃行人元宝身上的钱包后逃跑，后被元宝发现并追赶。此时，甲遇到同乡乙便请求乙帮助殴打元宝，知情的乙帮助甲一同殴打元宝。乙成立抢劫罪的共犯

C. 甲在被害人元宝家盗窃珠宝成功离开后，想到还可以再把元宝家的平板电脑偷走，遂于一个小时后决定返回元宝家偷平板电脑，刚走到元宝家小区单元门口就遇到了元宝。元宝怀疑甲已经在家中盗窃了自己的财物，遂抓住甲不放，甲把元宝打晕后逃走。甲的行为构成转化型抢劫

D. 甲在公交车上盗窃元宝财物得手后下车，元宝当即发现并下车追赶，甲为抗拒抓捕殴打元宝致轻伤。甲的行为构成在交通工具上抢劫

2. 携带凶器抢夺【法律拟制】。

第 267 条　携带凶器抢夺的，依照本法第 263 条的规定定罪处罚。

（1）"携带"，即带在身上或者置于身边，使凶器处于随时可用的状态。手持凶器、怀中藏着凶器、将凶器置于衣服口袋、将凶器置于随身的手提包等容器中的行为属于携带凶器。此外，使随从者实施这些行为的，也属于携带凶器。例如，甲使乙手持凶器与自己同行，即使由甲亲手抢夺丙的财物，也应认定甲的行为是携带凶器抢夺。

（2）"凶器"。

①性质上的凶器：枪支、管制刀具等本身用于杀伤他人的物品。性质上的凶器无疑属于《刑法》第 267 条第 2 款规定的凶器，因此只要携带并实施抢夺行为，就属于"携带凶器抢夺"。**（公式：携带＋抢夺＝携带凶器抢夺→抢劫罪）**

②用法上的凶器：从使用的方法来看，可能用于杀伤他人的物品。如家庭使用的菜刀，用于切菜时不是凶器，但用于或准备用于杀伤他人时则是凶器。行为人为了实施犯罪而携带此类凶器，进而又实施了抢夺行为的，则可以认定为携带凶器抢夺。如果有证据证明该器械确实不是为了实施犯罪而携带的，不以抢劫罪定罪。**（公式：携带＋抢夺＋为了犯罪而携带＝携带凶器抢夺→抢劫罪）**

🔍**注意**　根据一般社会观念，该物品能够给一般人带来压力、紧张感、危险感。汽车撞人可能导致瞬间死亡，但开着汽车抢夺的，难以认定为携带凶器抢夺。这是因为一般人面对停在地面或者正常行驶的汽车时一般人不会产生压力、紧张感。

（3）不能对人使用。

①不能针对被害人使用凶器实施暴力。

②不能针对被害人使用凶器进行胁迫。

如果使用，则直接可以依据第 263 条认定为抢劫罪，而不适用第 267 条转化型抢劫的规定。

---

① **【答案】AB**

🔍 **注意**　"不能用"是指不能对人使用，但是可以对物使用。

例如，行为人携带凶器并直接针对财物使用凶器进而抢夺的，应适用《刑法》第267条第2款的规定。

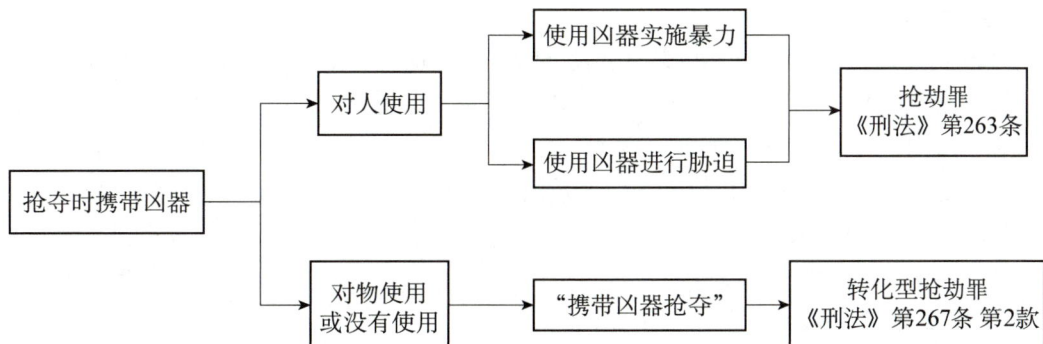

```
抢夺时携带凶器 ─┬─ 对人使用 ─┬─ 使用凶器实施暴力 ─┬─ 抢劫罪《刑法》第263条
                │            └─ 使用凶器进行胁迫 ─┘
                └─ 对物使用或没有使用 ── "携带凶器抢夺" ── 转化型抢劫罪《刑法》第267条 第2款
```

（四）加重型抢劫

1. 入户抢劫。

（1）**"户"**，即他人生活的与外界相对隔离的住所，包括封闭的院落、牧民的帐篷、渔民作为家庭生活场所的渔船、为生活租用的房屋等。集体宿舍、旅店宾馆、临时搭建的工棚不宜认定为"户"。

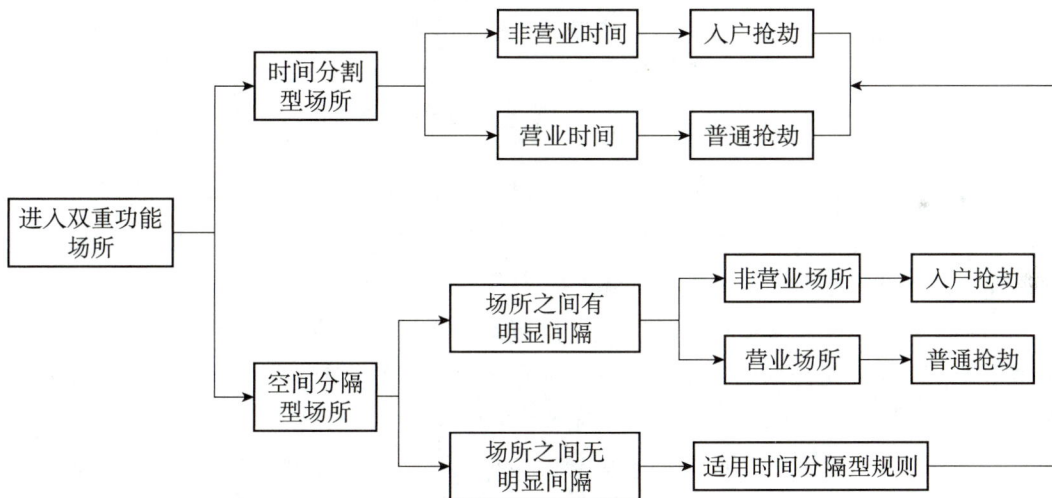

```
进入双重功能场所 ─┬─ 时间分割型场所 ─┬─ 非营业时间 ── 入户抢劫 ─┐
                  │                  └─ 营业时间 ── 普通抢劫 ─┘
                  └─ 空间分隔型场所 ─┬─ 场所之间有明显间隔 ─┬─ 非营业场所 ── 入户抢劫
                                    │                      └─ 营业场所 ── 普通抢劫
                                    └─ 场所之间无明显间隔 ── 适用时间分隔型规则
```

（2）**"入户"目的。**

①以侵害户内人员的人身、财产为目的，入户后实施抢劫，包括入户实施盗窃、诈骗等犯罪而转化为抢劫的，应当认定为"入户抢劫"。

②因访友办事等原因经户内人员允许入户后，临时起意实施抢劫，或者临时起意实施盗窃、诈骗等犯罪而转化为抢劫的，不应认定为"入户抢劫"。

（3）**暴力或者暴力胁迫行为必须发生在户内。**

2. 在公共交通工具上抢劫。

（1）**"公共交通工具"。**

包括：①从事旅客运输的公共汽车，大、中型出租车，火车，地铁，轻轨，轮船，飞机等；②虽不具有商业营运执照，但实际从事旅客运输的大中型交通工具；③接送职工的单位班车、接送师生的校车等大中型交通工具。

小型出租车不属于公共交通工具。

（2）抢劫的方式。

①在正在运营中的机动公共交通工具上对旅客、司售、乘务人员实施抢劫；

②对运行途中的机动公共交通工具加以拦截后，对公共交通工具上的人员实施抢劫。

3. 抢劫银行或者其他金融机构。

（1）包含：经营资金、有价证券、客户资金、正在使用的运钞车等。

（2）不含：办公用品、个人物品。

4. 多次抢劫或者抢劫数额巨大。

（1）"多次抢劫"应指三次以上抢劫。

（2）"抢劫数额巨大"：3万元至10万元，抢劫数额以实际抢劫到的财物数额为依据。

🔍 **注意** 以数额巨大的财物（如重要文物）为明确目标，由于意志以外的原因，未能抢到财物或实际抢得的财物数额不大的，应同时认定"抢劫数额巨大"和犯罪未遂的情节，根据刑法有关规定，结合未遂犯的处理原则量刑。

5. 抢劫致人重伤、死亡。

既包括行为人的暴力等行为过失致人重伤、死亡，也包括行为人为劫取财物而预谋故意杀人，或者在劫取财物过程中，为制服被害人反抗而故意杀人。抢劫罪的任何组成行为导致重伤、死亡的，都属于抢劫致人重伤、死亡。

在事后抢劫中，暴力等行为导致抓捕者等人重伤、死亡的，也应认定为致人重伤、死亡。

6. 冒充军警人员抢劫。

（1）对行为人是否穿着军警制服、携带枪支、是否出示军警证件等情节进行综合审查，判断是否足以使他人误以为是军警人员。

（2）行为人仅穿着类似军警的服装或仅以言语宣称系军警人员但未携带枪支、也未出示军警证件而实施抢劫的，要结合抢劫地点、时间、暴力或威胁的具体情形，依照常人判断标准，确定是否认定为"冒充军警人员抢劫"。

（3）军警人员利用自身的真实身份实施抢劫的，不认定为"冒充军警人员抢劫"，应依法从重处罚。

7. 持枪抢劫。

行为人使用枪支或者向被害人显示持有、佩带的枪支进行抢劫。

"枪支"仅限于能发射子弹的真枪，不包括仿真手枪与其他假枪，但不要求枪中装有子弹。

8. 抢劫军用物资或者抢险、救灾、救济物资。

（1）"军用物资"仅限于武装部队（包括武警部队）使用的物资，不包括公安警察使用的物资。

（2）"抢险、救灾、救济物资"是指已确定用于或者正在用于抢险、救灾、救济的物资。

二、抢夺罪

（一）概念

以非法占有为目的，公然夺取公私财物，数额较大或者多次抢夺的行为。

（二）认定

1. 实行行为：公然夺取他人紧密占有的数额较大的财物，或者多次夺取他人紧密占有的公私财物。

（1）"公然"：在被害人当场可以得知财物被抢的情况下实施抢夺行为，被害人可以当场发觉但通常来不及抗拒。

（2）"夺取"：针对被害人紧密占有的财物，实施对物暴力，强行夺取。

（3）"数额较大"：公私财物价值人民币 1 000 元至 3 000 元以上的。

（4）"多次"：2 年内抢夺 3 次以上。

2. 抢劫罪与抢夺罪的界分。

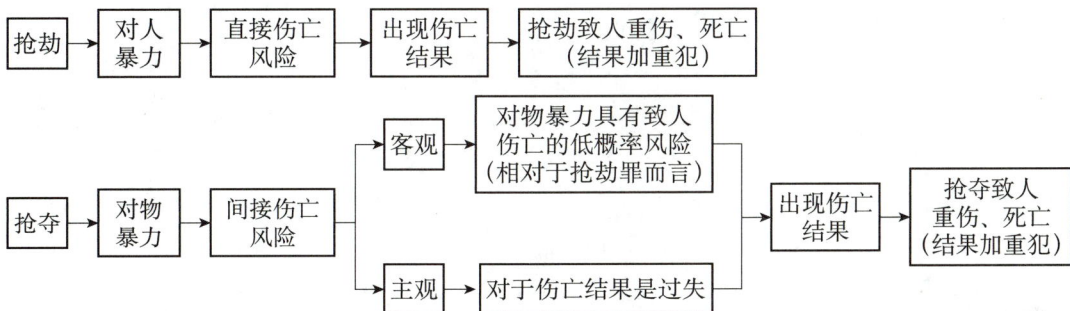

🔍 **注意** 飞车抢夺究竟构成抢夺罪还是构成抢劫罪？

根据《最高人民法院关于审理抢劫、抢夺刑事案件适用法律若干问题的意见》，对于驾驶车辆夺取他人财物的，一般以**抢夺罪从重**处罚。但具有下列情形之一，应当以**抢劫罪**定罪处罚：

（1）驾驶车辆，**逼挤**、**撞击**或**强行逼倒**他人以排除他人反抗，乘机夺取财物的；

（2）驾驶车辆强抢财物时，因被害人不放手而采取**强拉硬拽**方法劫取财物的；

（3）行为人**明知**其驾驶车辆强行夺取他人财物的手段会造成他人伤亡的后果，仍然**强行夺取**并放任造成财物持有人轻伤以上后果的。

以抢劫罪定罪处罚的理由：客观上"逼挤、撞击、强行逼倒，强拉硬拽"已经属于对人暴力，主观上行为人对于伤亡结果属于故意。

三、敲诈勒索罪

（一）概念

以非法占有为目的，对公私财物的所有人、管理人实施威胁或者要挟的方法，多次强行索取公私财物或者索取数额较大的公私财物的行为。

（二）认定

1. 实行行为。

（1）威胁：以恶害相通告迫使被害人处分财产，即如果不按照行为人的要求处分财产，就会当场或在将来的某个时间遭受恶害。

①威胁的内容：侵犯人身；毁坏财物或其他财产性利益；揭发隐私；毁坏名誉；追究责任。

例如，以在信息网络上发布、删除等方式处理不利于他人的网络信息为由，威胁他人，索取公私财物的，属于敲诈勒索行为。

②恶害相加的时间：当场或者日后。

③恶害相加的对象：所有者、保管者本人；所有者、保管者亲属；与所有者、保管者有某种利害关系的人。

（2）恐惧：被害人产生恐惧心理，然后为了保护自己更大的利益而处分其数额较大的财产。

（3）交付。

①向本人交付或者向第三人交付。

②财物：被害人所有的或者保管的。

③现实交付或者简易交付。

例如，王某借用吴某的一辆夏利车，在借用一个月后，王某得知吴某正在从事文物走私的活动，王某便以向公安机关揭发相威胁，要求吴某将夏利车送给他算了，吴某无奈，只得答应王某的要求。

2. "数额较大"：2 000元至5 000元以上。

3. "多次"：2年内3次以上。

4. 既遂与未遂。

敲诈勒索罪是取得型财产犯罪，因此被害人基于恐惧心理处分财产，行为人取得财物时，就是敲诈勒索罪的既遂。

如果被害人不是基于恐惧心理，而是基于怜悯心理提供财物，或者为了配合警察逮捕行为人而按约定时间与地点交付财物的（显然不属于处分财产的行为），只能认定为敲诈勒索罪的未遂。

（三）敲诈勒索罪与相关罪名的边界

1. 敲诈勒索罪与绑架罪。

绑架罪＝非法拘禁＋敲诈勒索；如果没有非法拘禁行为，则只成立敲诈勒索罪。

例如，甲、乙合谋后，由与元宝相识的甲将元宝骗往外地游玩，乙给元宝的家属打电话，声称已经"绑架"了元宝，要求家属支付"赎金"，甲、乙不成立绑架罪，而成立敲诈勒索罪。

2. 诈骗罪与敲诈勒索罪的边界。

	诈骗罪	敲诈勒索罪
相同点	都是交付型财产犯罪，行为人取得财物是基于被害人的交付	
不同点	基于错误认识交付财物	基于恐惧交付财物

虚假的威胁，也是一种虚构事实；错误的恐惧，也是一种恐惧；此时交付财物既是基于错误认识，也是基于恐惧，实行行为具有双重性质，被害人交付财物基于双重心理，行为属于敲诈勒索罪与诈骗罪的想象竞合。

例　2009 年 6 月 26 日，被告人赵某将钱某约至某大桥西侧泵房后，二人发生争执。赵某顿生杀意，突然勒钱某的颈部、捂钱某的口鼻，致钱某昏迷。赵某以为钱某已死亡，便将钱某的"尸体"缚重扔入河中。6 月 28 日凌晨，赵某将恐吓信置于钱某家门口，谎称钱某被绑架，让钱某之妻孙某拿 20 万元到某大桥赎人，如报警将杀死钱某。赵某既是讲故事的人（虚构事实的人），又是故事里的魔鬼（恶害相加人），因此构成敲诈勒索罪与诈骗罪的想象竞合。

四、盗窃罪

（一）概念

以非法占有为目的，盗窃公私财物数额较大的，或者多次盗窃、入户盗窃、携带凶器盗窃、扒窃的行为。

（二）认定

1. 实行行为：以和平的方式排除他人对财物的占有，建立新的支配关系的行为。

（1）"和平手段"：既不对人使用暴力，也不对物使用暴力。

（2）本罪核心：先有一个占有，即被害人的占有；后面又有一个占有，即行为人的占有。以和平的方式使两个占有发生更替，就是盗窃行为。

2. 行为对象：他人占有的财物，对于自己占有的他人财物不可能成立盗窃罪。

"占有"，即对财物事实上的支配、控制。

（三）刑事可罚性起点

在中国刑法中，盗窃罪的成立还需要达到较为严重的程度，要么是数额较大，要么是有其他严重情节，我们统称为"刑事可罚性起点"。

1.【普通盗窃】数额较大：1 000 元至 3 000 元以上。

🔍 **注意**　1 000 元 ~ 3 000 元，是最高人民法院给各省、自治区、直辖市高级人民法院的一个幅度，各高级人民法院可根据本地区经济发展状况，并考虑社会治安状况，在上述数额幅度内，分别确定本地区执行的"数额较大"标准。

2.【特殊盗窃】具有其他情节。

（1）多次盗窃：2 年内盗窃 3 次以上。

（2）入户盗窃：非法进入供他人家庭生活，与外界相对隔离的住所盗窃的，应当认定为"入户盗窃"。

（3）携带凶器盗窃。

①携带枪支、爆炸物、管制刀具等国家禁止个人携带的器械盗窃。**（公式：携带凶器 + 盗窃 = 携带凶器盗窃→盗窃罪）**

②为了实施违法犯罪携带其他足以危害他人人身安全的器械盗窃的。**（公式：携带其他器械 + 盗窃 + 为了犯罪而携带 = 携带凶器盗窃→盗窃罪）**

注意 所携带的凶器不能对人使用，可以对物使用。

①明示、暗示带有凶器，或者行为人对被害人使用凶器强取财物的，成立抢劫罪。

②使用水果刀划开提包、使用镰刀盗割香蕉，属于"携带凶器盗窃"。

【总结】"携带凶器抢夺"与"携带凶器盗窃"。

	性质上的凶器	用法上的凶器	结局
"携带凶器抢夺"	携带 + 抢夺	携带 + 抢夺 + 为了犯罪而携带	抢劫罪
"携带凶器盗窃"	携带 + 盗窃	携带 + 盗窃 + 为了犯罪而携带	盗窃罪

（4）扒窃。

①必须发生在公共场所或者公共交通工具上。

②针对他人随身携带的财物；在火车、地铁、飞机上窃取他人置于行李架、座椅下或者床底下的财物的，属于扒窃。

【总结】盗窃罪的两种类型。

		犯罪成立标准	犯罪既遂标准
普通盗窃（客观价值）	客观	实施窃取数额较大财物的行为	实际取得数额较大的财物
	主观	具有窃取数额较大财物的意图	
特殊盗窃①（值得刑法保护的财物）②	客观	实施窃取值得刑法保护的财物的行为	实际取得值得刑法保护的财物
	主观	具有窃取值得刑法保护的财物的意图	

（四）着手与既遂

1. 着手。

行为具有使他人丧失财物的紧迫危险时。例如扒窃案件，行为人的手接触到被害人实际上装有钱包或者现金的口袋外侧时，就是着手。

2. 盗窃罪既遂与未遂的界限。

以财物的所有人、管理人、保护人、持有人失去对财物的控制并为盗窃犯罪人所控制的状态为既遂，刑法理论上称为"失控加控制说"。

---

① "特殊盗窃"：第一，多次盗窃；第二，入户盗窃；第三，携带凶器盗窃；第四，扒窃。
② "值得刑法保护的财物"：第一，接近"数额较大标准"；第二，财物包含其他方面的法益。

（1）空间上：财物处于自己实际控制范围内，可以与之保持一定的空间距离。

例1 以非法占有为目的，从火车上将他人财物扔到偏僻的轨道旁，打算下车后再捡回来，属于既遂。

例2 住在雇主家的雇员，将窃取的财物藏在雇主家隐蔽的场所，属于既遂。

（2）状态上，取得控制要求达到平稳状态。

【命题角度1】 单纯考查盗窃罪时，往往与公开盗窃相关。

例 甲骑摩托车载着乙，遇到一段路比较崎岖。甲下车推车，乙提出自己骑车过去，在前方等甲。甲答应，看着乙骑车前去。乙竟然骑车扬长而去。（2018年网络回忆版）

解析： 甲是摩托车的主人，由于甲一直在现场，摩托车就一直在甲的占有之下，乙将摩托车骑走的行为，成立盗窃罪。

【命题角度2】 盗窃罪极易与"电子支付"问题结合考查。

五、侵占罪

（一）概念

以非法占有为目的，将代为保管的他人财物或者将他人的遗忘物、埋藏物非法占为己有，数额较大拒不退还或者拒不交出的行为。

（二）认定

1. 实行行为：合法占有 + 非法侵吞。

（1）合法占有。

①合法占有"保管物"。

保管关系通常是基于委托关系、租赁关系、借用关系、担保关系、无因管理关系以及不当得利关系而产生，即基于上述关系行为人合法占有他人财物。由此可见，侵占罪的行为没有侵犯财物的占有，只是侵犯了他人财产所有权。

②合法占有"脱离物"。

第一，脱离物之"遗忘物"： 非基于他人本意而脱离他人占有，偶然由行为人占有或占有人不明的财物，如邮局误投的邮件，落在出租车上的财物，河流中的漂流物。

例 元宝某日乘坐出租车去往朋友家，下车时不慎将自己的手机落在车上。司机李某后来发现该手机，将其据为己有。李某属于合法占有后非法侵吞，成立侵占罪。

第二，脱离物之"埋藏物"： 埋藏于地下、沉没在水中或隐藏在他物之中的，无人占有的，偶然由行为人发现的财物。

🔍 **注意** 如果是他人基于占有的意思，埋藏于地下的财物，则属于他人占有的财物，而非埋藏物，行为人不法取得的，成立盗窃罪。

（2）非法侵吞。

①现金：现金只要转移占有便转移所有，所以，乙将现金委托给甲管理时，甲完全可以使用该笔现金，只有乙要求甲退还而甲不退还时，才能认定为侵占。

②现金以外的财物：拒不返还或者已经处分（出卖、赠与、消费、抵偿债务等）。

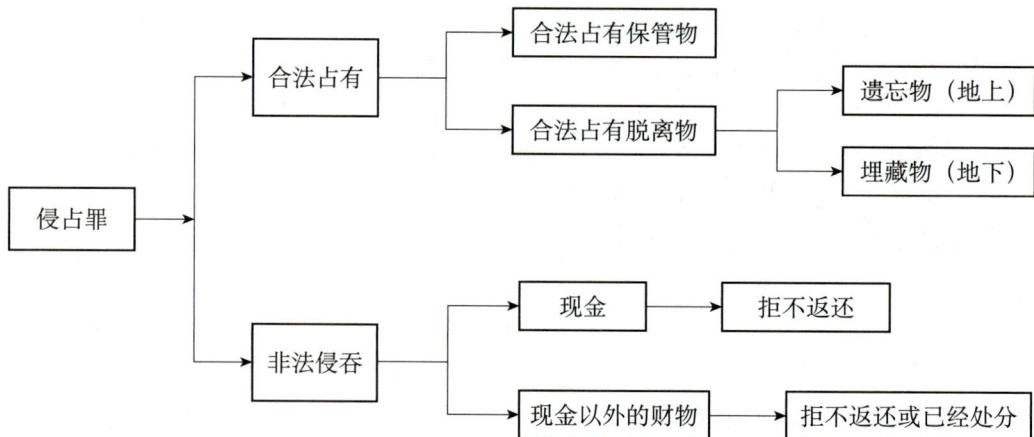

2. 行为对象：自己占有的财物或者无人占有的财物。

🔍 **注意**　侵占罪是侵犯<u>所有权</u>的犯罪。

【真题训练（2017）】 下列哪一行为成立侵占罪？（　　　）①

A. 张某欲向县长钱某行贿，委托甲代为将 5 万元贿赂款转交钱某。甲假意答应，拿到钱后据为己有

B. 乙将自己的房屋出售给赵某，虽收取房款却未进行所有权转移登记，后又将房屋出售给李某

C. 丙发现洪灾灾区的居民已全部转移，遂进入居民房屋，取走居民来不及带走的贵重财物

D. 丁分期付款购买汽车，约定车款付清前汽车由丁使用，所有权归卖方。丁在车款付清前将车另售他人

3. 盗窃罪与侵占罪的界限。

	盗窃罪	侵占罪
犯罪对象	他人占有的财物	自己占有的财物、无人占有的财物
两罪区分的关键：行为人产生<u>非法所有</u>意图时，该财物由谁<u>占有</u>		

---

①　丁基于约定合法占有汽车，但并不是汽车的所有权人，其在付清款项前将汽车予以出卖的行为，属于典型的变占有为所有的行为，侵犯了所有权人的所有权。因此，D 选项是正确的。

（三）刑法中的"占有"

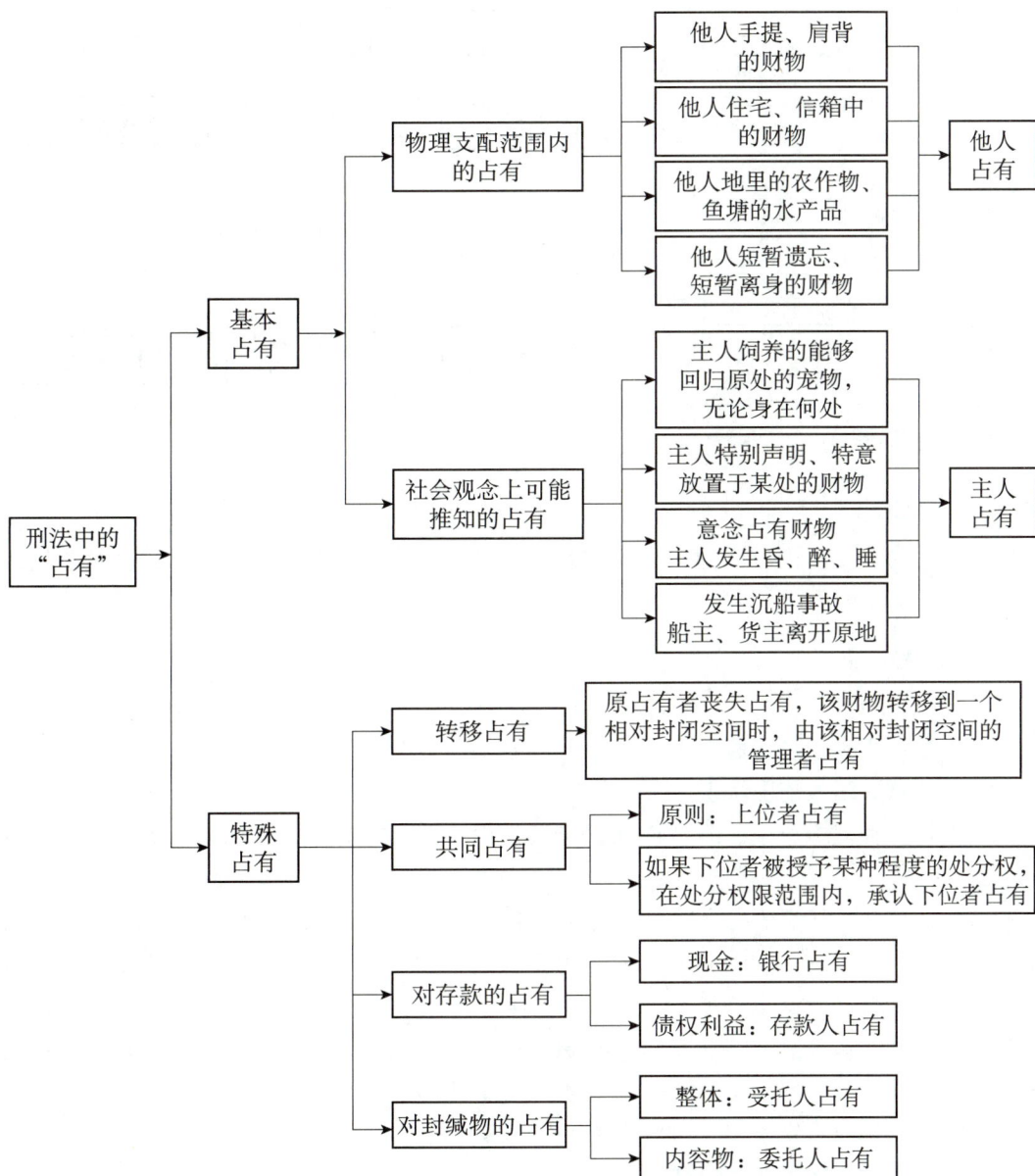

```
刑法中的
"占有"
├─ 基本
│   占有
│   ├─ 物理支配范围内
│   │   的占有 ────────┐
│   │   ├─ 他人手提、肩背
│   │   │   的财物
│   │   ├─ 他人住宅、信箱中
│   │   │   的财物              ├─ 他人
│   │   ├─ 他人地里的农作物、      占有
│   │   │   鱼塘的水产品
│   │   └─ 他人短暂遗忘、
│   │       短暂离身的财物
│   └─ 社会观念上可能
│       推知的占有 ─────┐
│       ├─ 主人饲养的能够
│       │   回归原处的宠物，
│       │   无论身在何处
│       ├─ 主人特别声明、特意
│       │   放置于某处的财物      ├─ 主人
│       ├─ 意念占有财物            占有
│       │   主人发生昏、醉、睡
│       └─ 发生沉船事故
│           船主、货主离开原地
└─ 特殊
    占有
    ├─ 转移占有 ── 原占有者丧失占有，该财物转移到一个
    │              相对封闭空间时，由该相对封闭空间的
    │              管理者占有
    ├─ 共同占有 ─┬─ 原则：上位者占有
    │            └─ 如果下位者被授予某种程度的处分权，
    │                在处分权限范围内，承认下位者占有
    ├─ 对存款的占有 ─┬─ 现金：银行占有
    │                └─ 债权利益：存款人占有
    └─ 对封缄物的占有 ─┬─ 整体：受托人占有
                       └─ 内容物：委托人占有
```

【命题角度】通过对占有的判断，区分是盗窃罪还是侵占罪。

例1 菜贩刘某将蔬菜装入袋中，放在居民小区路旁的长条桌上，写明"每袋20元，请将钱放在铁盒内"。然后，刘某去3公里外的市场卖菜。小区理发店的店员经常好奇地出来看看是否有人偷菜。甲数次公开拿走蔬菜时假装往铁盒里放钱。（2015–2–19）

解析：刘某虽距现场3公里，但根据社会生活经验，蔬菜仍然由刘某占有。

例2 旅客将行李放在托运柜台旁，到相距20余米的另一柜台问事时，机场清洁工丙将该行李拿走据为己有。（2016–2–59）

解析：旅客将行李放在托运柜台旁，到相距20余米的另一柜台问事时，行李是旅客在占有，丙将该行李拿走据为己有，构成盗窃罪。

🔍 **注意** 关于死者的占有问题，存在不同观点，属于主观题观点展示问题的命题素材。

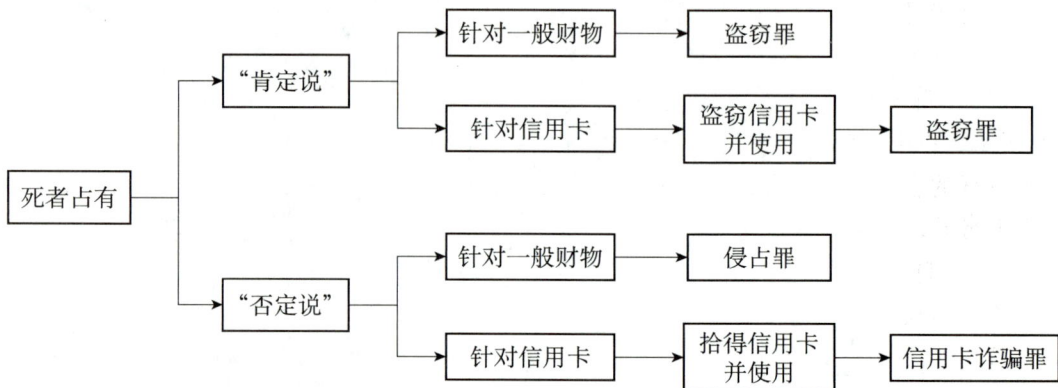

```
                                                        ┌────────────────┐        ┌──────────┐
                                      ┌─ 针对一般财物 ──▶│     盗窃罪      │        │          │
                        ┌─ "肯定说" ──┤                  └────────────────┘        └──────────┘
                        │             │                  ┌────────────────┐        ┌──────────┐
                        │             └─ 针对信用卡 ────▶│  盗窃信用卡     │──────▶│  盗窃罪   │
             ┌────────┐ │                                │    并使用       │        └──────────┘
             │死者占有│─┤                                └────────────────┘
             └────────┘ │                                ┌────────────────┐
                        │             ┌─ 针对一般财物 ──▶│     侵占罪      │
                        └─ "否定说" ──┤                  └────────────────┘
                                      │                  ┌────────────────┐        ┌────────────┐
                                      └─ 针对信用卡 ────▶│  拾得信用卡     │──────▶│ 信用卡诈骗罪 │
                                                         │    并使用       │        └────────────┘
                                                         └────────────────┘
```

六、诈骗罪

（一）概念

以非法占有为目的，用虚构事实或者隐瞒真相的方法，骗取数额较大的公私财物的行为。

（二）认定

1. 实行行为。

（1）虚构事实、隐瞒真相。

（2）被害人陷入错误认识。

欺骗行为使对方产生、维持或强化错误认识，即对方的错误认识是行为人的欺骗行为所致。

例如，甲将一把壶的壶底落款"民国叁年"磨去，放在自己的古玩店里出卖。某日，钱某看到这把壶，误以为是明代文物。甲见钱某询问，谎称此壶确为明代古董，钱某信以为真，按明代文物交款买走。又一日，顾客李某看上一幅标价很高的赝品画，以为是名家亲笔，但又心存怀疑。甲遂拿出虚假证据，证明该画为名家亲笔。李某以高价买走赝品。[①] 第一次"谎称此壶确为明代古董"属于"维持"错误认识，第二次"拿出虚假证据，证明该画为名家亲笔"则属于"强化"错误认识。

（3）基于错误认识处分财物。

"处分财物" = 处分的行为 + 处分的意思。

①客观上有处分行为，即转移占有。（转移事实控制）

例 1 乙女听说甲男能将 10 元变成 100 元，便将家里的 3 000 元现金交给甲，让甲当场将 3000 元变成 3 万元。甲用红纸包着 3000 元钱，随后"变"来"变"去，趁机调换了红纸包，然后将调换过的红纸包交给乙，让乙 2 小时后再打开看。乙 2 小时后打开，发现红纸包内是餐巾纸。

解析：乙女将 3000 元现金交给甲时，并不是转移占有，因为所有权人（乙女）在场，

---

① 2011 年卷二不定项选择题（86—87）

财物仍然是所有人在占有，3000 元钱在甲男手里，甲男仅是物理上的控制者，事实上真正的占有者是乙女。甲男趁机调包的行为，破坏了乙女对于财物的占有，建立起新的占有，因此甲男成立盗窃罪。

例 2 陈某多次以假名在报纸上刊登征婚信息，并与李某确立恋爱关系，索要彩礼1.6 万元。当李某将用红布包裹的现金交给陈某后，陈某趁李某不备，将 1.6 万元换成事先准备好的报纸裹入红布，以两人关系时机未成熟为由将彩礼退给李某，李某回到家中发现上当时，陈某已销声匿迹。

解析： 陈某构成诈骗罪。在本案中，陈某先前隐瞒内心想法，假借恋爱索要彩礼，李某陷入错误认识，将 1.6 万元现金交给陈某，属于基于错误认识处分财物，陈某构成诈骗罪。①

②**主观上有处分的意思，即对于转移占有和转移占有的财物的性质有认识。**

对于转移占有有认识：认识到自己将对于财物稳定的、较长时间的、相对独立的控制，转移给对方。

对于转移占有的财物的性质有认识：认识到自己转移的财物"是什么"即可，不需要认识到财物的数量和价值。

例 1 甲到超市后，把装满矿泉水的纸箱打开，取出里面的矿泉水，然后从另一柜台拿了一台照相机（价值 1 万元），塞进纸箱，再把纸箱用封条封上。结账时甲向收银员付了一箱矿泉水的钱便提着箱子离开。受骗人收银员对于财物的性质发生了根本的错误认识，他以为自己转移的是矿泉水，而事实上转移的是照相机，对照相机不存在处分的意思，也就没有发生处分财物的事实，因此甲的行为成立盗窃罪。

例 2 乙到超市后，将便宜照相机的条码与贵重照相机的条码互换，使店员将贵重相机以便宜价格"出售"给甲。受骗人收银员对于财物的性质没有发生错误认识，他以为自己转移的是照相机，事实上转移的也是照相机，仅仅是对于财物的价值发生错误认识，不影响处分的意思，乙的行为成立诈骗罪。

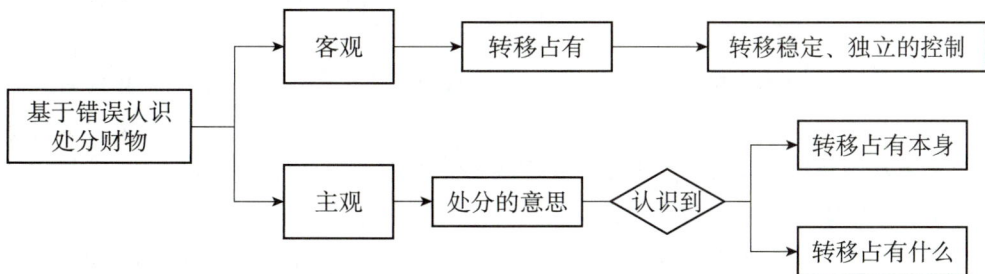

（4）行为人取得数额较大的财物。
①"取得"既包括财产的积极增加，也包括财产的消极增加。
②"数额较大"：3000 元至 1 万元以上。
③"财物"：诈骗罪并不限于骗取有体物，还包括骗取无形物与财产性利益。
2.犯罪主体：已满 16 周岁，具有辨认、控制能力的自然人。

【命题角度】 盗窃罪与诈骗罪区分的关键在于被害人基于错误认识处分财物，如果不

---
① 参见张明楷：《刑法学》，第 6 版，第 1322 页

存在被害人处分财物的事实，则不可能成立诈骗罪。

例 郑某冒充银行客服发送短信，称张某手机银行即将失效，须重新验证。张某信以为真，按短信提示输入银行卡号、密码等信息后，又将收到的编号为135423的"验证码"输入手机页面。后张某发现，其实是将135423元汇入了郑某账户。①

3. 特殊类型的诈骗。

（1）"三角诈骗"。

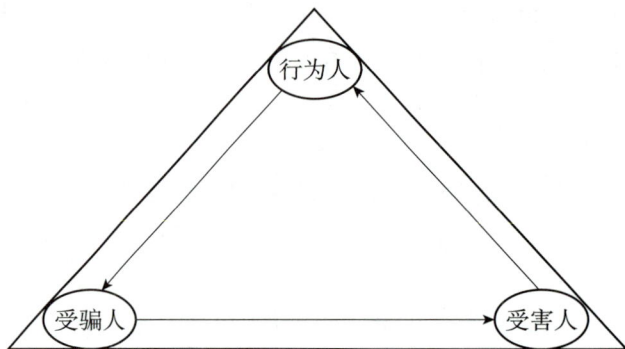

第一步：看"阵营"，明确受骗人属于哪个阵营。

①受骗人属于行为人阵营：行为人成立盗窃罪。

②受骗人属于被害人阵营：行为人成立诈骗罪。

例1 甲女对自己的前男友怀恨在心，于是对现男友说某小区某房间是她的住宅（实为前男友的住宅），让现男友帮忙将该房间内的财物搬至某处，现男友信以为真，委托搬家公司将房间搬空。受骗人是现男友，现男友与甲女属同一阵营，甲女构成盗窃罪。

【小结】 现男友只是被甲女利用来实施盗窃的"工具"。

例2 甲男趁同事乙上班时间，来到乙家欺骗乙的妻子说乙因工作原因急需家里的笔记本电脑，委托他来取，乙妻信以为真，将电脑交给甲带走。受骗人是乙妻，乙妻与乙是同一阵营，甲男构成诈骗罪。

【小结】 欺骗乙妻与欺骗乙的法律效果是一样的。

第二步：如果受骗人处于中立位置，再看受骗人对于被害人的财产有无强大的处分权。

①受骗人对于被害人的财产有强大的处分权：行为人成立诈骗罪。

②受骗人对于被害人的财产无强大的处分权：行为人成立盗窃罪。

例1 甲伪造乙对自己有10万元借款的证据，并向法院提起诉讼，法院信以为真，判决乙偿还甲10万元借款。受骗人法院处于中立地位，法院对于乙的财物具有强大的处分权，甲构成诈骗罪。

【小结】 法院拥有强大的处分权，法院处分相当于乙自己处分。

例2 甲在会议结束后将自己的手机落在会议室的桌面上，清洁工进来收拾桌面时

① 被害人张某误以为自己是在客服的指引之下重新验证手机银行，并未产生处分财物的意思，因此不存在被害人基于错误认识处分财物的事实。郑某利用张某不知情的行为，转移张某对财产的占有，成立盗窃罪的间接正犯，而不成立诈骗罪。

发现了遗落的手机，这时早有图谋的乙走进会议室对清洁工说，"阿姨，那是我的手机，麻烦您递给我"，清洁工信以为真，将手机递给乙。受骗人清洁工处于中立地位，清洁工对于甲的财物没有强大的处分权，乙构成盗窃罪。

【小结】清洁工的存在没有法律意义，可以被看做"透明"的。

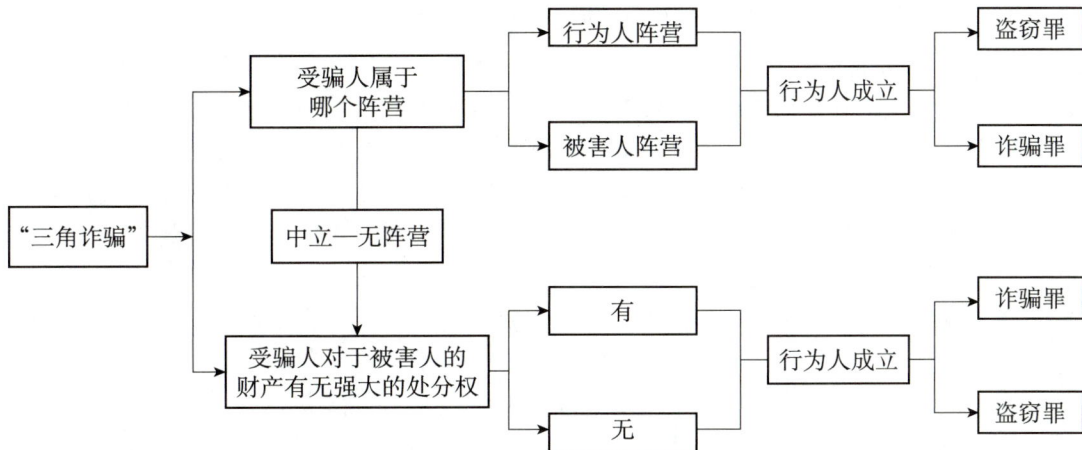

【命题角度】运用上述原理，判断究竟是构成盗窃罪还是构成诈骗罪。

例 甲冒充家电维修人员，想把王某家的冰箱骗到手。某日，甲来到王某家，开门的却是王某家保姆，甲误把保姆当成王某，谎称商家搞活动，正在以旧换新。保姆以为甲事前跟王某商量好了，就把冰箱给了甲。（2019年网络回忆版）

解析： 本案中，受骗人是王某家的保姆，保姆显然跟王某属于同一阵营，在处分地位上与王某相当，保姆的处分相当于王某自己的处分。甲构成诈骗罪。

（2）不支付饮食、住宿费用。

①原本没有支付饮食费、住宿费的意思，伪装具有支付意思，欺骗对方提供饮食、住宿，数额较大。此时，欺骗在先，取得财物在后，成立诈骗罪。

②原本具有支付饮食费、住宿费的意思，在饮食、住宿后，采用欺骗手段不支付费用。

例如，甲在高档酒店吃完后产生了不支付费用的意思，于是声称送走朋友后回来付款，但在将朋友送出酒店后乘机逃走。由于被害人并没有免除甲的债务，即没有处分行为，故对该行为难以认定为诈骗罪。

【观点1】行为人构成盗窃罪，盗窃财产性利益（餐费这种债权）。

【观点2】行为人不构成盗窃罪，属于民事纠纷，无罪。

（3）二重买卖。

例1 甲将自己的不动产卖给乙，在乙办理过户登记手续之后，甲又伪造证件，将该不动产卖给丙，丙支付对价。本案被害人是丙，丙陷入错误认识后处分财物，因此甲成立诈骗罪；

例2 甲将自己的电脑卖给乙，同时约定暂由甲保管电脑一个月，甲又将电脑卖与丙。本案被害人是乙，甲不法处分了自己占有但归乙所有的财产，使乙遭受财产损失，因此成立侵占罪。多数观点认为，甲对丙构成诈骗罪，丙用正常价买到赃物，有财产损失。甲的一个处分行为（出售行为）同时触犯两罪，想象竞合，择一重罪论处。

（4）"偷电"。

例1 甲在正常、大量用电之后，在电力部门工作人员即将上门收取电费时，产生不缴费用的意思，使用不法手段将电表调至极小刻度，从而免除大部分电费。甲"将电表调至极小刻度"，属于"隐瞒真相"，使电力部门工作人员陷入错误认识"免除大部分电费"，属于处分财物。在这种场合，电力公司不存在电力返还请求权，只有电费请求权。行为人的诈骗使对方放弃电费请求权这一财产性利益。[①] 因此甲成立诈骗罪。

例2 甲为了不缴、少缴电费，事先采用不法手段使电表停止运行，从而免除大部分电费；电表的作用既是对于用电数量的记录，又是电力公司关于用电的许可。当电表停止运行时，等于电力公司撤回了许可，在未经许可的状态下用电，显然属于偷，所窃取的是电力本身，[②] 因此成立盗窃罪。

【真题训练（2021）】 关于诈骗罪中处分意思的判断，下列选项中，乙存在处分意思的是（   ）。[③]

A. 甲在超市购物，趁无人时打开饮料箱包装，把高档白酒放进去，收银员乙按饮料价格收款

B. 甲通过伪造购车发票、车辆行驶证，将在租车行租来的车冒充自己的车，质押给被害人乙，向被害人乙"借款"20万元，后逃匿

C. 甲请人吃饭后，产生逃单想法。在经过收银台时，甲欺骗收银员乙说："我把客人送走就来买单。"收银员乙信以为真，甲一去不回

D. 甲为了不缴电费，事先采用不法手段，使电表停止运行。电费收缴员乙来到甲家中查看电表时，发现电表度数为零，遂离开。甲通过此种方式少交5 000元电费

七、职务侵占罪

（一）概念

公司、企业或者其他单位的人员，利用职务上的便利，将本单位财物非法占有，数额较大的行为。

（二）认定

1. 实行行为：公司、企业或者其他单位的人员，利用职务上的便利，将本单位财物非法占为己有，数额较大的行为。

（1）"利用职务上的便利"，即利用自己主管、管理、经营、经手单位财物的便利条件。如果是利用自己作为本单位职工、熟悉作案环境、方便进出单位、易于接触财物的便利条件，不属于利用职务之便，不成立职务侵占罪。

（2）"非法占有本单位财物"的方式："侵吞"，即将基于职务原因而独自管理的本单位财物非法占为己有。

[①] 参见张明楷：《刑法学》，第6版，第1325页。

[②] 同上

[③] 【答案】B

🔍 **注意**　只有狭义的侵占行为才能构成职务侵占罪，即只有当行为人基于职务原因将独自占有的本单位财物非法据为己有，才成立职务侵占罪。从解释论上来说，完全可以将利用职务便利实施的盗窃、诈骗行为排除在职务侵占罪之外，直接以盗窃、诈骗罪论处，从而使职务侵占罪与盗窃、诈骗罪之间保持协调。①

2. 行为对象：本单位财物。

3. 犯罪主体：公司、企业或者其他单位的人员（非国家工作人员）。

【命题角度】非国家工作人员利用职务之便的盗窃行为，只能认定为盗窃罪。

【2019 年网络回忆版】某村有一片荒山，山上有 30 亩树木，属于村集体财产。在其他村委会成员不知情的情况下，村委会主任王某私下将这些树木卖给木材商李某。王某对李某谎称这些树木是自家的，以市场行情价予以出售，收到李某的货款后，王某让李某带人砍伐了树木，自行运走。关于本案，下列说法错误的有（　　　）。②

A. 王某触犯职务侵占罪

B. 王某触犯盗窃罪

C. 王某触犯诈骗罪

D. 王某触犯盗伐林木罪

八、故意毁坏财物罪

（一）概念

故意毁坏公私财物，数额较大或者有其他严重情节的行为。

（二）认定

1. 实行行为：毁坏公私财物，数额较大或者有其他严重情节的行为。

"毁坏"，指有损财物的效用的一切行为。

①物理的毁坏，如砸烂、打坏；

②效用的毁坏，如功能受损；

③情感价值的毁坏，如将粪便装入餐具；

④占有的破坏，如放飞他人关在笼子里的金丝雀。

2. 行为对象：公私财物，既可以是动产，也可以是不动产。

3. 故意，不具有非法占有目的。

【命题角度】故意毁坏财物罪的本质：损人不利己。

例 1　刘某炒股亏损，无意间获得同事宋某的股票交易账号和密码，出于好奇心理，擅自进入宋某的账户，发现宋某炒股获利甚多。出于嫉妒心理，刘某多次进入宋某的股票交易账户，擅自高进低出，将宋某的一些正在看涨的股票以低价抛出，给宋某造成经济损失 5 万多元。刘某构成故意毁坏财物罪。

例 2　陈某系张家的保姆，但十分仇富。某日，趁张家没人，陈某用张家厨房中的

---

① 张明楷 . 刑法学 .6 版 . 北京：法律出版社，2021：1338.

② **【答案】**A

餐具装盛粪便，然后用清水冲干净，但被录像监控发现。经鉴定，张家所用餐具均为名贵瓷器，价值 2 万余元。陈某构成故意毁坏财物罪。

【重点复盘】

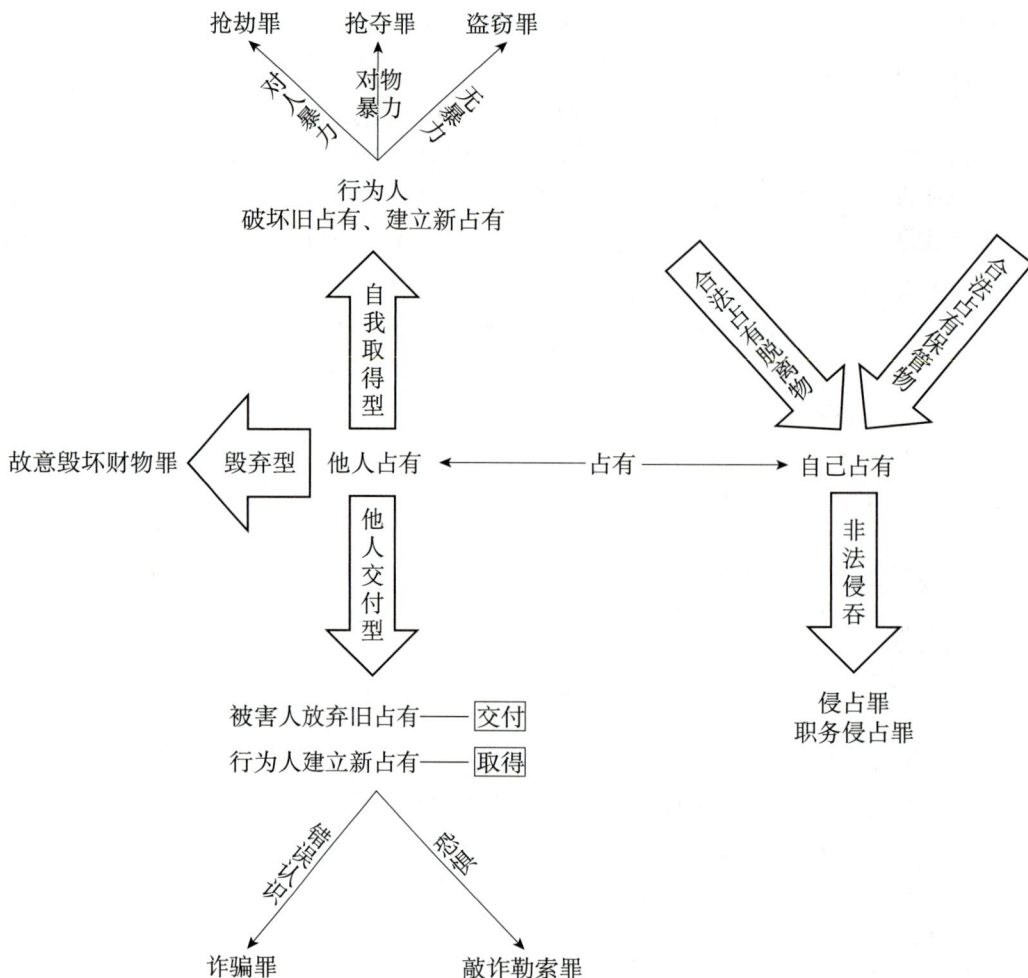

抢劫罪　抢夺罪　盗窃罪

对人暴力　对物暴力　无暴力

行为人
破坏旧占有、建立新占有

自我取得型

故意毁坏财物罪　毁弃型　他人占有　——占有——　自己占有

合法占有他人财物　合法占有他人财物

非法侵吞

侵占罪
职务侵占罪

他人交付型

被害人放弃旧占有——交付
行为人建立新占有——取得

基于认识错误　恐惧

诈骗罪　敲诈勒索罪

第十九章　妨害社会管理秩序罪

第一节　扰乱公共秩序罪

一、妨害公务罪

（一）概念

以暴力、威胁方法阻碍国家机关工作人员依法执行职务，阻碍人民代表大会代表依法执行代表职务，阻碍红十字会工作人员依法履行职责的行为，或者故意阻碍国家安全机关、公安机关依法执行国家安全工作任务，未使用暴力、威胁方法，造成严重后果的行为。

（二）认定

1. 客观方面。

方式	对象	职务	时空	后果
暴力、威胁	国家机关工作人员	相应职务		
	全国／地方人民代表大会代表			
	红十字会工作人员		自然灾害、突发事件	
未使用暴力、威胁	国家安全机关公安机关	国家安全工作任务		严重后果

【类型一】使用暴力、威胁方法。

（1）以暴力、胁迫方法阻碍国家机关工作人员依法执行职务。

① "国家机关工作人员"：在各级立法机关、行政机关、司法机关、军事机关、监察机关中从事公务的人员，以及在中国共产党的各级机关、中国人民政治协商会议的各级机关中从事公务的人员。

根据立法解释，还应当包括：在依照法律、法规规定行使国家行政管理职权的组织中从事公务的人员，或者在受国家机关委托代表国家机关行使职权的组织中从事公务的人员，或者虽未列入国家机关人员编制但在国家机关中从事公务的人员。

②"职务"是指国家机关工作人员所处理的作为公务的一切事务。

（2）以暴力、胁迫方法阻碍全国人民代表大会和地方各级人民代表大会代表依法执行代表职务。

（3）在自然灾害、突发事件中以暴力、胁迫方法阻碍红十字会工作人员依法履行职责。

【注意1】关于暴力：不可太重也不可太轻。

"不可太重"，如果暴力造成重伤、死亡，则不再定妨害公务罪，直接认定故意伤害罪、故意杀人罪。

"不可太轻"，通常情况下被执行人在面对国家机关执行公务时会有本能的抵触、情绪上的对抗以及身体的推搡，这属于人较为正常的反应，法律不应当苛责这类行为，因此轻微暴力不具有期待可能性，不应当构成犯罪。

【注意2】关于胁迫，即以恶害相通告，迫使国家机关工作人员放弃职务行为或者不正确执行职务行为。

【类型二】未使用暴力、胁迫方法。

仅限于阻碍国家安全机关、公安机关依法执行国家安全工作任务，造成严重后果。

【命题角度】如果以暴力、胁迫方法阻碍国家安全机关、公安机关依法执行国家安全任务，没有造成严重后果的，应认定为阻碍国家机关工作人员依法执行职务，适用类型一。

2. 罪数问题。

行为人在实施某项犯罪行为时，面对国家机关的检查、抓捕，以暴力、胁迫的方法抗拒，构成妨害公务罪的，如何定罪？

（1）原则：与前面的犯罪数罪并罚。例如，在走私普通货物、物品的过程中，以暴力、威胁方法抗拒缉私的，以走私普通货物、物品罪与妨害公务罪数罪并罚。

（2）例外。

①在实施组织他人偷越国（边）境罪，运送他人偷越国（边）境罪，走私、贩卖、运输、制造毒品罪的过程中以暴力、威胁抗拒检查、缉私的，就定前三罪，适用高一档法定刑。因为这三个罪的加重构成要件中就包括了以暴力、威胁抗拒检查、执行的内容。

②抗税罪：以暴力、威胁方法抗拒缴纳税款的行为，就是抗税罪的基本实行行为，只成立抗税罪一罪即可。

二、袭警罪

（一）概念

以暴力或者使用枪支、管制刀具，或者以驾驶机动车撞击等手段袭击正在依法执行职务的人民警察，严重危及其人身安全的行为。

（二）认定

1. 实行行为：以暴力袭击正在依法执行职务的人民警察。

2. 加重情形：在暴力袭击正在依法执行职务的人民警察的过程中，使用枪支、管制刀具，或者以驾驶机动车撞击等手段，严重危及其人身安全。

🔍 **注意** 如果暴力造成重伤、死亡，则不再定本罪，直接认定故意伤害罪、故意杀人罪。

三、冒名顶替罪

（一）概念

盗用、冒用他人身份，顶替他人取得的高等学历教育入学资格、公务员录用资格、就业安置待遇的行为。

（二）认定

1. 实行行为：盗用、冒用他人身份，实施下列三种行为之一。

（1）顶替他人取得的高等学历教育入学资格；

（2）顶替他人公务员录用资格；

（3）顶替他人就业安置待遇。

2. 国家工作人员实施本罪行为，又有其他犯罪行为（如受贿、滥用职权等），则数罪并罚。

四、招摇撞骗罪

（一）概念

以谋取非法利益为目的，冒充国家机关工作人员进行招摇撞骗的行为。

（二）认定

1. 实行行为：冒充国家机关工作人员招摇撞骗。

（1）"冒充国家机关工作人员"：非国家机关工作人员冒充国家机关工作人员，也包括此种国家机关工作人员冒充他种国家机关工作人员。

【命题角度】冒充高干子弟、知名学者、权威专家、战斗英雄、劳动模范的，不成立本罪。

（2）"招摇撞骗"：以假冒的身份骗取各种利益，不限于财产性利益。

2. 招摇撞骗罪与诈骗罪。

两个罪名之间是交叉关系，属于想象竞合，择一重罪处罚。

五、组织考试作弊罪

（一）概念

在法律规定的国家考试中组织作弊，以及为组织作弊提供作弊器材或者其他帮助的行为。

（二）认定

1. "法律规定的国家考试"。

（1）普通高等学校招生考试、研究生招生考试、高等教育自学考试、成人高等学校招生考试等国家教育考试。

（2）中央和地方公务员录用考试。

（3）国家统一法律职业资格考试、国家教师资格考试、注册会计师全国统一考试、会计专业技术资格考试、资产评估师资格考试、医师资格考试、执业药师职业资格考试、注册建筑师考试、建造师执业资格考试等专业技术资格考试。

（4）其他依照法律由中央或者地方主管部门以及行业组织的国家考试。

前述考试涉及的特殊类型招生、特殊技能测试、面试等考试，属于"法律规定的国家考试"。

2. 组织作弊，不是仅仅指组织考生作弊。组织家长、监考人员或者相关辅导教师参与作弊的，也是组织作弊。

3. "其他帮助"包括非法获取、贩卖考生信息，制作、贩卖伪造的证件，为组织者运送作弊学生，安排替考者住宿，为被组织的考生、家长或监考人员传递与作弊有关的纸条或其他信息等情形。

4. 既遂的认定：在考试开始之前被查获，但已经非法获取考试试题、答案或者具有其他严重扰乱考试秩序情形的，应当认定为组织考试作弊罪既遂。

【命题角度】考查本罪与非法出售、提供试题、答案罪的关系。

（1）非法出售、提供试题、答案罪，是指为实施考试作弊行为，向他人非法出售或者提供法律规定的国家考试的试题、答案的行为。

（2）在组织考试作弊过程中，向他人非法出售或者提供法律规定的国家考试的试题、答案的，该行为是组织作弊罪的构成要件行为的组成部分，以组织考试作弊罪一罪论处。

5. 罪数：以窃取、刺探、收买方法非法获取法律规定的国家考试的试题、答案，又组织考试作弊或者非法出售、提供试题、答案，以非法获取国家秘密罪和组织考试作弊罪或者非法出售、提供试题、答案罪数罪并罚。

六、代替考试罪

（一）概念

代替他人或者让他人代替自己参加法律规定的国家考试的行为。

（二）认定

1. 犯罪主体。

（1）替考人：代替他人参加法律规定的国家考试的人。

（2）应考人：让他人代替自己参加法律规定的国家考试的人。

2. 罪数：代替他人考试，是指假冒他人名义参加法律规定的国家考试。此时，行为人一定要同时实施非法使用身份证件的行为。因此，本罪和使用虚假身份证件罪之间有想象竞合关系，应当从一重罪处断。

【命题角度】共犯问题。

原则：代替他人考试的人（替考人）与让他人代替自己参加考试的人（应考人）会形成共犯关系，即对向性的共同正犯。

例 应考人元宝因生病住院不能参加考试，元宝的父亲甲让乙代替元宝参加考试，但元宝并不知情。此时，乙构成代替考试罪，甲构成代替考试罪的教唆犯，元宝不知情不构成犯罪。

【真题训练（2016）】2016年4月，甲利用乙提供的作弊器材，安排大学生丙在地方公务员考试中代替自己参加考试。但丙考试成绩不佳，甲未能进入复试。关于本案，下列哪些选项是正确的？（   ）①

A.甲组织他人考试作弊，应以组织考试作弊罪论处

B.乙为他人考试作弊提供作弊器材，应按组织考试作弊罪论处

C.丙考试成绩虽不佳，仍构成代替考试罪

D.甲让丙代替自己参加考试，构成代替考试罪

七、高空抛物罪

（一）概念

从建筑物或者其他高空抛掷物品，情节严重的行为。

（二）认定

1.本罪是情节犯，从建筑物或者其他高空抛掷物品，情节严重，犯罪就成立。

2.如果实施本罪行为，给公共安全带来现实、紧迫、具体的危险或者造成不特定多数人伤亡（如一次性扔下一块玻璃、倒下一杯浓硫酸），则同时成立以危险方法危害公共安全罪，依照处罚较重的规定定罪处罚。

【命题角度】如何理解"高空"和"抛物"？

（1）高空，属于相对高空，从地面往井下抛物亦属于高空抛物。

（2）从地面向上抛，再落下，不属于高空抛物。

【真题训练（2021）】《刑法》第291条之二规定，"从建筑物或者其他高空抛掷物品，情节严重的，处一年以下有期徒刑、拘役或者管制"。根据上述法条，下列说法正确的是（   ）。②

A.高空抛物罪仅从高空抛下，才可定罪

B.行为人站在地面向上抛物品时，物品从高空掉落也构成高空抛物罪

C.在建筑物抛掷物品不需要满足高空的要求

D.抛掷的物品不需要满足足以致人重伤的重量和大小

---

① 【答案】CD
② 【答案】D

八、帮助信息网络犯罪活动罪

（一）概念

明知他人利用信息网络实施犯罪，为其犯罪提供互联网接入、服务器托管、网络存储、通信传输等技术支持，或者提供广告推广、支付结算等帮助，情节严重的行为。

（二）认定

1. 本罪的立法主旨是，对特定的帮助犯规定了独立的法定刑，而不再依赖刑法总则关于帮助犯（从犯）的规定；

2. 犯罪主体：自然人或者单位；

3. 帮助对象实施的犯罪行为可以确认，但尚未到案、尚未依法裁判或者因未达到刑事责任年龄等原因依法未予追究刑事责任的，不影响帮助信息网络犯罪活动罪的认定。

【命题角度1】帮助信息网络犯罪活动，可能同时构成本罪与其他犯罪，应当从一重罪处断。

例如甲试图颠覆国家政权，委托乙利用其设立的网络接入服务机构从事互联网接入、通讯传输活动发布相关反动信息的，同时构成本罪和颠覆国家政权罪的帮助犯，应当从一重罪处断。

【命题角度2】如果被帮助者没有实施犯罪或者没有利用该帮助实施犯罪，则提供帮助的自然人或者单位不成立本罪。

例如甲明知乙可能或者将要实施网络诈骗犯罪，便主动为乙提供互联网技术支持，但乙根本没有实施网络诈骗犯罪，或者乙根本没有利用甲的技术支持实施网络诈骗犯罪。甲的行为不构成犯罪。

九、聚众斗殴罪

（一）概念

出于报私仇、争霸或者其他不正当目的，成帮结伙打架斗殴，破坏公共秩序的行为。

（二）认定

1. 实行行为：纠集他人成帮结伙地互相进行殴斗，从而破坏公共秩序的行为。

2. 犯罪主体：一般主体；刑法只处罚聚众斗殴的首要分子和其他积极参加者，对于一般参加者，不以犯罪论处。成立聚众斗殴罪虽然需要多人参与，但不要求斗殴的双方都必须三人以上。

3. 转化犯（法律拟制）。聚众斗殴致人重伤、死亡的，以故意伤害罪、故意杀人罪定罪处罚。关于谁承担故意伤害罪、故意杀人罪的刑事责任，可依下述标准：

（1）查不出直接责任人员：首要分子承担；

（2）查得出直接责任人员：首要分子与直接责任人一起承担。

4. 加重构成要件。

（1）多次聚众斗殴。

（2）聚众斗殴人数多、规模大，社会影响恶劣。

（3）在公共场所或者交通要道聚众斗殴，造成社会秩序严重混乱。此时构成本罪和聚众扰乱公共场所秩序、交通秩序罪的想象竞合犯。

（4）持械聚众斗殴的。

十、寻衅滋事罪

（一）概念

行为人为寻求刺激、发泄情绪、逞强耍横等，无事生非，进行扰乱破坏，情节恶劣的行为。

（二）认定

1. 行为方式。

（1）随意殴打他人，情节恶劣的。

"随意殴打"，主要是为了说明殴打不具有"大致说得通"的理由，可能是无端滋事，也可能是小题大做，一般情况下寻衅滋事的行为人没有明确的攻击目标，也没有具体的报复对象。

（2）追逐、拦截、辱骂、恐吓他人，情节恶劣的。

①"追逐"，一般是指妨碍他人停留在一定场所的行为。

②"拦截"，一般是指阻止他人转移场所的行为。

显然，这两种行为都是妨碍他人行动自由的行为。追逐与拦截可能以暴力方式实施，也可能以威胁等方式实施。

（3）强拿硬要或者任意损毁、占用公私财物，情节严重的。

①"强拿硬要"，是违背他人意志强行取得他人财物的行为，既可以表现为夺取财物，也可以表现为迫使他人交付财物。

②占用公私财物，是指不当、非法使用公私财物的一切行为，必须具有不正当性，但并不要求行为人具有非法占有目的。

（4）在公共场所起哄闹事，造成公共场所秩序严重混乱的。

①"公共场所"，是指不特定人或者多数人可以自由出入的场所。

②起哄闹事，是指用语言、举动等方式，扰乱公共场所秩序，使公共场所的活动不能顺利进行。

2. 司法解释。

《最高人民法院、最高人民检察院关于办理利用信息网络实施诽谤等刑事案件适用法律若干问题的解释》第5条规定，利用信息网络辱骂、恐吓他人，情节恶劣，破坏社会秩序的，依照《刑法》第293条第1款第（二）项的规定，以寻衅滋事罪定罪处罚。

编造虚假信息，或者明知是编造的虚假信息，在信息网络上散布，或者组织、指使人员在信息网络上散布，起哄闹事，造成公共秩序严重混乱的，依照《刑法》第293条第1款第（四）项的规定，以寻衅滋事罪定罪处罚。

【命题角度】实施本罪行为，同时触犯故意伤害罪、抢劫罪、敲诈勒索罪、故意毁坏财物罪的，应从一重罪论处。

例如，随意殴打他人造成他人重伤的，应认定为故意伤害罪；强拿硬要行为符合抢劫罪构成要件的，应认定为抢劫罪。

【真题训练（2015）】甲在公园游玩时遇见仇人胡某，顿生杀死胡某的念头，便欺骗随行的朋友乙、丙说："我们追逐胡某，让他出洋相。"三人捡起木棒追逐胡某，致公园秩序严重混乱。将胡某追到公园后门偏僻处后，乙、丙因故离开。随后甲追上胡某，用木棒重击其头部，致其死亡。关于本案，下列哪些选项是正确的？（　　）[①]

A. 甲触犯故意杀人罪与寻衅滋事罪

B. 乙、丙的追逐行为是否构成寻衅滋事罪，与该行为能否产生救助胡某的义务是不同的问题

C. 乙、丙的追逐行为使胡某处于孤立无援的境地，但无法预见甲会杀害胡某，不成立过失致人死亡罪

D. 乙、丙属寻衅滋事致人死亡，应从重处罚

十一、组织、领导、参加黑社会性质组织罪

（一）概念

组织、领导或者参加黑社会性质组织的行为。

（二）认定

1. 黑社会性质的组织应当同时具备以下特征。

（1）形成较稳定的犯罪组织，人数较多，有明确的组织者、领导者，骨干成员基本固定。

（2）有组织地通过违法犯罪活动或者其他手段获取经济利益，具有一定的经济实力，以支持该组织的活动。

（3）以暴力、威胁或者其他手段，有组织地多次进行违法犯罪活动，为非作恶，欺压、残害群众。

（4）通过实施违法犯罪活动，或者利用国家工作人员的包庇或者纵容，称霸一方，在一定区域或者行业内，形成非法控制或者重大影响，严重破坏经济、社会生活秩序。

【命题角度】判断某一组织是否属于黑社会性质组织。

2. 本罪包括组织行为、领导行为、积极参加行为与其他参加行为。

（1）组织者、领导者，是指黑社会性质组织的发起者、创建者，以及在组织中实际处于领导地位，对整个组织及其运行、活动起决策、指挥、协调、管理作用的犯罪分子。

（2）积极参加者，是指接受黑社会性质组织的领导和管理，积极参与黑社会性质组织的违法犯罪活动的犯罪分子。

（3）其他参加者，是指除上述组织成员之外，其他接受黑社会性质组织的领导和管理的犯罪分子。

---

① **【答案】**ABC

3.组织、领导、参加黑社会性质的组织本身便是犯罪行为，如果行为人组织、领导、参加黑社会性质的组织，又实施了其他犯罪的，数罪并罚。

十二、赌博罪

（一）概念

以营利为目的，聚众赌博或者以赌博为业的。

（二）认定

1.并非任何赌博行为都成立犯罪。根据刑法规定，成立赌博罪，仅限于两种类型：

（1）聚众赌博，即纠集多人从事赌博。

（2）以赌博为业，即将赌博作为职业或者兼业。

2.主观要件：故意，具有营利目的。

营利目的主要有两种情况：通过在赌博活动中取胜进而获取财物的目的；通过抽头渔利或者收取各种名义的手续费、入场费等获取财物的目的。

3.区分罪与非罪的界限。

（1）目的不在于营利而在于一时娱乐而参加赌博、聚众赌博的，不成立赌博罪。

（2）不以营利为目的，进行带有少量财物输赢的娱乐活动，以及提供棋牌室等娱乐场所并只收取固定的场所和服务费用的经营行为等，不以赌博罪论处。

4.本罪与相关"涉赌"类犯罪的界限。

（1）未经国家批准擅自发行、销售彩票，构成犯罪的，以非法经营罪定罪处罚。

（2）通过赌博或者为国家工作人员赌博提供资金的形式实施行贿、受贿行为，应按照贿赂犯罪定罪处罚。

（3）设置圈套引诱他人"赌博"，使用欺骗方法获取钱财，胜负并不具有偶然性的，构成诈骗罪。

十三、开设赌场罪

（一）概念

为赌博提供场所，设定赌博方式，提供赌具、筹码、资金等组织赌博的行为。

（二）认定

1.开设的无论是临时性的赌场还是长期性的赌场，均不影响本罪成立。

2.根据司法解释，用互联网、移动通讯终端等传输赌博视频、数据，组织赌博活动，具有下列情形之一的，属于"开设赌场"行为：（1）建立赌博网站并接受投注的；（2）建立赌博网站并提供给他人组织赌博的；（3）为赌博网站担任代理并接受投注的；（4）参与赌博网站利润分成的。

例如，甲为境外赌球网站担任代理，开设个人微信公众号接受投注，情节严重，构成开设赌场罪。

3.主观要件：故意。开设赌场的行为，虽然事实上一般以营利为目的，但刑法没有将营利目的规定为主观方面的要件。

十四、组织参与国（境）外赌博罪

第303条 组织中华人民共和国公民参与国（境）外赌博，数额巨大或者有其他严重情节的，依照前款的规定处罚。

🔍 **注意** 本罪是《刑法修正案（十一）》新增的罪名，容易与开设赌场罪混淆。

【真题训练（2021）】下列行为人，构成开设赌场罪的有（　　　）（不考虑数额）。①

A. 王某等人在我国境内组织旅游团赴境外旅游，在境外旅游期间，组织人员前往当地合法开业的赌场参与赌博

B. 陈某以营利为目的，邀请人员加入微信群，以根据竞猜游戏网站的开奖结果"比大小"等方式进行赌博，利用微信群进行控制管理

C. 梁某等人明知是境外赌博网站，仍为其提供资金结算业务，并组织境内人员参与网络赌博

D. 方某等人建立微信群，邀请人员加入微信群，利用微信群进行控制管理，以抢红包方式进行赌博，并抽成获利

第二节　妨害司法罪

一、伪证罪

（一）概念

在刑事诉讼中，证人、鉴定人、记录人、翻译人对与案件有重要关系的情节，故意作虚假证明、鉴定、记录、翻译，意图陷害他人或者隐匿罪证的行为。

（二）认定

1. 实行行为：对与案件有重要关系的情节，作虚假的证明、鉴定、记录、翻译。

"虚假"，既包括无中生有，即捏造或者夸大事实以使人入罪，也包括将有说无，即掩盖或者缩小事实以开脱罪责。

2. 行为对象：与案件有重要关系的情节，即影响定罪或者量刑的情节。

3. 时空条件：在刑事诉讼中，即在立案侦查后、审判终结前的全部过程。

（1）在诉讼前作假证明包庇犯罪人的，成立包庇罪。

（2）在诉讼前作虚假告发，意图使他人受刑事追究的，成立诬告陷害罪。

【注意1】"在刑事诉讼中"可以扩大解释为包括"影响刑事诉讼能否启动的鉴定阶段"。

例如，甲为鉴定人，其在为一起伤害案进行伤情鉴定时，故意将被害人的轻伤鉴定为轻微伤，使得原本应当构成故意伤害罪的被告人无法被立案侦查。甲构成伪证罪。

---

① 【答案】BCD

4.犯罪主体：证人、鉴定人、记录人、翻译人，但他们都必须是已满16周岁，具有辨认、控制能力的人。

【注意2】"证人"扩大解释为包括被害人。

例如，乙为一起强奸案的被害人，其在向司法机关提供被害人陈述时，为了报复被告人，故意虚构事实，将被告人的强奸行为说成是在公共场所当众进行，使得被告人被判处有期徒刑12年。乙构成伪证罪。

二、妨害作证罪

（一）概念

以暴力、威胁、贿买等方法阻止证人作证或者指使他人作伪证的行为。

（二）认定

1."证人"，不应限于狭义的证人，而应包括被害人、鉴定人、翻译人（限于对证人证言、被害人陈述的翻译）。

2."以暴力、威胁、贿买等方法"的规定，既是对阻止证人作证的行为方式的限定，也是对指使他人作伪证的行为方式的限定。

🔍 **注意**　当事人自己实施上述行为，是否构成本罪，需要区分情形。

（1）如果犯罪嫌疑人、被告人采取一般的嘱托、请求、劝诱等方法阻止他人作证或者指使他人作伪证的，因缺乏期待可能性，不以妨害作证罪论处。

（2）如果犯罪嫌疑人、被告人采取暴力、威胁、贿买等方法阻止他人作证或者指使他人作伪证的，并不缺乏期待可能性，宜认定为妨害作证罪（但可以从轻处罚）。①

三、帮助毁灭、伪造证据罪

（一）概念

帮助当事人毁灭、伪造实物证据的行为。

（二）认定

1."帮助"不同于帮助犯中的"帮助"，而是本罪的一种实行行为，使用"帮助"一词，主要是为了表明诉讼活动的当事人自己毁灭、伪造自己犯罪的证据，不成立本罪。

2."毁灭"，并不限于从物理上使证据消失，而是包括妨碍证据显现，使证据的价值减少、消失的一切行为。例如将尸体、凶器藏于地下室的行为。

3."伪造"，即制造出不真实的证据。将与犯罪无关的物改变成为证据的行为，也属于伪造。

4.根据期待可能性理论，当事人毁灭、伪造自己犯罪的证据不成立本罪，即本罪的行为人必须是为当事人毁灭、伪造证据。因此，下列行为均属于帮助毁灭、伪造证据：

（1）单独为当事人毁灭、伪造证据；

---

① 张明楷.刑法学.6版.北京：法律出版社，2021：1425.

（2）与当事人共同毁灭、伪造证据；

（3）为当事人毁灭、伪造证据提供各种便利条件；

（4）唆使当事人毁灭、伪造证据。

【真题训练（2014）】甲的下列哪些行为成立帮助毁灭证据罪（不考虑情节）？（　　）①

A. 甲、乙共同盗窃了丙的财物。为防止公安人员提取指纹，甲在丙报案前擦掉了两人留在现场的指纹

B. 甲、乙是好友。乙的重大贪污罪行被丙发现。甲是丙的上司，为防止丙作证，将丙派往境外工作

C. 甲得知乙放火致人死亡后未清理现场痕迹，便劝说乙回到现场毁灭证据

D. 甲经过犯罪嫌疑人乙的同意，毁灭了对乙有利的无罪证据

四、窝藏、包庇罪

（一）概念

明知是犯罪的人而为其提供隐藏处所、财物，帮助其逃匿或者作假证明包庇的行为。

（二）认定

1. 实行行为。

（1）"窝藏"，既包括为犯罪的人提供隐藏处所、财物，帮助其逃匿，也包括向犯罪的人通报侦查或追捕的动静、提供化装的用具。总之，一切帮助犯罪分子隐匿、妨害司法机关发现的行为都可以评价为窝藏。包括：

①为犯罪的人提供房屋或者其他可以用于隐藏的处所的；

②为犯罪的人提供车辆、船只、航空器等交通工具，或者提供手机等通讯工具的；

③为犯罪的人提供金钱的；

④其他为犯罪的人提供隐藏处所、财物，帮助其逃匿的情形。

例1　甲杀人后打电话告诉好友元宝真相，并逃往外地。数月后，甲生活无着落准备投案自首时，元宝向甲汇款2万元，元宝构成窝藏罪。

例2　元宝路过偏僻路段，看到其友甲男强奸乙女的犯罪事实，用手机向甲通报公安机关抓捕甲的消息，属于帮助他人逃匿的行为，构成窝藏罪。

【注意1】保证人在犯罪的人取保候审期间，协助其逃匿，或者明知犯罪的人的藏匿地点、联系方式，但拒绝向司法机关提供的，对保证人以窝藏罪定罪处罚。

（2）"包庇"，即向司法机关提供虚假证明掩盖犯罪人的行为。包括：

---

① A选项，甲不但擦了自己的指纹，也擦了乙的指纹，但是甲擦乙的指纹不具有期待可能性，因为甲擦乙的指纹也是为了保护自己，乙的指纹是共同犯罪的证据，所以甲毁灭共同犯罪的证据不具有期待可能性。B选项，帮助毁灭证据必须是针对实物证据，而不能针对人证，甲将人证"调虎离山"不能认为是毁灭证据。C选项，乙不构成本罪，但是甲构成本罪。客观上甲、乙二人构成帮助毁灭证据罪的共犯，但在主观层面上，乙不构成本罪，因为乙不具有期待可能性，具备责任阻却事由。D选项，把对乙有利的无罪证据进行毁坏，同样会给司法秩序带来破坏，帮助毁灭证据罪保护的法益并不是某个人，而是司法秩序，所以无论毁坏的是有罪证据还是无罪证据，都是对于司法秩序的干扰和破坏，所以甲构成帮助毁灭证据罪。答案为CD。

①故意顶替犯罪的人欺骗司法机关的;

②故意向司法机关作虚假陈述或者提供虚假证明，以证明犯罪的人没有实施犯罪行为，或者犯罪的人所实施行为不构成犯罪的;

③故意向司法机关提供虚假证明，以证明犯罪的人具有法定从轻、减轻、免除处罚情节的。

例1 元宝路过偏僻路段，看到其友甲男强奸乙女的犯罪事实，对侦查人员声称甲、乙是恋人，因甲另有新欢遭乙报案诬陷。元宝作假证明，构成包庇罪。

例2 甲驾车闯红灯，当场撞死乙。甲的朋友元宝闻讯后让甲离开，并在交警调查时谎称是自己开车肇事。元宝的行为应认定为包庇罪。

【注意2】认定窝藏、包庇罪，以被窝藏、包庇的人的行为构成犯罪为前提。

被窝藏、包庇的人实施的犯罪事实清楚，证据确实、充分，但尚未到案、尚未依法裁判或者因不具有刑事责任能力依法未予追究刑事责任的，不影响窝藏、包庇罪的认定。但是，被窝藏、包庇的人归案后被宣告无罪的，应当依照法定程序宣告窝藏、包庇行为人无罪。

2.主观方面。

故意，明知是犯罪的人而对其进行窝藏、包庇。

3.罪数问题。

为帮助同一个犯罪的人逃避刑事处罚，实施窝藏、包庇行为，又实施洗钱行为，或者掩饰、隐瞒犯罪所得及其收益行为，或者帮助毁灭证据行为，或者做伪证行为的，依照处罚较重的犯罪定罪，并从重处罚，不实行数罪并罚。

4.共同犯罪人之间互相实施的窝藏、包庇行为，不以窝藏、包庇罪定罪处罚。

【命题角度】帮助毁灭、伪造证据罪，窝藏、包庇罪，诬告陷害罪容易混合考查。

【真题训练（2016）】甲杀丙后潜逃。为干扰侦查，甲打电话让乙将一把未留有指纹的斧头粘上丙的鲜血放到现场。乙照办后报案称，自己看到"凶手"杀害了丙，并描述了与甲相貌特征完全不同的"凶手"情况，导致公安机关长期未将甲列为嫌疑人。关于本案，下列哪一选项是错误的? （　　）①

A.乙将未留有指纹的斧头放到现场，成立帮助伪造证据罪

B.对乙伪造证据的行为，甲不负刑事责任

C.乙捏造事实诬告陷害他人，成立诬告陷害罪

D.乙向公安机关虚假描述"凶手"的相貌特征，成立包庇罪

---

① 【解析】A选项:乙伪造的是有利于被告人的证据，所以成立帮助伪造证据罪。B选项:对乙伪造证据的行为，甲不负刑事责任。本犯毁灭、伪造自己的证据，或者说指使他人伪造对自己有利的证据，不会构成犯罪，因为没有期待可能性，所以甲不负刑事责任。C选项:诬告陷害罪针对的是一个具体的实在的人，而乙针对的是一个抽象的人，乙只想转移司法机关的视线，所以乙不成立诬告陷害罪。D选项:包庇罪是指，行为人为了保护"犯了罪的他人"，面对司法机关作假证明。乙报案称自己看到"凶手"，并描述了与甲相貌特征完全不同的"凶手"情况，就是在作假证明，满足包庇罪的构成要件，成立包庇罪。答案为C。

五、虚假诉讼罪

（一）概念

是指以捏造的事实提起民事诉讼，妨害司法秩序或者严重侵害他人合法权益的行为。

（二）认定

1. 客观方面。

（1）实行行为：以捏造的事实提起民事诉讼，即以虚假事实为根据，依照民事诉讼法向法院提起诉讼（含刑事附带民事诉讼）。

例如，通过伪造书证、物证，或者双方恶意串通提起民事诉讼。

（2）危害结果：妨害司法秩序或者严重侵害他人合法权益。

①妨害司法秩序（抽象危险犯）：只要行为人向人民法院提起虚假的民事诉讼，法院已经受理，即使还没有开庭审理，也应当认定为本罪的既遂。

②严重侵害他人合法权益（结果犯）：严重侵害他人财产或者使他人成为民事诉讼被告而卷入诉讼过程，都属于造成严重侵害他人合法权益的结果。

2. 虚假诉讼罪与其他犯罪的关系。

（1）通过伪造证据等方法提起民事诉讼欺骗法官，导致法官作出错误判决，使得他人交付财物或者处分财产，行为人非法占有他人财产或者逃避合法债务的，成立诈骗罪（典型的"三角诈骗"），属于诈骗罪与虚假诉讼罪想象竞合。

（2）司法工作人员利用职权，与他人共同实施虚假诉讼行为的，以虚假诉讼罪从重处罚；同时构成其他犯罪（如民事枉法裁判罪）的，依照处罚较重的规定定罪，从重处罚。

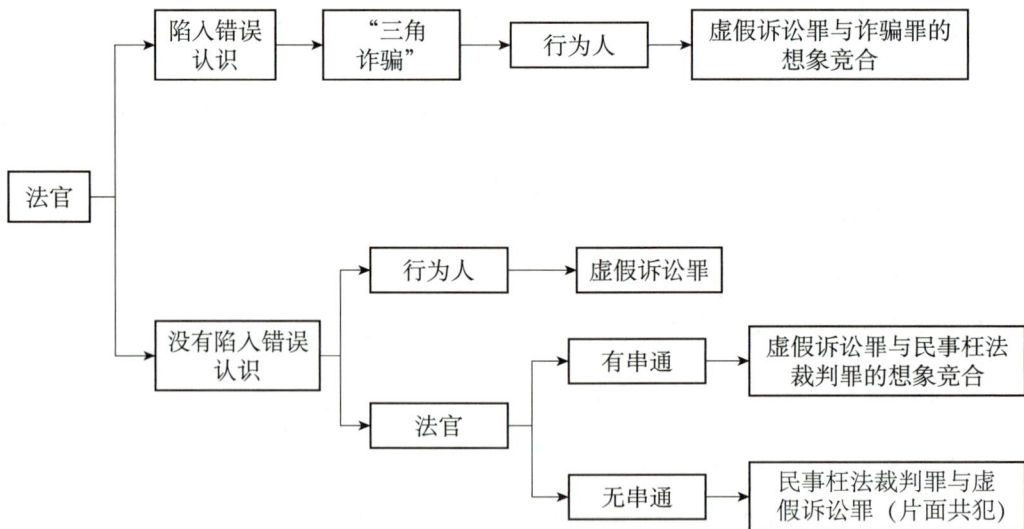

```
法官 ┬─ 陷入错误    ─→ "三角      ─→ 行为人    ─→ 虚假诉讼罪与诈骗罪的
     │   认识           诈骗"                       想象竞合
     │
     └─ 没有陷入错误 ┬─ 行为人    ─────────────→ 虚假诉讼罪
         认识        │
                     └─ 法官 ┬─ 有串通 ─→ 虚假诉讼罪与民事枉法
                             │              裁判罪的想象竞合
                             │
                             └─ 无串通 ─→ 民事枉法裁判罪与虚
                                           假诉讼罪（片面共犯）
```

【真题训练（2019）】甲于2011年借给乙50万元。一年后乙通过银行转账将50万元转给甲。因为有银行转账记录，乙未向甲索要回欠条。甲将欠条涂改为2017年借给乙

50 万元，并向法院起诉，要求乙还款（本息 52 万元）。乙以银行转账记录为证据，主张自己已经还款。法官经过调查，最终作出乙败诉的判决，判决乙向甲还款 52 万元。关于本案，下列说法正确的有（　　　　）。①

A.甲的行为构成虚假诉讼罪与诈骗罪，两罪在一审判决作出时便既遂

B.甲的行为构成诉讼诈骗，法官是受骗人，乙是受害人

C.甲的行为构成虚假诉讼罪和诈骗罪的想象竞合

D.法官虽然受骗，但是不构成民事枉法裁判罪

六、掩饰、隐瞒犯罪所得、犯罪所得收益罪

（一）概念

明知是犯罪所得及其产生的收益而予以窝藏、转移、收购、代为销售或者以其他方法掩饰、隐瞒的行为。

（二）认定

1.实行行为：实施窝藏、转移、收购、代为销售等掩饰、隐瞒犯罪所得及其收益的行为。

（1）"窝藏"，以隐藏、保管等方法使司法机关不能或难以发现犯罪所得及其收益。

（2）"转移"，改变赃物的存放地，足以妨害司法机关追缴犯罪所得及其收益。

（3）"收购"，收买不特定的犯罪人的犯罪所得及其收益，或者一次性购买大量犯罪所得及其收益，或者一次性购买重大犯罪所得及其收益。

（4）"代为销售"，替本犯有偿转让犯罪所得及其收益。

2.行为对象：犯罪所得及其产生的收益。

（1）"犯罪所得"：通过犯罪行为直接得到的赃款、赃物。（不含犯罪工具）

（2）"产生的收益"：利用犯罪所得的赃物获得的孳息、租金等利益，如贿赂款存入银行后所获得的利息，利用走私犯罪所得投资房地产所获取的利润。

3.犯罪主体：本犯以外的自然人和单位，原犯罪的实行犯、教唆犯、帮助犯事后对其犯罪所得和收益进行掩饰、隐瞒，不成立本罪。

4.主观方面：故意，即明知是犯罪所得及其产生的收益。"明知"包括明知必然是也包括明知可能是。

---

① 【解析】A 选项：诈骗罪是取得型财产犯罪，需要取得财物犯罪才达到既遂状态，在一审判决作出但是还未执行时，犯罪并没有既遂；虚假诉讼罪只要行为人向人民法院提起虚假的民事诉讼，法院已经受理，即使还没有开庭审理，也妨害了司法秩序，应当认定为本罪的既遂，而不是在一审判决作出时既遂。BC 选项：通过伪造证据等方法提起民事诉讼欺骗法官，导致法官作出错误判决，使得他人交付财物或者处分财产，行为人非法占有他人财产或者逃避合法债务的，法官是受骗人，乙是受害人，是一种诉讼诈骗，甲成立诈骗罪，并且是诈骗罪与虚假诉讼罪的想象竞合。D 选项：民事、行政枉法裁判罪，是指在民事、行政审判活动中故意违背事实和法律作枉法裁判，情节严重的行为。本案中，法官本身也被骗，并不是故意作出违背事实和法律的错误判决，不构成民事枉法裁判罪。答案为 BCD。

第三节　毒品犯罪

一、走私、贩卖、运输、制造毒品罪

（一）概念

明知是毒品而故意实施走私、贩卖、运输、制造的行为。

（二）认定

1. 实行行为：走私、贩卖、运输、制造毒品。

（1）"走私毒品"，即非法运输、携带、邮寄毒品进出国（边）境的行为。

【间接走私】在领海、内海运输、收购、贩卖国家禁止进出口的毒品，以及直接向走私毒品的犯罪人购买毒品的，属于走私毒品。

（2）"贩卖毒品"，即有偿转让毒品。

所谓有偿转让，意味着行为人交付毒品既可能是获取金钱，也可能是获取其他物质利益。具体方式主要有：

①将毒品买入，又出售。

【命题角度】如何理解出售之前的"买入"行为？

首先，刑法仅规定了贩卖毒品罪，而没有规定购买毒品罪，这意味着单纯购买毒品的行为不属于刑法的规制对象。其次，"贩卖"毒品并不以购买毒品为前提，如行为人拾到毒品后出卖给他人的，同样成立贩卖毒品罪。既然如此，出于贩卖目的而非法购买毒品的行为就不是贩卖毒品罪的实行行为，而是贩卖毒品罪的预备行为（当然，可能同时触犯非法持有毒品罪）。

②将家中祖传下来的鸦片等毒品出售牟利。

③制造毒品后，又出售。

④居中介绍，代买代卖。

【命题角度】根据有关司法解释，有证据证明行为人不以牟利为目的，为他人代购仅用于吸食的毒品，毒品数量超过非法持有毒品罪的最低数量标准的，对托购者、代购者应以非法持有毒品罪定罪。代购者从中牟利，变相加价贩卖毒品的，对代购者应以贩卖毒品罪定罪。

⑤依法从事生产、运输、管理、使用国家管制的麻醉药品、精神药品的单位和人员，以牟利为目的，向吸食、注射毒品的人提供麻醉药品、精神药品，或者明知对方是走私、贩卖毒品的犯罪分子，而向其提供麻醉药品、精神药品。

（3）"运输毒品"，即采用携带、邮寄、利用他人或者使用交通工具等方法在我国领域内转移毒品。运输毒品必须限制在国内，而且不是在领海、内海运输国家禁止进出口的毒品，否则便是走私毒品。

运输毒品具体表现为转移毒品的所在地，如将毒品从甲地运往乙地。但是，如果从结局上看没有变更毒品所在地，行为人先将毒品从甲地运往乙地，由于某种原因，又将毒品运回甲地，也属于运输毒品。

【命题角度】两人以上同行运输毒品的是否成立共犯？

第一，受雇于同一雇主同行运输毒品，但受雇者之间没有共同犯罪故意；

第二，明知他人受雇运输毒品，但各自的运输行为相对独立，既没有实施配合、掩护他人运输毒品的行为，又分别按照各自运输的毒品数量领取报酬；

第三，受雇于同一雇主分段运输同一宗毒品，但受雇者之间没有犯罪共谋。

以上三种情形，都不成立共犯，各自对自己运输毒品的数量承担责任。

（4）"制造毒品"，即把毒品原植物制作成毒品。包括以下几种情形：

①原料到成品：将毒品以外的物作为原料，提取或制作成毒品，如将罂粟制成鸦片。

②化学提纯：毒品的精制，即去掉毒品中的不纯物，使之成为纯毒品或纯度更高的毒品。

③初级到高级：使用化学方法使一种毒品变为另一种毒品，如使用化学方法将吗啡制作成海洛因。

④私人订制：非法按照一定的处方针对特定人的特定情况调制毒品。

制造毒品通常是使毒品发生化学变化，而不是物理变化，因此上述四种行为都属于制造毒品。但是，如果是为便于隐蔽运输、销售、使用、欺骗购买者，或者为了增重，对毒品掺杂使假，添加或者去除其他非毒品物质，不属于制造毒品的行为。

制造毒品不仅包括使用毒品原植物制作成毒品，也包括以改变毒品成分和效用为目的的加工、配制行为。主要表现为以下几种情况：

①将毒品以外的物质作为原料，提取或制作成毒品。如将罂粟制成鸦片；

②毒品的精制，即去掉毒品中的不纯物，使之成为纯毒品或纯度更高的毒品。如去除海洛因中所含的不纯物；

③使用化学方法使一种毒品变为另一种毒品。如使用化学方法将吗啡制作成海洛因；

④使用化学方法以外的方法使一种毒品变为另一种毒品。如将盐酸吗啡加入蒸馏水，使之成为注射液；

⑤用混合等物理方法加工、配制毒品，如将甲基苯丙胺或者其他苯丙胺类毒品与其他毒品混合成麻古或者摇头丸；

⑥非法按照一定的处方针对特定人的特定情况调制毒品。

【命题角度】对同一宗毒品实施了两种以上犯罪行为，应当按照所实施的犯罪行为的性质并列确定罪名，毒品数量不重复计算，不实行数罪并罚；对不同宗毒品分别实施了不同种犯罪行为的，应对不同行为并列确定罪名，累计毒品数量，不实行数罪并罚。

例1 甲走私100克海洛因进境后，又予以出售的，成立走私、贩卖毒品罪一罪，毒品的数量是100克。

例2 乙非法制造100克可卡因，又运输了甲走私进口的100克海洛因，成立运输、制造毒品罪一罪，毒品数量是200克。

2.犯罪主体：自然人、单位。

（1）贩卖毒品罪：自然人主体，年满14周岁。

（2）走私、运输、制造毒品罪：自然人主体，年满16周岁。

3. 主观方面：故意，要求行为人认识到自己走私、贩卖、运输、制造的是毒品。

4. 既遂标准。

行为类型	既遂标准
走私毒品罪	装载毒品的船舶到达港口或航空器到达领土内时
贩卖毒品罪	毒品实际上转移给买方
运输毒品罪	毒品进入运输状态
制造毒品罪	实际制造出毒品

5. 从重处罚。

根据刑法的规定，具有下列情节的应当从重处罚。

（1）利用、教唆未成年人走私、贩卖、运输、制造毒品或者向未成年人出售毒品的，从重处罚。这里的未成年人是指未满18周岁的人。

（2）因走私、贩卖、运输、制造、非法持有毒品被判过刑，又犯走私、贩卖、运输、制造毒品罪的，从重处罚。

🔍 注意 贩卖毒品罪不需要行为人实际牟利，只需要毒品发生有偿转让。

【真题训练（2016）】关于毒品犯罪，下列哪些选项是正确的？（　　）[①]

A. 甲无牟利目的，为江某代购仅用于吸食的毒品，达到非法持有毒品罪的数量标准。对甲应以非法持有毒品罪定罪

B. 乙为蒋某代购仅用于吸食的毒品，在交通费等必要开销之外收取了若干"劳务费"。对乙应以贩卖毒品罪论处

C. 丙与曾某互不知情，受雇于同一雇主，各自运输海洛因500克。丙将海洛因从一地运往另一地后，按雇主吩咐交给曾某，曾某再运往第三地。丙应对运输1 000克海洛因负责

D. 丁盗窃他人200克毒品后，将该毒品出卖。对丁应以盗窃罪和贩卖毒品罪实行数罪并罚

二、非法持有毒品罪

（一）概念

违反国家毒品管理法规，非法持有毒品且数量较大的行为。

（二）认定

1. 实行行为：非法持有数量较大的毒品。

（1）"持有"是一种事实上的支配。

①具体表现为直接占有、携有、藏有或者以其他方法支配毒品。

②不要求物理上的握有，不要求行为人时时刻刻把控，只要行为人认识到它的存在，

---

① 【答案】ABD

能够对之进行管理或者支配。

③不要求直接持有，可以由第三人持有。如行为人认为自己管理毒品不安全，将毒品委托给第三者保管时，行为人与第三者均持有该毒品，第三者为直接持有，行为人为间接持有。

④不要求单独持有，二人以上共同持有毒品的，也成立本罪。

⑤持有是一种持续行为，只有当毒品在一定时间内由行为人支配时，才构成持有；至于时间的长短，则并不影响持有的成立。

（2）"数量较大"：鸦片200克以上，海洛因或者甲基苯丙胺10克以上，或者其他毒品数量较大的。

2. 主观方面：故意，行为人必须明知自己持有的是毒品或者可能是毒品。

【命题角度】判断究竟构成非法持有毒品罪还是走私、贩卖、运输、制造毒品罪。

（1）行为人持有毒品的行为是为了走私、贩卖、运输、制造的，应当以走私、贩卖、运输、制造毒品罪定罪处罚。

（2）如果只有持有毒品的行为，而没有走私、贩卖、运输、制造毒品的行为，应当以非法持有毒品罪定罪处罚。

三、其他涉毒罪名

第353条　【引诱、教唆、欺骗他人吸毒罪】引诱、教唆、欺骗他人吸食、注射毒品的，处3年以下有期徒刑、拘役或者管制，并处罚金；情节严重的，处3年以上7年以下有期徒刑，并处罚金。

【强迫他人吸毒罪】强迫他人吸食、注射毒品的，处3年以上10年以下有期徒刑，并处罚金。

引诱、教唆、欺骗或者强迫未成年人吸食、注射毒品的，从重处罚。

第354条　【容留他人吸毒罪】容留他人吸食、注射毒品的，处3年以下有期徒刑、拘役或者管制，并处罚金。

🔍 注意　各种毒品犯罪的既遂标准。

【真题训练（2017）】关于毒品犯罪，下列哪些选项是正确的？（　　　　）[1]

A. 甲容留未成年人吸食、注射毒品，构成容留他人吸毒罪

B. 乙随身携带藏有毒品的行李入关，被现场查获，构成走私毒品罪既遂

C. 丙乘广州至北京的火车运输毒品，快到武汉时被查获，构成运输毒品罪既遂

D. 丁以牟利为目的容留刘某吸食毒品并向其出卖毒品，构成容留他人吸毒罪和贩卖毒品罪，应数罪并罚

【重点复盘】

【一句话定罪】甲明知是毒品而携带进（出）境，成立走私毒品罪；乙同A进行毒品交易的行为，实现了毒品的有偿转让，成立贩卖毒品罪；丙将毒品从A地运往B地，实现毒品的空间转移，成立运输毒品罪；丁使用毒品原植物制作成毒品，成立制造毒品罪。

---

① 【答案】ABCD

第二十章　贪污贿赂罪

扫描右侧二维码"听课＋做题"，直达最佳学习效果
1. 在线听课：学习本章节核心考点讲解课程。
2. 在线刷题：点击🏠进入题库做章节练习。

第一节　中饱私囊型

	贪污罪	挪用公款罪	私分国有资产罪、私分罚没财物罪
主观目的	非法占有	挪用	集体私分
共同点	中饱私囊		

一、贪污罪

（一）概念

国家工作人员利用职务上的便利，侵吞、窃取、骗取或者以其他手段非法占有公共财物的行为。

（二）认定

1. 实行行为：利用职务上的便利，侵吞、窃取、骗取或者以其他手段非法占有公共财物。

（1）"利用职务上的便利"，即利用职务权力与地位所形成的主管、管理、经营、经手本单位公共财物的便利条件。

① "主管"，即负责调拨、处置及其他支配公共财物的职务活动；

② "管理"，即负责保管、处理及其他使公共财物不被流失的职务活动；

③ "经营"，即将公共财物作为生产、流通手段等使其增值的职务活动；

④ "经手"，即领取、支出等经办公共财物的职务活动。

🔍注意　"利用职务上的便利"，是指利用主管、管理、经营、经手本单位财物的便利条件，即据为己有的财物是基于行为人的职务原因所管理、支配的本单位财物；利用与职务无关仅因工作关系熟悉作案环境、易于接近财物、容易进出单位等方便条件非法占有公共财物的，不成立贪污罪。

（2）以侵吞、窃取、骗取或者其他手段非法占有公共财物。

①"侵吞"，与侵占是同义语，即将自己因为职务而独自占有、管理的公共财物据为己有，如财会人员收款不入账而据为己有，执法人员将罚没款据为己有。

②"窃取"，即职务上与他人共同保管公共财物的人员，将共同保管的财物秘密据为己有。

③"骗取"，是指假借职务上的合法形式，采用虚构事实、隐瞒真相的办法取得公共财物。例如，国有保险公司工作人员利用职务上的便利，故意编造未曾发生的保险事故进行虚假理赔，骗取保险金归自己所有的，属于骗取形式的贪污。

④"其他手段"，即除侵吞、窃取、骗取以外的其他利用职务之便的手段，如挪用公款后携款潜逃。

【命题角度】判断是否构成贪污罪并在此基础上区分属于"侵吞""窃取""骗取"中的哪一类型。

例 某国有企业里，财务室的保险柜同时使用钥匙和密码共同才能打开，会计甲掌管钥匙，出纳乙掌管密码，甲、乙均是国家工作人员。下列说法正确的有（　　　）。①（2019年网络回忆版）

A.乙捡到甲的钥匙，打开保险柜，取走现金，属于利用职务便利侵吞公共财物

B.乙骗到甲的钥匙，打开保险柜，取走现金，属于利用职务便利骗取公共财物

C.甲偷看乙的密码，打开保险柜，取走现金，属于利用职务便利窃取公共财物

D.甲和乙共谋打开保险柜，取走现金，属于利用职务便利侵吞公共财物

【注意1】根据命题人的观点，职务侵占罪与贪污罪的区别，不仅在于主体，还在于行为方式。职务侵占罪的行为方式是公司、企业工作人员利用职务之便，实施侵占行为；贪污罪的行为方式是国家工作人员利用职务之便，实施侵占、盗窃、诈骗行为。

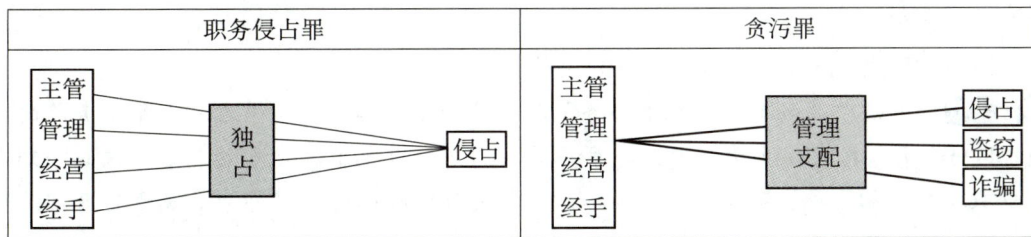

职务侵占罪	贪污罪
主管 管理 经营 经手 —— 独占 —— 侵占	主管 管理 经营 经手 —— 管理支配 —— 侵占 盗窃 诈骗

【注意2】无论是职务侵占罪还是贪污罪，"利用职务之便"体现为行为人对于本单位财物的"独占"或"管理、支配"的状态，而不是指后面的侵占、盗窃、诈骗这些具体方式。

例如，国有加油站的负责人下班时将现金锁入加油站的铁皮柜后，深夜砸开铁皮柜取走巨额现金，而不使用自己手中掌管的钥匙的，构成何罪？

构成贪污罪。因为行为人原本基于职务占有该现金，对自己占有的财物不可能成立盗窃。②

---

① 【答案】CD

② 张明楷.刑法学.6版.北京：法律出版社，2021：1558.

2. 行为对象：本单位的公共财产。

（1）"本单位"。

例如，土地管理部门的工作人员元宝，为农民多报青苗数，在房地产开发商处多领取 20 万元补偿金，自己分得 10 万元。由于元宝取得的不是本单位财产，因此不构成贪污罪，构成诈骗罪。

（2）"公共财产"。

①国有财产；

②劳动群众集体所有的财产；

③用于扶贫等公益事业的社会捐助等专项基金的财产；

④在国家机关、国有公司、企业、事业单位和人民团体管理、使用、运输中的私人财产。

3. 犯罪主体：两类主体。

（1）国家工作人员。

①国家机关中从事公务的人员。

②国有公司、国有企业、事业单位、人民团体中从事公务的人员。（此处的"国有"指 100% 国家独资）

③国家机关、国有公司、企事业单位委派到非国有公司、企事业单位、社会团体中从事公务的人员。

④其他依照法律从事公务的人员，包括：

第一，依法履行职责的各级人民代表大会代表；

第二，依法履行审判职责的人民陪审员；

第三，协助乡镇人民政府、街道办事处从事行政管理工作的村民委员会、居民委员会等基层组织人员；①

第四，其他由法律授权从事公务的人员。

> **注意** 上述人员只有在"人事公务"时才是国家工作人员。关于"人事公务"的判断：其一，事务具有公共管理性，即事务关系到多数人或不特定人的利益，仅与个别人或少数人相关的事务，不是公务；其二，事务具有行政职责性，即事务属于行政职务范畴，并承担行政责任。

例如，国有医院的院长在门诊为病患看病治疗，属于技术性职务范畴，不是从事公务，即属于非国家工作人员；但在代表医院对外签订医疗器械采购合同时，属于行政职务范畴，是从事公务，即属于国家工作人员。

（2）受委托管理、经营国有财产的人。

①被委托人原本不是管理、经营国有财产的人员。

②委托单位必须是国家机关、国有公司、企业、事业单位、人民团体。

---

① 根据全国人大常委会《关于〈中华人民共和国刑法〉第九十三条第二款的解释》，村民委员会等基层组织人员协助人民政府从事救灾、抢险、防汛、优抚、扶贫、移民、救济款物的管理，社会捐助公益事业款物的管理，国有土地的经营和管理，土地征收、征用补偿费用的管理，代征、代缴税款，有关计划生育、户籍、征兵工作等行政管理工作，利用职务上的便利贪污公共财产的，应以贪污罪论处。

③委托的内容是以承包、租赁、临时聘用等方式管理、经营国有财产。

④被委托人不因委托而成为国家工作人员。

⑤只是例外地成为贪污罪的主体，即被委托人如果利用职务之便挪用本单位资金的，成立挪用资金罪；利用职务之便，收受贿赂的，成立非国家工作人员受贿罪。

4.主观方面：故意，且具有非法占有目的。

5.区分贪污罪与非罪的界限，关键在于贪污是否达到刑法规定的数额或者虽然没有达到数额较大但是否属于刑法规定的情节较重的情形。贪污数额在3万元以上不满20万元的，应当认定为"数额较大"。

6.贪污罪与盗窃罪、诈骗罪、侵占罪的界限：贪污罪的本质就是国家工作人员利用职务之便所实施的盗窃、诈骗、侵占行为。因此，贪污罪与盗窃罪、诈骗罪、侵占罪之间是法条竞合关系。

二、挪用公款罪

（一）概念

国家工作人员利用职务上的便利，挪用公款归个人使用，进行非法活动的，或者挪用公款数额较大，进行营利活动的，或者挪用公款数额较大，超过3个月未还的行为。

（二）认定

1.实行行为：国家工作人员利用职务上的便利，挪用公款归个人使用的行为。

（1）"利用职务之便"，即利用职务权力与地位所形成的主管、管理、经营、经手公款或特定款物的便利条件。

（2）"挪用"，即未经合法批准，或者违反财经纪律，擅自使公款脱离单位。

（3）"归个人使用"，根据立法解释，有下列情形之一的，属于挪用公款"归个人使用"：

①将公款供本人、亲友或者其他自然人使用的；

②以个人名义将公款供其他单位使用的；

③个人决定以单位名义将公款供其他单位使用，谋取个人利益的。

【注意1】这里的"个人"不限于一个人，可以是几个人或者少数人。例如，没有经过单位领导集体研究，只是由其中的少数领导违反决策程序决定将公款供其他单位使用的，属于"个人决定"；为单位少数人谋取利益的，也属于"谋取个人利益"。

【注意2】刑事可罚性起点：刑法和司法解释根据所挪用公款用途的不同，设置了成立犯罪的不同标准。

（1）**非法活动型**：挪用公款进行非法活动，数额在3万元以上；挪用公款进行非法活动构成其他犯罪的，应当实行数罪并罚。

（2）**营利活动型（含存银行生息）**：挪用公款进行营利活动，数额在5万元以上。

"营利活动"：挪用公款存入银行、用于集资、购买股票或国债等，属于挪用公款进行营利活动；挪用公款归个人用于公司、企业注册资本验资证明的，也应认定为挪用公款进行营利活动。

（3）**超期未还型**：挪用公款进行一般活动，数额在5万元以上，且超过3个月未还。

	用途	数额	时间
非法活动型	非法活动	3 万元	
营利活动型	营利活动	5 万元	
超期未还型	一般活动	5 万元	超过 3 个月

【**命题角度**】对不同类型挪用公款的包容评价。

例 1　甲挪用公款 2 万元进行非法活动，挪用公款 4 万元进行营利活动，挪用公款万元进行一般活动，且都超过 3 个月未还。

解析：可以认定为挪用公款 10 万元。挪用公款进行一般活动，超过 3 个月未还，成立挪用公款罪。

例 2　乙挪用公款 2 万元进行赌博活动，挪用公款 4 万元进行营利活动。

解析：可以认定乙挪用公款 6 万进行营利活动，成立挪用公款罪。

例 3　丙挪用公款 1 万元进行非法活动，3 个月内归还；挪用公款 3 万进行营利活动，3 个月内归还；挪用公款 4 万元进行一般活动，超过 3 个月未还。

解析：不构成挪用公款罪。

2. 挪用公款归还个人欠款的，应当根据产生欠款的原因，分别认定属于挪用公款的何种情形。归还个人进行非法活动或者进行营利活动产生的欠款，应当认定为挪用公款进行非法活动或者进行营利活动。

3. 犯罪对象是公款，包括用于救灾、抢险、防汛、优抚、扶贫、移民、救济款物使用。根据司法解释，对象还包括公有国库券、失业保险基金、下岗职工基本生活保障资金。

4. 犯罪主体：国家工作人员。

5. 主观方面：故意，且不具有非法占有目的。

6. 挪用公款的数额的计算。

（1）挪用公款进行营利活动，所获取的利息、收益等违法所得应当追缴，但不计入挪用公款的数额；

（2）多次挪用公款不还，数额累计计算；

（3）多次挪用公款，并以后次挪用的公款归还前次挪用的公款，数额以案发时未还的实际数额认定。

7. 结果加重犯。挪用公款数额巨大不退还的，处 10 年以上有期徒刑或者无期徒刑。挪用公款数额巨大不退还是指因客观原因，在一审宣判前不能退还。

第二节 权钱交易型

受贿型	居中型	行贿型
受贿罪		行贿罪
利用影响力受贿罪	介绍贿赂罪	对有影响力的人行贿罪
单位受贿罪		单位行贿罪
		对单位行贿罪

一、受贿罪

（一）概念

国家工作人员利用职务上的便利，索取他人财物，或者非法收受他人财物，为他人谋取利益的行为。

（二）认定

1. 实行行为。

【类型一】普通受贿

利用职务上的便利，索取他人财物，或者非法收受他人财物为他人谋取利益。

利用职务之便【权】	取得贿赂【"钱"】			
利用本人职务之便：自己主管、负责、承办某项公共事务的职权	索取贿赂	收受贿赂	经济受贿	离职受贿
利用职务上有隶属、制约关系的其他国家工作人员（即下级）职务之便				

（1）**索取贿赂**：即要求、索要与勒索贿赂。利用职务上的便利索取贿赂就成立受贿罪，不要求为他人谋取利益。

（2）**收受贿赂**，收受贿赂的只有为他人谋取利益才成立受贿罪；

① "为他人谋取利益"，最低要求是承诺为他人谋取利益。

② "承诺"包括明示承诺、默示承诺和拟制承诺。

A. "默示承诺"：明知他人有具体请托事项，而收受其财物，视为承诺（默示承诺）。

B. "拟制承诺"：国家工作人员索取、收受具有上下级关系的下属或者具有行政管理关系的被管理人员的财物价值 3 万元以上，可能影响职权行使的，视为承诺为他人谋取利益。

（3）**经济受贿**：《刑法》第 385 条第 2 款规定，国家工作人员在经济往来中，违反国家规定，收受各种名义的回扣、手续费，归个人所有的，以受贿论处。

（4）离职受贿： 国家工作人员利用职务上的便利为请托人谋取利益之前或者之后（但应限定为在职时），约定在其离职后收受请托人财物，并在离职后收受的，以受贿论处。国家工作人员利用职务上的便利为请托人谋取利益，离职前后连续收受请托人财物的，离职前后收受部分均应计入受贿数额。

【命题角度】 "贿赂"，仅指财物，即具有经济价值的可以管理的有体物（如货币、物品）、无体物（如热能）以及财产性利益。财产性利益包括可以折算为货币的物质利益，如房屋装修、债务免除等，以及需要支付货币的其他利益，如会员服务、旅游等。

例 请托人甲女直接为国家工作人员元宝提供性服务，元宝是否构成受贿罪？

解析： 不能认定元宝的行为构成受贿罪，因为我国刑法将贿赂的内容限定为财物，不包括非财产性利益。国家工作人员在色情场所嫖宿或者接受其他性服务，由请托人支付费用的，或者请托人支付费用雇请卖淫者为国家工作人员提供性服务的，国家工作人员实际上收受了财产性利益，属于受贿。[①]

🔍 **注意** "为他人谋取利益"中的"利益"既可以是正当利益，也可以是不正当利益。

【类型二】斡旋受贿

利用国家工作人员的职权或者地位形成的便利条件，就其他国家工作人员的职务行为进行斡旋，使其他国家工作人员利用职务上的便利为请托人谋取不正当利益，从而索取或者收受贿赂的受贿方式。

（1）索取或收受贿赂。

（2）为他人谋取不正当利益。

"不正当利益"，即不完全属于请托人的利益。

（3）通过其他国家工作人员的职务行为。

（4）利用本人职权或地位形成的便利条件。

"便利条件"：①与本人的职务、地位有关；②对其他国家工作人员产生一定影响；③与其他国家工作人员不存在行政隶属关系，即不是其他国家工作人员的上级，如果上级国家工作人员利用下级国家工作人员的职务之便为请托人谋取利益，相当于利用自己的职务之便，不属于斡旋受贿，而是普通受贿。

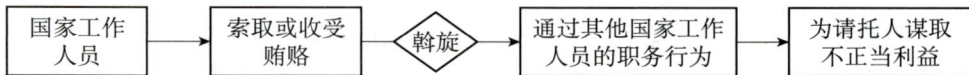

| 国家工作人员 | → | 索取或收受贿赂 | ◇斡旋 | 通过其他国家工作人员的职务行为 | → | 为请托人谋取不正当利益 |

	普通受贿	斡旋受贿
利用什么	"利用**职务上的便利**" 本人职权或者下级职权	"利用职权或者地位形成的**便利条件**"影响力
谋取什么	正当利益或者不正当利益	不正当利益

2.犯罪主体：国家工作人员。

3.主观方面：故意，具有接受（包括索取）贿赂的意图。

如果只是不得已暂时收下，准备交给组织处理或者退还给行贿人，不成立受贿罪。

---

① 张明楷.刑法学.6版.北京：法律出版社，2021：1590.

但是，收受他人财物之后，将财物用于单位公务支出或者社会捐赠的，不影响受贿罪的成立。

二、行贿罪

（一）概念

为谋取不正当利益，给予国家工作人员以财物的行为。

（二）认定

1. 实行行为：为谋取不正当利益，给予国家工作人员以财物的行为。

2. 排除犯罪性事由：被勒索并且没有获得不正当利益。

3. 主观方面：故意，并具有谋取不正当利益的目的。

"不正当利益"包括非法利益和经济、组织人事管理中的不公平竞争优势，即只要不是完全属于行贿方的利益，就是不正当利益。

4. 行贿罪与受贿罪的对向关系。

行贿罪与受贿罪属于必要共同犯罪中的对向型必要共同犯罪，因此在行贿、受贿双方都成立犯罪的情况下，双方具有共犯关系。但是，这并不意味着一方行为成立犯罪时另一方行为也必然成立犯罪，仅一方的行为成立犯罪的现象是大量存在的。

（1）因被勒索给予财物，没有获得不正当利益的，行贿人不构成行贿罪，但国家工作人员索贿的行为仍然构成受贿罪；

（2）为谋取正当利益而给予国家工作人员以财物的，行贿人不构成行贿罪，但国家工作人员接受财物的行为成立受贿罪；

（3）为谋取不正当利益而给予国家工作人员以财物的，行贿人构成行贿罪，但国家工作人员没有受贿的故意，立即将财物送交有关部门处理的，不构成受贿罪。

【命题角度1】判断行为是否构成行贿罪或者受贿罪。

例1　国家工作人员不符合购买股票条件，甲通过运作使其获得了资格。公司上市后，国家工作人员抛售股票获益2 000万元。（2021年网络回忆版）

解析：甲使国家工作人员获得一种资格，资格本身不属于财物也不属于财产性利益，所以甲不构成行贿罪。

例2　国家工作人员的妻子赵某的公司因运营不良，无法扭亏为盈。甲明知该情况而向该公司投资500万元，后该公司破产。

解析：赵某的公司运营不良，无法扭亏为盈，向该公司投资具有极大血本无归的可能性，甲仍然执意投资，其实就是给予国家工作人员以财物，构成行贿罪。

【命题角度2】判断行贿与受贿的数额以及是否既遂。

例1　甲向国家工作人员乙行贿，给了乙一张空白支票，支票最高金额为999万元，甲账户上也有千万元余额，直至案发时，乙也没有填写支票上的数字。（2020年网络回忆版）

解析：甲有行贿的故意、乙有受贿的故意。甲客观上已经将999万元的支配权（空白支票）交给了乙，乙事实上获得了999万元的支配权；甲主观上对行贿金额有概括的故意，乙主观上也知道自己对该 999 万元有支配权。因此，甲的行贿金额为 999 万元，乙的受贿金额为 999 万元。乙没有填写数字不影响受贿 999 万元既遂的认定。

例 2 甲向国家工作人员乙行贿，带了 100 万元现金去乙的办公室，乙对甲说："钱先放你那里吧。"甲遂将现金带回并放进自己的保险箱里，直至案发时也没有移动。（2020年网络回忆版）

解析：甲、乙之间行贿、受贿行为已经完成，虽然 100 万元现金放在甲的保险箱里，但乙形成对 100 万元现金的控制，实质上已经认可、收受了该 100 万元，甲、乙之间的权钱交易已经完成。甲行贿 100 万元既遂，乙受贿 100 万元既遂。

三、利用影响力受贿罪

（一）概念

国家工作人员的近亲属或者其他与该国家工作人员关系密切的人，通过该国家工作人员职务上的行为，或者利用该国家工作人员职权或者地位形成的便利条件，通过其他国家工作人员职务上的行为，为请托人谋取不正当利益，索取或者收受请托人财物，数额较大或者有其他较重情节的行为，或者离职的国家工作人员或者其近亲属以及与其关系密切的人，利用该离职的国家工作人员原职权或者地位形成的便利条件，通过其他国家工作人员职务上的行为，为请托人谋取不正当利益，索取或者收受请托人财物，数额较大或者有其他较重情节的行为。

（二）认定

【类型一】国家工作人员的<u>近亲属</u>或者其他与该国家工作人员<u>关系密切的人</u>，通过该国家工作人员职务上的行为，或者利用该国家工作人员职权或者地位形成的便利条件，通过其他国家工作人员职务上的行为，为请托人谋取<u>不正当</u>利益，索取或者收受请托人财物，数额较大或者有其他较重情节的行为。

1. 主体：（在职的）国家工作人员的近亲属、关系密切的人。

2. 利用：即利用国家工作人员的职权或者影响力（需要通过其他国家工作人员的职务行为）。

3. 为请托人谋取不正当利益。

4. 索取或者收受请托人财物。

例 市政府工作人员甲接受请托人乙的 30 万元，通过妹夫刘某（市公安局干警）违规撤销了对乙的网上追逃信息。甲的行为应认定为利用影响力受贿罪。

甲是国家工作人员刘某的姻亲，其身份是与国家工作人员关系密切的人，符合利用影响力受贿罪的主体要件，甲通过刘某的职务行为，为请托人谋取不正当利益，构成利用影响力受贿罪。

【注意 1】如果国家工作人员对于"收受贿赂"知情，则国家工作人员与近亲属、关系密切的人成立受贿罪共犯；近亲属、关系密切的人同时还构成利用影响力受贿罪，属于想象竞合，应从一重罪处断。

例 副县长赵某负责拆迁、评估工作的验收，村民李某为了能够获得本不属于他的补偿款，给赵某的父亲送去 5 万元现金，请其帮忙说话。赵某得知父亲收钱后答应关照李某，令人将邻近山坡的树苗都算到李某名下。赵某得知父亲收钱后答应关照李某，说明赵某具有受贿的故意，与其父成立受贿罪的共犯，赵某的父亲同时构成利用影响力受贿罪，属于想象竞合，应从一重罪处断。

【**注意 2**】"关系密切的人"并不限于"亲朋好友"，包括一定具有掣肘、制约关系的人。

例 乙的孙子丙因涉嫌抢劫被刑拘。乙托甲设法使丙脱罪，并承诺事成后付其 10 万元。甲与公安局副局长丁早年认识，但多年未见面。甲托丁对丙作无罪处理，丁不同意，甲便以揭发隐私要挟，丁被迫按甲的要求处理案件，后甲收到乙 10 万元现金。甲构成利用影响力受贿罪。

【**注意 3**】利用影响力受贿罪，也是钱权交易型犯罪，请托人花钱交易的是国家工作人员的职务行为，因此成立本罪，要求国家工作人员承诺为请托人谋取不正当利益。

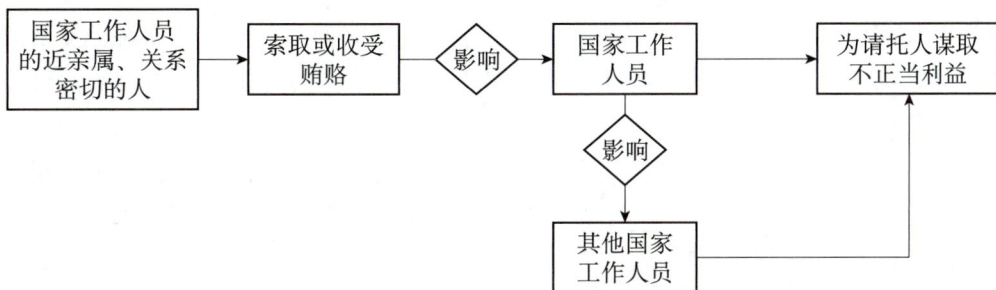

【**类型二**】离职的国家工作人员或者其近亲属以及其他与其关系密切的人，利用该离职的国家工作人员原职权或者地位形成的便利条件，通过其他国家工作人员职务上的行为，为请托人谋取不正当利益，索取或者收受请托人财物，数额较大或者有其他较重情节的行为。

1. 主体：离职的国家工作人员本人、离职的国家工作人员的近亲属、其他与离职的国家工作人员关系密切的人。

2. 利用：即利用离职的国家工作人员的影响力（需要通过其他国家工作人员的职务行为）。

3. 为请托人谋取不正当利益。

4. 索取或者收受请托人财物。

🔍 **注意** 离职的国家工作人员本人、近亲属、关系密切的人都可以成立本罪。

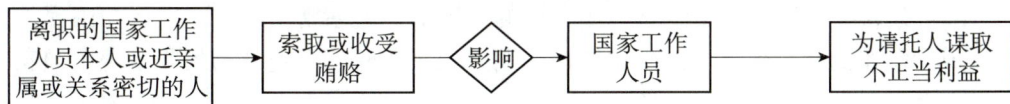

（三）本罪与受贿罪的界限

	利用影响力受贿罪	受贿罪
主体	国家工作人员的近亲属或者关系密切的人；离职的国家工作人员本人及其近亲属以及其他与其关系密切的人	在职的国家工作人员
利用的内容	国家工作人员的近亲属或者关系密切的人的**影响力**；或者离职的国家工作人员的**影响力**	**本人职权**或者**本人职权所形成的便利条件**

四、对有影响力的人行贿罪

（一）概念

为谋取不正当利益，向国家工作人员的近亲属或者其他与该国家工作人员关系密切的人行贿，或者向离职的国家工作人员或者其近亲属以及其他与其关系密切的人行贿的行为。

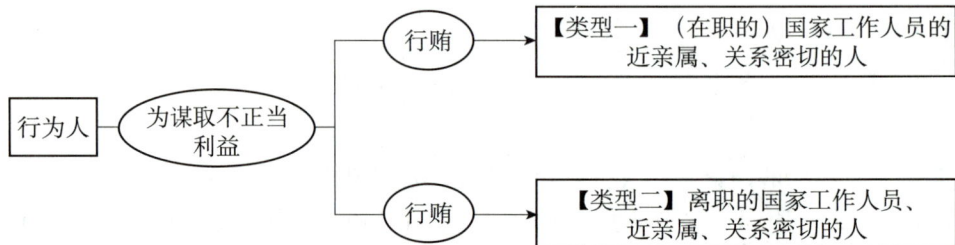

（二）行为模式

🔍 **注意** 在类型一中，需要注意下列几种情形：

1.行为人将财物交给国家工作人员的近亲属、关系密切的人，国家工作人员对于收受贿赂并不知情，则行为人成立对有影响力的人行贿罪，国家工作人员的近亲属、关系密切的人成立利用影响力受贿罪。

2.行为人将财物交付给国家工作人员的近亲属、关系密切的人，国家工作人员对于收受贿赂知情，则近亲属、关系密切的人与国家工作人员构成受贿罪的共犯，如果行为人没有认识到该受贿共犯事实时，仍然成立对有影响力的人行贿罪。

3.行为人将财物交付给国家工作人员的近亲属、关系密切的人，后者与国家工作人员构成受贿罪的共犯，行为人也明知该受贿共犯事实时，不管财物最终是否由国家工作人员占有，行为人均成立行贿罪。

【 重点复盘 】

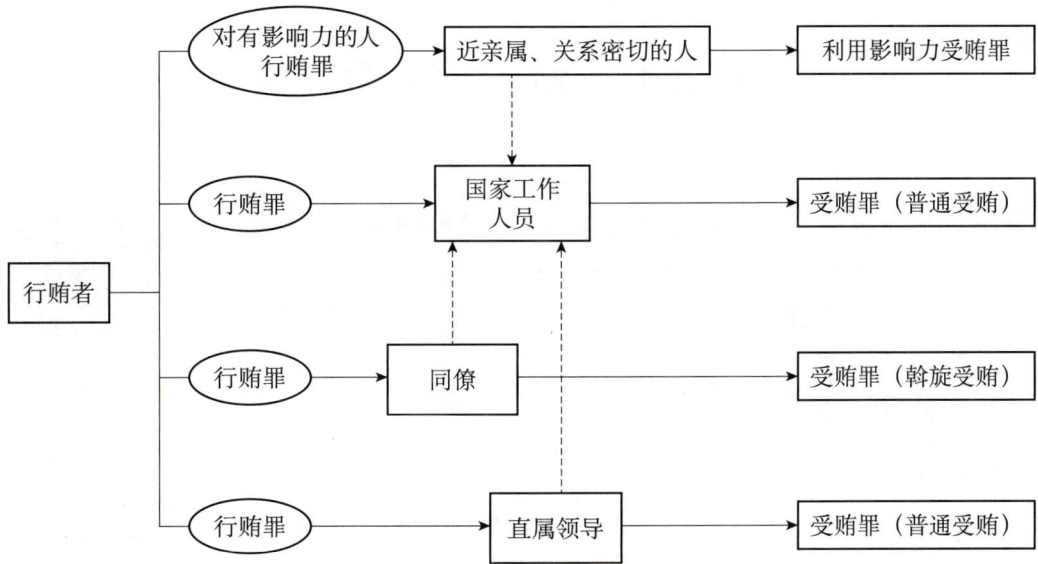

第二十一章　渎职罪

扫描右侧二维码"听课 + 做题"，直达最佳学习效果
1. 在线听课：学习本章节核心考点讲解课程。
2. 在线刷题：点击▣进入题库做章节练习。

一、滥用职权罪

（一）概念

国家机关工作人员滥用职权，致使公共财产、国家和人民利益遭受重大损失的行为。

（二）认定

1. 实行行为：滥用职权。

（1）擅权：擅自行使职权。

（2）越权：超越职权范围，行使职权。

（3）弃权：应当行使职权时，不行使职权。

2. 结果。本罪是结果犯。成立本罪要求造成"公共财产、国家和人民利益遭受重大损失"的危害结果，根据司法解释，具有下列情形之一的，应当认定为"致使公共财产、国家和人民利益遭受重大损失"：

（1）人员伤亡：①造成死亡 1 人以上；②重伤 3 人以上；③轻伤 9 人以上；④重伤 2 人、轻伤 3 人以上；⑤重伤 1 人、轻伤 6 人以上。

（2）造成经济损失 30 万元以上。

（3）造成恶劣社会影响。

例 1　省渔政总队验船师元宝明知有 8 艘渔船存在套用船号等问题，按规定应注销，却为船主办理船检证书，船主领取国家柴油补贴 640 万元。元宝构成滥用职权罪。

例 2　负责建房审批工作的干部元宝，徇情为拆迁范围内违规修建的房屋补办了建设许可证，房主凭此获得补偿款 90 万元。元宝触犯滥用职权罪。

3. 犯罪主体：国家机关工作人员。根据立法解释，还包括在依法或受委托行使国家行政管理职权的组织（公司、企业、事业单位）中从事公务的人员，以及虽未列入国家机关人员编制，但在国家机关中从事公务的人员（合同制民警）。

4. 在刑法分则第九章规定的渎职罪中，还有其他一些滥用职权的犯罪行为，但由于《刑法》第 397 条规定了"本法另有规定的，依照规定"，因此第 397 条是普通法条，规定其他滥用职权犯罪行为的条文是特别法条，当行为人的行为同时符合《刑法》第 397 条和其他法条的规定时，应按照其他法条即特别法条规定的犯罪论处。

二、玩忽职守罪

（一）概念

国家机关工作人员严重不负责任，不履行或者不正确履行职责，致使公共财产、国家和人民利益遭受重大损失的行为。

（二）认定

1.实行行为：不履行或者不正确履行职责。

（1）不履行，是指行为人应当履行且有条件、有能力履行职责，但违背职责没有履行，其中包括擅离职守的行为。

（2）不正确履行，是指在履行职责的过程中，违反职责规定，马虎草率、粗心大意。

2.结果。本罪是结果犯。成立本罪要求造成"公共财产、国家和人民利益遭受重大损失"的危害结果。"致使公共财产、国家和人民利益遭受重大损失"的认定同滥用职权罪。

3.犯罪主体：国家机关工作人员。根据立法解释，还包括在依法或受委托行使国家行政管理职权的组织（公司、企业、事业单位）中从事公务的人员，以及虽未列入国家机关人员编制，但在国家机关中从事公务的人员（如合同制民警）。

4.在刑法分则第九章规定的渎职罪中，还有其他一些玩忽职守的犯罪行为，但由于《刑法》第397条规定了"本法另有规定的，依照规定"，因此第397条是普通法条，规定其他玩忽职守犯罪行为的条文是特别法条，当行为人的行为同时符合《刑法》第397条和其他法条的规定时，应按照其他法条即特别法条规定的犯罪论处。

【真题训练（2022）】甲、乙是没有正式编制的辅警，夜间巡逻期间看到身体虚弱、口角流血的元宝，把他送到了救助站门口，但甲、乙未进救助站办理交接手续，而是打开车门让元宝自行下车。元宝行走数步摔倒在地，甲、乙并未发现即驾车离开。第二天早晨，元宝被救助站人员发现并送往医院，最后因失血过多而死。事后查明，如果当时甲、乙及时将元宝送医而不是直接驾车离开，元宝能够被救活。关于甲、乙的行为，下列说法正确的是（   ）。①

A.因为甲、乙已经把元宝送到救助站，所以不能认定玩忽职守罪

B.甲、乙的行为构成不作为犯罪

C.因为甲、乙没有正式编制，所以不是国家工作人员，不满足玩忽职守罪的主体要件

D.甲、乙的行为与元宝的死亡之间存在因果关系

三、徇私枉法罪

（一）概念

司法工作人员徇私枉法，徇情枉法，在刑事诉讼中，使明知是无罪的人受到追诉，对明知是有罪的人而故意包庇使其不受追诉，或者在刑事审判活动中故意违背事实和法

---

① 【答案】BD

律作枉法裁判的行为。

（二）认定

1. 实行行为：徇私枉法，包括两种类型：

（1）枉法追诉：①对明知是无罪的人而使他受追诉；②对明知是有罪的人而故意包庇不使他受追诉。

（2）枉法裁判：在刑事审判活动中（包括刑事附带民事诉讼）故意违背事实和法律作枉法裁判。

例1 检察员甲在承办一起组织、领导传销活动案件的审查起诉工作时，接受一名本应被提起公诉的犯罪嫌疑人的家属5万元贿赂后弄虚作假，对该犯罪嫌疑人作出了不起诉决定，甲构成徇私枉法罪。

例2 刘某以赵某对其犯故意伤害罪，向法院提起刑事附带民事诉讼。因赵某妹妹曾拒绝本案主审法官元宝的求爱，故元宝在明知证据不足、指控犯罪不能成立的情况下，毁灭赵某无罪证据，判决赵某构成故意伤害罪。元宝构成徇私枉法罪。

2. 犯罪主体：司法工作人员，即具有侦查、检察、审判、监管职责的工作人员。

3. 主观方面：故意，并要求具有下列两种动机之一：

（1）徇私利，即为了谋取个人利益、小集体利益而枉法；

（2）徇私情，即出于私情而枉法，主要表现为出于照顾私人关系或感情、袒护亲友或者泄愤报复而枉法。

4. 本罪与受贿罪的关系：司法工作人员收受贿赂，有徇私枉法等行为，同时又构成受贿罪的，依照处罚较重的规定定罪处罚。

四、帮助犯罪分子逃避处罚罪

（一）概念

有查禁犯罪活动职责的国家机关工作人员，向犯罪分子通风报信、提供便利，帮助犯罪分子逃避处罚的行为。

（二）认定

1. 实行行为：向犯罪分子通风报信、提供便利，帮助犯罪分子逃避处罚。

"通风报信、提供便利"即为使犯罪分子逃避处罚，向犯罪分子泄露有关部门查禁犯罪活动的部署情况，或者为使犯罪分子逃避处罚，向犯罪分子泄露案情，帮助、指示其隐匿、毁灭、伪造证据及串供、翻供等。

2. 行为主体：有查禁犯罪活动职责的国家机关工作人员，如司法机关、监察机关、国家安全机关、海关、税务机关等国家机关的工作人员。

🔍 **注意** 司法工作人员利用职务之便帮助犯罪分子逃避处罚，成立本罪还是徇私枉法罪？

（1）直接利用司法职权决定出罪与入罪或者重罪与轻罪：徇私枉法罪；

（2）利用边缘性权力（获取信息、伪造证据）：帮助犯罪分子逃避处罚罪。

【真题训练（2021）】关于渎职犯罪，下列说法正确的有（   ）。①

A. 市场监管执法人员甲明知王某生产的口罩是伪劣产品，涉嫌犯罪，向其通风报信，帮助其逃避处罚。甲构成包庇罪

B. 铁路警察乙发现李某盗窃，因收了李某的钱财，对李某不予立案。乙构成徇私枉法罪和受贿罪，择一重罪论处

C. 监狱管理人员丙在罪犯赵某执行有期徒刑期间，利用职权私下让其回家，要求其按时返回。丙构成私放在押人员罪

D. 警察丁利用职权，使无资格获取驾驶证的田某取得驾驶证。某日，田某违章驾车，酿成车祸，致人死亡。丁构成滥用职权罪

【重点复盘】

	滥用职权罪	玩忽职守罪
主观	故意	过失
行为	擅权、越权、弃权	严重不负责任，不履行或不认真履行职责
法条竞合	本章故意类渎职行为的一般法	本章过失类渎职行为的一般法
主体	1. 国家机关工作人员 2. 在依法或受委托行使国家行政管理职权的组织（公司、企业、事业单位）中从事公务的人员 3. 虽未列入国家机关人员编制，但在国家机关中从事公务的人员（如合同制民警）	
定罪	"致使公共财产、国家和人民利益遭受重大损失"	

	徇私枉法罪	帮助犯罪分子逃避处罚罪
主体	司法工作人员	有查禁犯罪活动职责的国家机关工作人员（司法机关、监察机关、国家安全机关、海关、税务）
行为	枉法追诉 枉法裁判	向犯罪分子通风报信、提供便利，帮助犯罪分子逃避处罚
利用职权	直接利用司法职权决定出罪与入罪或者重罪与轻罪	利用边缘性权力：获取信息、伪造证据

---

① 【答案】BCD

附录　刑法的解释

扫描右侧二维码"听课 + 做题"，直达最佳学习效果
1. 在线听课：学习本章节核心考点讲解课程。
2. 在线刷题：点击🏠进入题库做章节练习。

刑法的解释是对刑法规定意义的说明。刑法的规定尽善尽美无须解释，当然是最理想的，但是刑法是抽象化、规范化的文字表达，对刑法的准确适用不可能离得开对于刑法规范、刑法概念的解释，因此，一切刑法都有解释的必要。

一、解释的理由

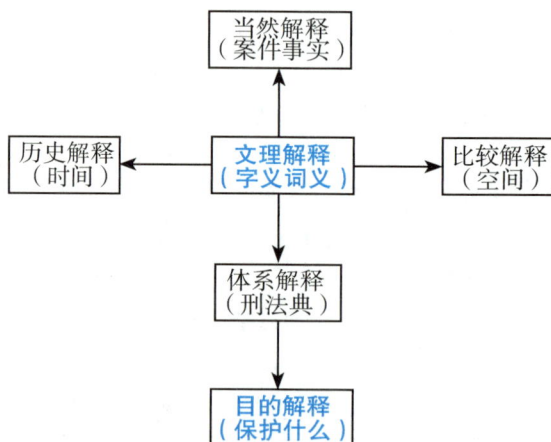

```
                    当然解释
                    （案件事实）
                        ↑
  历史解释   ←   文理解释   →   比较解释
  （时间）       （字义词义）       （空间）
                        ↓
                    体系解释
                    （刑法典）
                        ↓
                    目的解释
                    （保护什么）
```

1. 文理解释：又称文义解释，是按照表述法律规范的文字的字面意义进行的一种法律解释，包括对条文中字词、概念、术语的文字字义的解释。

法律的载体是语言文字，因此文理解释是最基本的解释理由。如果文理解释的结论具有唯一性，并且是合理的，就不需要运用论理解释来得出结论；如果文理解释的结论不具有唯一性或者明显不合理，则需要运用论理解释来确定法律用语的含义。

但是，由于用语具有模糊性、多义性等特点，将文理解释作为解释的理由，其说服力是有限的。

例1《刑法》规定"以暴力、胁迫或者其他手段强奸妇女的"构成强奸罪。按照文理解释，可将丈夫强行与妻子性交的行为解释为"强奸妇女"。

例2　招摇撞骗罪是指冒充国家机关工作人员招摇撞骗。按照文理解释，可将副乡长冒充市长招摇撞骗解释为"冒充"国家机关工作人员招摇撞骗。

2. 体系解释：根据刑法条文在整个刑法中的地位，联系相关法条的含义，阐明其规范旨意。

（1）**刑法是对国民及司法人员的行为指示，因此必须被体系性地加以理解，不能有内在矛盾，才能得到一体遵行。**

例如，抢劫罪中的"胁迫"与强奸罪中的"胁迫"：

①抢劫罪中的胁迫只包括以暴力相威胁，财产性犯罪中除抢劫罪之外还有敲诈勒索罪，以非暴力的恶害相加相威胁，成立敲诈勒索罪。

②对妇女性决定权的犯罪中没有类似敲诈勒索罪的罪名，所以强奸罪的"胁迫"就必须包括类似敲诈勒索罪中的胁迫行为，如以揭发隐私、毁坏财物相威胁。

（2）**体系解释强调"协调合理"，只要是协调合理的，则：**

①同一用语在不同条文中，应当保持相同含义。

例如，"入户"盗窃与"入户"抢劫中的"入户"就是相同含义。

②同一用语在不同条文中，也可以保持不同含义。

例如，传播淫秽物品罪与传播性病罪中"传播"就可以保持不同含义。

③不同用语在不同法条中，应当保持不同含义。

例如，"奸淫"与"猥亵"、"妇女"与"儿童"就应当保持不同含义。

④不同用语在不同法条中，可以保持相同含义。

例如，刑法中"出售""销售""倒卖""贩卖"的含义是相同的，都是指有偿转让。

（3）**"同类解释"从属于体系解释。立法者在设计罪状时采用"示例法"，即先列举几个例子，然后用"等""其他"来兜底概括，对于这些兜底规定的含义不能随意扩大，而应当先概括出前面例子的"共同特征"，再用这些"共同特征"来解释兜底规定的意思。**

例如，《刑法》第 20 条规定，对正在进行行凶、杀人、抢劫、强奸、绑架以及其他严重危及人身安全的暴力犯罪，采取防卫行为，造成不法侵害人伤亡的，不属于防卫过当，不负刑事责任。"其他严重危及人身安全的暴力犯罪"，应当是与杀人、抢劫、强奸、绑架行为相当，并具有致人重伤或者死亡的紧迫危险和现实可能的暴力犯罪。

3. 目的解释：目的解释是根据刑法保护法益的规范目的或刑法规范所要实现的宗旨，阐明刑法条文实质含义的具体解释方法。刑法是国家为了特定的目的而制定的，刑法的每个条文尤其是规定犯罪与法定刑的分则性条文的产生，都源于一个具体目的。刑法的最高使命，便是探究刑法目的。[①] 在进行刑法解释时，需要平衡目的解释与文理解释之间的关系：

（1）法条用语可能具有的含义比较宽时，可以通过**目的解释**限制构成要件的适用范围，从而缩小处罚范围。

例如，《刑法》第 345 条（滥伐林木罪）规定：违反森林法的规定，滥伐森林或者其他林木，数量较大的，处 3 年以下有期徒刑。其中**"其他林木"**字面意义比较宽，但是，滥伐林木罪的规范保护目的是**保护森林资源**，因此应当对"其他林木"进行限制解释，解释为**"不包括行为人房前屋后、自留地种植的林木"**。

---

① 张明楷.罪刑法定与刑法解释.北京：北京大学出版社，2009：164.

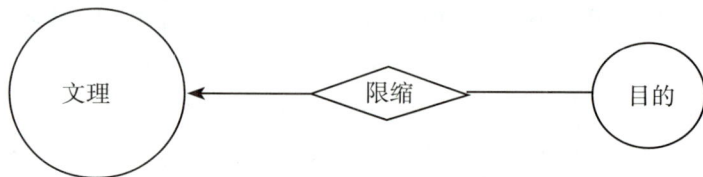

（2）法条用语可能具有的含义比较窄时，不能因为目的解释扩大处罚范围。刑法文本的可能含义范围约束着刑法解释，刑法解释离不开刑法规范文本，法条用语的文义是解释的界限，不能为了实现处罚的目的将文义过度扩张，否则会伤害罪刑法定原则。

例如，《刑法》第 245 条（非法侵入住宅罪）规定：非法**侵入**他人住宅的，处 3 年以下有期徒刑。其中**"侵入"**字面意义比较窄，只包括有形闯入，而非法侵入住宅罪的规范保护目的是保护**"住宅安宁权"**，凌晨三点打骚扰电话，具有侵害他人生活安宁之虞，但"打电话"的行为在文义上无论如何不能被评价为"侵入"，进而不可能成立非法侵入住宅罪。因此不能根据目的解释，扩张"侵入"二字的基本含义，否则就违反罪刑法定原则。

🔍 **注意** 文理解释与目的解释是两项重要的解释理由，一个正确的解释结论需要在文理解释与目的解释中寻求平衡。

4. 历史解释：历史解释是根据制定刑法时的历史背景以及刑法的发展潮流，阐明刑法条文的真实含义的解释方法。在进行历史解释时所使用的资料有：关于草案的说明、审议结果报告、立法机关的审议意见，等等。考察这些资料的目的是寻找刑法的真实含义，而不是探讨立法原意，即通过考察刑法制定时的历史背景，以及某个概念、法条的发展史，来探究该概念和法条的真实含义。

（1）尊重法条制定时的历史背景；

（2）根据社会生活的发展而与时俱进。

例如，《刑法》第 252 条（侵犯通信自由罪）规定，隐匿、毁弃或者非法开拆他人信件，侵犯公民通信自由权利，情节严重的，处 1 年以下有期徒刑或者拘役。此处的"信件"就应当随着时代的发展扩大解释为包括电子邮件、手机短信、微信聊天记录等非纸质版信件。

5. 比较解释：即在解释我国刑法的规定时，将国外的相关立法、理论、判例作为参考资料，借以阐明我国刑法规范的真实含义。

6. 当然解释："举重以明轻、举轻以明重"。

（1）某种行为是否被允许，举重以明轻，即重的行为被允许，则轻的行为当然被允许。

（2）某种行为是否被禁止，举轻以明重，即轻行为被禁止，则重的行为当然被禁止。**具体在刑法中：入罪时，"举轻以明重"，即轻的行为构成犯罪，则重的行为更应当**

构成犯罪。

例如，盗窃行为构成犯罪，抢劫行为也应该构成犯罪；猥亵妇女构成犯罪，强奸妇女也应该构成犯罪。

【注意1】判断某个行为是否构成犯罪，不仅要考虑该行为社会危害性是否严重，还应当判断行为是否符合刑法所规定的构成要件，即是否被刑法明确禁止。如果仅因行为社会危害性大就直接认定构成犯罪，可能违反罪刑法定原则。（**当然解释是刑法所允许的解释理由，但是当然解释得出的结论，未必符合罪刑法定原则。**）

例如，醉酒驾驶是刑法明确禁止的行为，构成《刑法》第133条之一的危险驾驶罪；吸毒驾驶属于比醉酒驾驶更加严重的行为，根据当然解释的原理，更应当被禁止，但是"醉酒"的语义范围无法包含"吸毒"的语义，将"吸毒驾驶"强行评价为"醉酒驾驶"，违反罪刑法定原则，是不合理的。

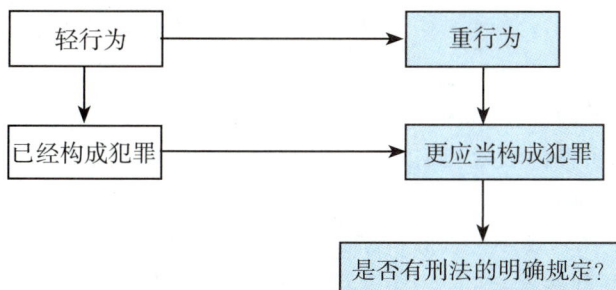

【注意2】当然解释一定是有两个事实，即甲事实（法律规定）和乙事实（案件事实），乙事实是甲事实在性质、种类上的**减少或者递增（明显的轻重关系）**，因此用"举轻以明重、举重以明轻"的原理来解决入罪与出罪的问题，如果两个事实之间并不存在明显的轻重关系，则不能运用当然解释。

【注意3】在解释的理由中，刑法理论有文理解释与论理解释的划分，即文理解释之外的体系解释、当然解释、历史解释、比较解释、目的解释都属于论理解释，即按照立法精神，根据具体案件，从逻辑上进行的解释，既不拘于法律规范的字面含义，也不拘于制定法律当时的立法动机，而从现时社会关系发展的需要出发，以合理的目的所进行的解释。

二、解释的技巧

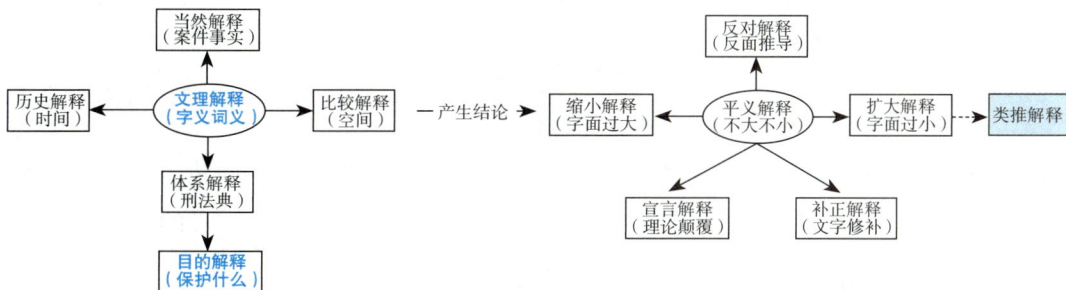

1. 平义解释：对于法律中的日常用语，按照该用语最平白的字义进行解释。

相对于其他解释技巧而言，平义解释较为简单，从某种意义上说如果对某个法条或者用语作出的平义解释是合理的，就意味着对该法条和用语不需要解释。

例 将"拐卖儿童罪"的对象"儿童"，平义解释为："男童、女童"。

2. 缩小解释，又称限制解释，即刑法条文的字面通常含义，比刑法的真实含义广，于是限制字面含义，使其符合刑法的真实含义。

例1 将为境外窃取、刺探、收买、非法提供国家秘密、情报罪中的"情报"缩小解释为"关系国家安全和利益、尚未公开或者依照有关规定不应公开的事项"，如果不做这样的缩小解释将会限制中国人的对外交往，也会使刑法保护不值得刑法保护的事项。

例2 将聚众淫乱罪中的"聚众"缩小解释为"具有一定的公然性"，如果不进行这样的限制将会导致刑法介入国民的道德生活，伦理秩序成为刑法保护的法益，过分干预国民的自由。

3. 扩大解释：对用语通常含义的扩张，但不能超出用语可能具有的含义。

例1 将"开设赌场"扩大解释为包括以下情形：在计算机网络上建立赌博网站；为赌博网站担任代理，接受投注。

例2 将"金融机构"扩大解释为包括自动取款机。

4. 类推解释：将不符合法律规定的情形解释为符合法律规定的情形。

类推解释导致将刑法适用于相类似的事项上，而"相类似"本身就带有巨大的模糊性和不确定性，只要两种事项存在相同的地方，人们就可以说它们"相类似"，于是任何行为都有可能因为与刑法规定的行为"相类似"而面临被定罪的风险，国家刑罚权被滥用的风险在类推解释中被无限放大。导致入罪的类推解释因为违反罪刑法定原则而被现代刑法摒弃。

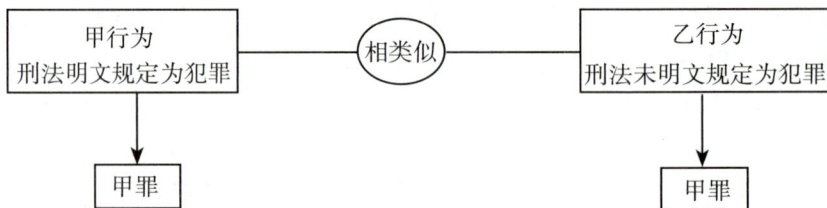

```
   ┌──────────────┐                    ┌──────────────┐
   │    甲行为      │      ╭────╮        │    乙行为      │
   │ 刑法明文规定为犯罪 │──────│相类似│───────│刑法未明文规定为犯罪│
   └──────────────┘      ╰────╯        └──────────────┘
          │                                    │
          ▼                                    ▼
       ┌──────┐                            ┌──────┐
       │ 甲罪  │                            │ 甲罪  │
       └──────┘                            └──────┘
```

例1 将竞标人相互串通拍卖报价，损害拍卖人利益的行为，评价为串通投标罪。[①]

例2 将吸毒后驾驶的行为，评价为危险驾驶罪。

例3 将假冒他人未注册的商标的行为，评价为假冒注册商标罪。

例外 **不禁止有利于被告人的类推解释。**

例1 将"羁押期间流产的妇女"解释为"审判时怀孕的妇女"，从而不适用死刑。

例2 将第389条行贿罪中"因被勒索给予国家工作人员以财物，没有获得不正当利益的，不是行贿"类推适用于第163条对非国家工作人员行贿罪。

🔍 **注意** 司法解释、立法解释都不得类推；若真有此解释也不能否认其类推解释的

---

① 依《刑法》第223条规定，串通投标罪，指投标者相互串通投标报价，损害招标人或者其他投标人利益，或者投标者与招标者串通投标，损害国家、集体、公民的合法权益，情节严重的行为。

招标投标是基本建设领域促进竞争的全面经济责任制形式。一般由若干施工单位参与工程投标，招标单位（建设单位）择优入选，谁的工期短、造价低、质量高、信誉好，就把工程任务包给谁，由承建单位与发包单位签订合同，一包到底，按交钥匙的方式组织建设。

性质。

【命题角度】给出一个命题，要考生判断属于扩大解释还是类推解释。

例1 将假冒他人未注册的商标的行为评价为假冒注册商标罪，违反罪刑法定原则。（2018年网络回忆版）

解析：正确。假冒注册商标罪，明确要求假冒的是"注册商标"，将"未注册商标"等同于"注册商标"，将"假冒未注册商标"解释为"假冒注册商标"，属于类推解释，违反罪刑法定原则。

例2 大炮的危险性比枪支严重，因此将非法制造大炮解释为非法制造枪支罪，属于扩大解释，不违反罪刑法定原则。（2018年网络回忆版）

解析：正确。《枪支管理法》第46条规定，本法所称枪支，是指以火药或者压缩气体等为动力，利用管状器具发射金属弹丸或者其他物质，足以致人伤亡或者丧失知觉的各种枪支。显然大炮同样具有"以火药为动力，利用管状器具发射金属弹丸，并具有杀伤力"的特性，将"枪支"解释为包括"大炮"并不超出国民的预测可能性，是符合罪刑法定原则的扩大解释。

5. 宣言解释：当法条的含义不明确，或者对于法条的理解存在争议，或者以往对于法条的解释不妥当时，选择与以往不同的更为妥当的解释，即对法条概念的再定义，对法条含义的再选择。

例 "盗窃"：以非法占有为目的，违反被害人的意志，将<u>他人占有的</u>财产转移给自己或者第三人占有的行为。①

6. 补正解释：在刑法文字发生错误时，统观刑法全文加以补正以阐明刑法真实含义。

例如，《刑法》第191条，为掩饰、隐瞒毒品犯罪、黑社会性质的组织犯罪、恐怖活动犯罪、走私犯罪、贪污贿赂犯罪、破坏金融管理秩序犯罪、金融诈骗犯罪的所得及其产生的收益的来源和性质，有下列行为之一的，**没收**实施以上犯罪的所得及其产生的收益，处5年以下有期徒刑或者拘役，并处或者单处罚金；情节严重的，处5年以上10年以下有期徒刑，并处罚金……

"没收"补正解释为：没收或者返还被害人。

7. 反对解释：根据法条的正面表述，推导其反面含义。

（1）当存在甲与乙两种相反的情形时，根据刑法条文的正面表述，推导其反面含义。

例 生产、销售假药罪中的假药是指完全没有疗效的药。

反对解释：有疗效的药不是假药。

（2）当存在A与B两种类似的事实时，如果刑法仅就A事实作出规定，那么应当就B事实得出与A相反的结论。

例 第236条（强奸罪）规定：以暴力、胁迫或者其他手段强奸妇女的，处3年以上10年以下有期徒刑。

反对解释：刑法仅规定妇女是强奸罪的对象，因此，可以得出男性不能成为强奸罪的对象结论。

---

① 张明楷.刑法学.6版.北京：法律出版社，2023：48.

【命题角度】给出一个命题，要考生判断运用何种解释方法。

例　怀孕妇女因涉嫌犯罪在羁押期间自然流产后，又因同一事实交付审判。根据体系解释，可以认为是"审判时怀孕的妇女"，不适用死刑。（2021年网络回忆版）

解析：错误。羁押期间自然流产的妇女视为审判时怀孕的妇女，不适用死刑，是根据立法目的（保护胎儿）得出的解释结论，而不是体系解释。

【重点复盘】

对于刑法上的概念用语，最基础的解释是文理解释；再将其置于整个刑法的语境下，联系上下文进行体系解释；进而探究立法者的本意，进行目的解释；同时还可在纵向时间维度进行解释，即历史解释，也可以在横向维度进行比较解释；最后再比较案件事实与法律规定，进行当然解释。通过以上诸多解释方法的运用，可以作出选择：字面意思应当扩充（扩大解释），或者字面意思应当限制（缩小解释），或者应当维持原状（平义解释），或者应当重新定义（宣言解释），或者应当修正原有偏差（补正解释），或者应当合理推导反面含义（反对解释）。

【真题训练（2019）】关于刑法的解释，下列说法正确的是（　　）。①

A. 按照体系解释，传播淫秽物品罪与传播性病罪的"传播"含义一致

B. 依据论理解释，倒卖文物罪中的"倒卖"是指以牟利为目的，出售或为出售而购买国家禁止经营的文物

C. 招摇撞骗罪是指冒充国家机关工作人员招摇撞骗。将副乡长冒充市长招摇撞骗解释为"冒充"国家机关工作人员招摇撞骗，不符合文理解释

D. 虐待被监管人罪是指殴打或体罚虐待被监管人。将其中的"体罚虐待"解释为"体罚或者虐待"，符合文理解释

_____
① 【答案】BD